프랜시스 쉐퍼 읽기

모든 인간은 하나님의 형상을 닮은 존엄한 존재입니다. 전 세계의 모든 사람들은 인종, 민족, 피부색, 문화, 언어에 관계없이 존귀합니다. 예영커뮤니케이션은 이러한 정신에 근거해 모든 인간이 존귀한 삶을 사는 데 필요한 지식과 문화를 예수 그리스도의 사랑으로 보급함으로써 우리가 속한 사회에 기여하고자 합니다.

Read Francis, A Schaeffer
Published by Jeyoung Communications Publishing House
ⓒ Sung, In Kyung, the editor
1996 printed in Seoul, Korea

Appreciation
The editor would like to express appreciation for permission to translate from following;

Article 'J. Ellul & F. Schaeffer' (by David Gill)is originally published in English by 'Fides et Historica' ⓒ Korean L' Abri

Article 'Van Til & Schaeffer' (by William Edgar)is originally published in English by 'The Westminster Theological' ⓒ Korean L' Abri

프랜시스 쉐퍼 읽기

초판 1쇄 찍은 날 · 1996년 10월 10일 | 개정 2쇄 펴낸 날 · 2006년 8월 25일

엮은이 · 성인경 | **펴낸이** · 김승태

편집장 · 김은주 | **편집** · 이덕희, 정은주, 권희중 | **디자인** · 이훈혜, 노지현
영업 · 변미영, 장완철 | **물류** · 조용환
드림빌더스 · 고종원, 이민지 | **홍보** · 설지원

등록번호 · 제2-1349호(1992. 3. 31.) | **펴낸 곳** · 예영커뮤니케이션
주소 · (110-616) 서울 광화문우체국 사서함 1661호 | **홈페이지** www.jeyoung.com
출판사업부 · T. (02)766-8931 F. (02)766-8934 e-mail: jeyoungedit@chol.com
출판유통사업부 · T. (02)766-7912 F. (02)766-8934 e-mail: jeyoung@chol.com

copyrightⓒ2006, 성인경

ISBN 89-8350-297-5 (03230)

값 9,000원

- 잘못 만들어진 책은 교환해 드립니다.
- 본 저작물은 저작권법에 의하여 한국 내에서 보호를 받는 저작물이므로 무단 전제와 무단 복제를 금합니다.

프랜시스 쉐퍼 읽기

성인경 엮음

예영커뮤니케이션

머리말

지금은 하나님의 지혜가 필요한 시대!

21세기를 코앞에 두고 혼돈과 도전의 밤이 깊었습니다. 이제 우리는 그 깊은 밤의 정적을 깨워야 합니다.

질문에 대해 정직한 대답을 찾지 못한 사람도 용기를 낼 때가 되었습니다. 짜릿한 체험을 호소하며 재미를 사냥하러 다니던 사람도 발걸음을 멈추어야 할 때가 되었습니다. 응어리진 한맺힌 가슴을 움켜잡은 주먹을 풀 때도 되었습니다.

21세기가 코앞에 와 있기 때문입니다. 교회가 성장을 멈추고 있기 때문입니다. 청년들이 교회를 떠나고 있기 때문입니다.

여기에 한국 기독 청년들과 교회가 혼돈의 밤에서 깨어나서 새로운 도전의 시대를 준비할 수 있는 좋은 길잡이가 될 만한 하나님의 지혜를 얻었던 한 사람을 소개합니다. 그는 하나님의 신실한 종이었던 프랜시스 쉐퍼입니다.

그가 깨달은 기독교적 세계관과 변증학이 하나님으로부터 온 지혜였다는 데 의심의 여지가 없다는 것은 지난 40년간 그의 책을 읽은 수백만 명의 독자들이 증명하고 있습니다.

더구나 그는 우리가 현재 처한 상황과 비슷한 시대를 살았고 거기서 정직한 대답과 대안을 찾아내려고 노심초사했습니다. 눈을 다시 뜨고 보면 그의 크고 작은 스물세 권의 책과 73년간의 인생 역정은 우리를 위해 예비하신 하나님의 지혜의 보물 창고와 같은 것입니다. 사실 여기에 모은 글들은 쉐퍼 읽기의 첫걸음과 같은 것입니다. 아이들이 걸음마를 배울 때 첫걸음을 내디뎌야 나중에 달릴 수 있듯이, 여기의 글들은 쉐퍼 사상과 그의 인생 탐험의 시작에 불과한 글들이지만 혼돈과 도전 앞에 있는 우리 나라와 교회가 하나님의 지혜를 얻기 위한 마음으로 엮은 글들입니다.

우선 여러 사람이 쓰다보니 나름대로의 시각에서 바라본 서로 다른 쉐퍼 이해와 글 솜씨가 두드러지게 나타났습니다. 그리고 제1부에 있는 글들은 월간 기독잡지 《복음과 상황》이라는 제한된 지면에 대학생 청년들의 쉐퍼 이해를 돕기 위해 쓴 글들입니다.

2부의 글들은 신학교나 학술 잡지에 발표되었던 글들입니다. 특히 데이비드 길과 윌리엄 에드가 교수가 쓴 글은 미국의 권위 있는 학술지에 실렸던 글들을 허락받아 번역한 것입니다. 그리고 어떤 글들은 발표된 지 오래 된 글들도 있습니다. 그러기에 용어와 어법의 차이도 있고 인용하는 책도 낯선 것이 많습니다. 이 점에 대해서는 여러분의 넓은 양해를 바랍니다.

바라기는 여기에 실린 열두 편의 글에서 다양한 쉐퍼 이해를 맛보시기 원합니다. 그리고 언젠가는 당신의 쉐퍼 읽기도 다른 사람이 맛볼 수 있는 기회를 주시기를 기대합니다. 쉐퍼에 대한 우리의 이해와 사랑이 한데 뭉쳐져서 한국 청년들과 교회의 미래를 위해 좋은 대안을 제시하는 계기가 되기를 간절히 바랍니다.

한국 라브리에서 성인경

차례

머리말 *4*

제1부 쉐퍼의 전집 읽기

제1장 진리를 찾고 전한 인생 *11*

쉐퍼 저작 배경과 매력을 중심으로/성인경

제2장 현대 문화 속의 전도, 변증 *23*

쉐퍼의 문화관—전집 1권을 중심으로/성인경

제3장 성경은 진리이다 *37*

쉐퍼의 성경관—전집 2권을 중심으로/성인경

제4장 삶의 전 영역을 주님께 *49*

쉐퍼의 영성관—전집 3권을 중심으로/민경동

제5장 사랑으로 진리를 말하는 공동체 *61*

쉐퍼의 교회관—전집 4권을 중심으로/이승훈

제6장 사상은 결과를 낳는다 *71*

쉐퍼의 서구관—전집 5권을 중심으로/김선일

제2부 쉐퍼의 마음 읽기
제1장 문화 철학의 핵심 사상들 85
쉐퍼의 현대 문화 이해를 중심으로/성인경

제2장 행동하는 신앙 103
쉐퍼의 정치관을 중심으로/성인경

제3장 문화적 변증학(전도방법) 117
쉐퍼의 변증학적 방법론을 중심으로/성인경

제4장 엘룰과 쉐퍼 149
서구 문명에 대한 두 가지 관점/데이비드 길 · 김선일 역

제5장 밴틸과 쉐퍼 189
20세기 변증학의 대가들/윌리엄 에드가 · 김종철, 박진숙 역

제6장 쉐퍼에 대한 평가와 비판들 239
쉐퍼의 변증학에 대한 비판을 중심으로/성인경

부록1 쉐퍼 연구를 위한 자료 및 도서목록 283
부록2 프랜시스 쉐퍼 연구소 286

※ '쉐퍼 읽기' 코너에서 연재했던 글들(본서의 제1부)을 출판하도록 허락해 주신 월간잡지 《복음과 상황》에 감사드립니다.

제1부
쉐퍼의 전집 읽기

제1장
진리를 찾고 전한 인생

쉐퍼 저작 배경과 매력을 중심으로 · 성인경(한국 라브리 총무간사)

"지난 40여 년간의 나의 서양 사상과 문화를 연구한 것을
기초로 20세기 사상의 흐름과 발전을 살펴봄으로써
인류 문화와 역사에 대한 근본적인 해답을 제시할 수 있을 것이라고
생각했다(Francis A. Schaeffer)."

프랜시스 쉐퍼(Francis August Schaeffer Ⅳ)는 20세기의 대표적인 복음주의 지도자 중에 한 사람이다. 그는 라브리 선교회(L'Abri Fellowship)를 설립하여 거기로 찾아오는 수많은 젊은이들을 주님께로 인도했다. 그리고 73년의 짧은 인생 길에서 그가 직면한 위기마다 하나님의 뜻을 헤아렸고 거기서 발견한 깨달음을 23권의 크고 작은 책으로 남겼다. 그의 생애의 발자취를 따라가며 저작 배경과 매력을 간단히 짚어보자.

정직한 질문과 정직한 대답

그는 18세 때 성경을 6개월간 읽고 난 후에 "모든 문제들이 성경 속에서 통일된 사상체계로 연결되어 마치 실타래가 풀어지듯이 다 해결된다"는 것을 발견하고 스스로 기독교인이 되었다(1930). 오랜 세월이 지난 후에 그가 이처럼 고민했던 인생의 근본적인 문제에 대한 체계적인 답변으로 주어진 책이 『살아 계신 하나님』이다. 직접적으로는 미국의 휘튼 대학에서 행한 일련의 강의의 열매였다.

이 최초의 책에는 쉐퍼의 기본적인 모든 사상구조가 다 나타나 있다. 이 책에서 그는 다른 모든 저서의 사상적 기초를 세웠을 뿐만 아니라 자기의 사상을 정확하게 전달하기 위해 용어를 조심스럽게 선정했고, 저작활동의 기본적인 주제를 결정했다. 시기적으로 이 책보다 조금 앞서 출판되었던 『이성에서의 도피』는 사실 이 책의 서론에 해당한다고 할 수 있다.

특히 『이성에서의 도피』는 실존주의적인 현대 사상의 뿌리를 캐고 있으며 오늘날과 같은 포스트모던 시대의 판단기준이 되고 있는 '비이성'과 '느낌'의 근원과 문제를 파헤친 명쾌한 책이다. 이 책은 기독교인들뿐만 아니라 비기독교인 철학자에게까지 그 독자층이 매우 넓은 것이 특징이다.

쉐퍼가 5년간의 각고 끝에 쓴 『He Is There and He Is Not Silent(존재하시며 침묵하지 않는 하나님)』은 첫 저서의 후반부에 제기된 세 가지 지적 질문에 대한 대답을 주어야 할 필요성 때문에 쓰여진 책이다. 기독교적 대답을 보다 철학적으로 발전시킨 것인데, 이를테면 형이상학적, 도덕적, 인식론적 질문에 대한 정직한 대답을 탐구하고 있다.

이 세 권을 '쉐퍼의 삼부작(Trilogy)'이라고 부르는데 쉐퍼 자신도 "나의 모든 사상의 틀을 제시하는 것은 이 세 권이다"라고 말한 바 있다. 후기의 모든 저서들은 이 세 권의 사상을 전개하고 적용한 것이라 해도 과언이 아니다. 유니온 신학교의 커크(J. A. Kirk) 교수는 쉐퍼의 첫 저서에 대해 이렇게 평가했다.

"그 책은 20세기 사상 때문에 절망 속에 갇힌 많은 사람들의 막다른 상태에 대하여 성경적 기독교가 긴급하게 취급하지 않으면 안될 과제를 밝히고 있다."

이처럼 '삼부작'은 자신이 청소년 시절에 경험했던 무신론자와 불가지론자(不可知論者)의 입장을 바탕으로 자기와 같은 처지에 있던 사람들에게 바른 대답을 주고 그들을 주님 앞으로 인도하려고 쓴 불후의 명작이다.

쉐퍼는 라브리를 세우기 전에는 미국 필라델피아와 세인트루이스에 있는 교회에서 10년간(1938~1947) 목회에 전념했다. 1947년에 교단의 파송을 받아 제2차 세계대전 후에 폐허가 된 유럽 교회를 시찰하고 그 다음 해부터 선교사로서 전 유럽을 돌아다니며 무신론과 실존주의 신학에 깊이 물들어 가는 유럽 교회의 재건을 위해 애썼다. 그때 국제기독교교회협의회(IWCC) 결성을 잠시 돕

기도 했으나 분리주의와 신학적 입장 차이 때문에 상처를 받기도 했다.

이를테면 그의 교회관에 대한 책들 『The Church at The End Of The Twentieth Century(20세기 말의 교회)』, 『The Church Before The Watching World(오늘날의 교회의 사명)』은 이때의 아픈 경험들이 바탕이 되어 쓴 것들이다. 그 당시에 많은 보수주의자들은 신학 때문에 사랑을 잃어버렸고, 자유주의자들은 사랑을 핑계로 교리를 잃어버리고 있었기 때문이다. 그의 『The Mark Of The Christian(그리스도인의 표지)』는 어떻게 교회가 사랑과 교리를 회복할 것인가를 역설하고 있다.

선교사역 중에 1951년은 그의 일생에 중대한 영적 위기를 맞이했던 해였으며, 그의 전도자로서의 삶에 있어서 대 전환점이 되었다. 아내에게 기도를 부탁하고 불신자의 입장에서 기독교 진리와 실천을 재고(再考)하며 알프스 산 계곡과 건초 창고 속에서 기도와 묵상을 한 결과, 그해 겨울이 끝나갈 무렵에는 성령의 충만을 체험하였다. 나중에 한 인터뷰에서 그는 "그 체험이 없었더라면 라브리(L' Abri)도 없었을 것이고, 『True Spirituality(진정한 영적 생활)』이란 책도 나오지 못했을 것이다"라고 말한 바 있다. 그의 영성은 한마디로 삶의 모든 영역에 순간순간 주님의 주권(Lordship)이 나타나야 한다는 것으로 유명하다.

그 후 1955년 2월 15일에 세들어 살고 있던 천주교 지역에서 "종교적인 영향을 끼친다"는 이유로 스위스 정부로부터 6주 내에 스위스를 떠날 것을 명령받게 된다. 쉐퍼 가족의 두 번째 위기가 찾아온 것이다. 그러나 하나님의 특별한 은혜로 이름 모를 150여 명이 조금씩 보내 준 헌금으로 알프스산 론 계곡의 작은 마을 웨이모에 있는 산장을 하나 구입하여 스위스로부터 쫓겨나는 것을 가까스로 면했다.

　이때의 모든 긴장된 이야기는 에디스 쉐퍼(Edith Schaeffer) 여사가 쓴 『라브리(L'Abri)』(홍성사, 호도애)에 아름다운 글로 남아 있다. 쉐퍼도 말한 적이 있지만 에디스 쉐퍼의 책을 읽지 않고서는 쉐퍼를 다 이해할 수 없다. 프랜시스 쉐퍼의 글이 다소 신학적이고 변증적인 것이라면 에디스 쉐퍼의 글은 일상적이고 실제적인 것이다. 이것은 두 분의 은사와도 관계가 있지만 애초에 저술 계획을 공동으로 세웠기 때문이 아닌가 생각한다.

　1974년에는 그의 아들 프랭키의 제안으로 첫번째 영화인 〈How Should We Then Live(그러면 우리는 어떻게 살 것인가)〉를 제작하기 시작했고 이어서 책도 출판되었다. 그 영화 제작에는 네덜란드의 자유 대학교 미술사학자인 로크마커 교수와 역사학자 제레미 잭슨 박사의 도움이 컸다. 아마 한국에서는 영화보다 책을 읽은 사람이 더 많을 것이다. 쉐퍼 자신은 이 책에서, "지난 40여 년간의 나의 서양사상과 문화를 연구한 것을 기초로 20세기 사상의 흐름과 발전을 살펴봄으로써 인류문화와 역사에 대한 근본적인 해답을 제시할 수 있을 것이라고 생각했다"고 쓰고 있다.

　그리고 그의 노년에는 사회운동과 관련된 일과 저서들을 다수 남겼다. 특히 에베릿 쿠프(Dr. Everett Koop, 레이건 정부 시절에 미국 보건부 장관 역임) 박사와 함께 그의 두 번째 영화인 〈Whatever Happened To The Human Race〉와 책을 출판했다. 이 책은 1973년에 미국 대법원에서 통과된 낙태법의 문제를 항거하고 생명운동을 펼치기 위해 낙태, 유아살해, 안락사에 대한 고발과 이를 중지할 것을 공개적으로 외쳐댄 것이다. 그는 낙태가 우리 시대의 잘못된 세계관과 윤리관의 결과로 무책임한 의사와 비열한 부모가 함께 범하는 가장 처참하고 악질적인 죄악이라는 것을 인식했다.

그리고 『A Christian Manifesto(기독교 선언)』은 쉐퍼의 기독교적 정치선언이다. 쉐퍼는 이것을 미국 기독교 법학회에서 변호사들과 나눈 대화의 결과로 출판했다. 오늘날의 정치적인 다원주의시대를 향한 기독교적인 정치 원리를 제시했다고 볼 수 있는데, 출판 당시에는 '공산당 선언'과 '인본주의 선언'에 대해 필적하는 과격한 대결을 선언했다 하여 상당한 반향을 일으켰다.

이 책이 발행된 1981년에는 책에서만 아니라 워싱턴 정계의 거물 정치인들과의 회합에서 미국 정치와 법률의 비성경적인 면들을 과감하게 지적하기도 하였다. 특히 "정부가 하나님을 떠나서 독재정치를 하면 시민불복종과 무력사용이 가하다"는 주장을 했는데, 이것 때문에 처음에는 복음주의 지도자들로부터 냉대를 받기도 했다.

당시의 《타임(Time)》지는 그를 '근본주의의 사도'라는 다소 냉소적인 평가를 하기도 했으나 그의 국가적, 학문적 공헌이 인정되어 사이몬 그린리프 법률학교(Simon Greenleaf School of Law)로부터 명예법학박사 학위를 받는 영광도 얻었다. 헤럴드 브라운(Harold O. J. Brown) 교수는 당시의 상황을 이렇게 전한다.

"그는 복음주의 지도자들보다는 복음주의 평신도들에게 더 깊은 감동을 주었고, 자유주의 지도자들보다는 자유주의 교회 평신도들에게 사회참여에 대한 바른 대안을 찾을 수 있는 기틀을 마련해 주었다."

1983년에 암의 악화로 스위스에서 미국의 마요 암센터로 옮겨 갈 때는 그것이 마지막 해라고 생각했다. 그러나 하나님은 그를 다시 병상에서 일으키셔서 10여 개의 기독교 대학을 방문하며 마지막 순회강연을 인도하기도 했으며, 이때의 강연들이 기초가 되어 그의 마지막 유언이 된 『The Great Evangelical Disaster(위기에 처한 복음주의)』가 출판되었다.

이 책에서 그는 현대 복음주의 교회가 성경의 가르침을 그대로 순종하지 않고 실제로는 성경무오성을 제대로 믿지 않는 점들을 지적하고 성경으로 돌아갈 것을 호소하고 있다. 그는 평생에 23권의 크고 작은 책을 저술했다. 전집에 빠져 있는 『Everybody Can Know』, 『고뇌하는 그리스도인들에게(Letters of Francis Schaeffer)』(기독지혜사)가 더 있다.

쉐퍼의 책이 많이 읽히는 이유

그러면 쉐퍼의 책이 넓은 독자층을 형성하며 오랫동안 많은 사람들에게 읽히는 이유는 어디에 있을까? 특히 청년들에게 사랑받는 이유는 무엇일까? 이는 세 가지 측면에서 크게 유익을 주고 있기 때문이라고 생각한다.

첫째, 쉐퍼는 모든 주제를 객관적으로 비평했다. 그는 기독교인이라는 색안경을 끼고 어떤 주제에 접근하지 않았다. 누가 보아도 인정할 만한 보편적이고 객관적인 이해와 분석을 시도했다. 그의 초기 저서에서 철학, 문화, 윤리의 문제를 접근할 때나 후기의 역사, 의료, 법률의 문제를 다룰 때나 그것은 마찬가지였다.

예를 들어, 쉐퍼는 문화를 평가하는 새로운 방법을 제시했는데, 예술 작품의 분석을 통하여 그 작가와 그 시대의 세계관을 밝혀냈다. 이것은 새로운 예술 비평방법인데, 마치 '역사에 있어서 텍스트를 설명하기 위해 역사를 사용하지 않고 텍스트를 통하여 한 시대의 역사적, 문화적, 사상적 변동을 설명하는 방법'과 일치하는 것이다. 즉 한 작품을 감상할 때 종교적 주제 여부, 혹은 찬성이나 반대의 입장을 먼저 비판하기보다는 그 작품을 통하여 작가, 그가 살았던 시대, 예술성을 먼저 음미해 볼 필요가 있다는 뜻이다. 그 후에 기독교적인 비판과 평가를 내린다.

히치콕(James Hitchcock)은 쉐퍼의 이러한 태도에 대해 다음과 같이 평가했다.

"쉐퍼는 문화를 접근하는 방식에서 참으로 몇 명 안되는 급진적 신학자 중에 한 사람이다. 현대 문화에 대한 쉐퍼의 진단들은 현실을 단호하게 직시할 것을 요구할 뿐 아니라, 그 진단들을 신중히 받아들인다면 필연적으로 문제 의식을 갖게 되며, 오직 기독교만이 해답이 될 수 있다는 것을 제시한다는 점에서 대담한 것이다.

그것은 기독교 좌파들, 즉 자유주의자들이 비판한 것보다 한걸음 앞선다. 왜냐하면 그들의 비판이란 이데올로기의 문제라는 이름 하에 문화적 여론의 단편적인 잔재들만 공격하는 데 그쳤기 때문이다… 아직 어느 누구도 쉐퍼가 해왔던 날카로운 비판으로 현대 문화의 궤도를 바꾸려고 시도한 사람은 없다."

객관성은 언제나 중요하다. 이것 없이는 얼굴 없는 독자들과의 대화단절을 자초하고 만다. 쉐퍼는 많은 기독교인들의 글들이 기독교인들에게만 국한되어 읽히는 것을 좋아하지 않았다. 그의 소망대로 예수 믿지 않는 사람들, 특히 진리를 찾는 구도자들에게 널리 읽히고 있는 것은 결코 우연이 아니다.

둘째, 쉐퍼는 문화적 접촉점을 사용했다. 쉐퍼는 일찍부터 복음과 문화의 상관성을 깨닫고 실천했던 사람이다. 복음은 문화의 옷을 입고 있다. 즉 문화는 기독교의 핵심은 아니지만 복음을 담고 전하는 강력한 방편이다. 특히 오늘날과 같은 문화주의 시대의 젊은 세대들은 주옥같은 설교나 철학보다도 한 편의 영화나 음악을 통하여 인생의 의미와 진리를 깨닫는다고 말한다.

그러므로 복음을 전하려고 하면서 문화적 접촉점을 피한다면 복음의 다리를 놓는 것을 포기하는 것을 의미한다. 복음이 전파되는 곳에는 문화가 변해야 하며, 왜곡된 문화 현장에는 언제나 복음이 필요하다. 복음주의 교회에서 종종 복음을 너무나 영광스럽게 생각한 나머지 복음과 문화의 상관성을 등한시하는 우를 범하는 경우가 있는데 쉐퍼는 이 점을 누구보다 일찍 간파했고 실천했던 것이다.

패커(James I. Packer)도 지적하기를, "쉐퍼는 풍성한 감성과 더불어 문학과 예술에서 표현되는 현대의 세속 세계에 자세히 귀를 기울이고 그들과 대화했다. 이것은 대부분의 복음주의자들이 등한시했던 그들 자신의 하위 문화에 대한 문제였다."

더니스(William A. Dyrness)도 쉐퍼의 이 업적을 높이 평가한 적이 있다.

"첫째로, 20세기 상황에 적절한 방법으로 복음을 이야기함으로써, 쉐퍼는 그런 방법이 아니었으면 복음을 들으려 하지 않았을 사람들의 주목을 받게 되었다. 많은 사람들은 자신들의 관심사나 추구하는 바와 관련 있는 언어들로 복음이 주어지는 것을 보면서, 복음이 자신들의 삶과 적절한 상관성을 갖는 것을 알고 그리스도께로 돌아왔다. 둘째로, 쉐퍼는 이미 믿었던 기존의 그리스도인들로 하여금 기독교 신앙이 갖는 문화적 차원이 무엇인지를 알도록 해 준 것이다. 많은 사람들이 그가 쓴 책들을 읽으면서 그들이 속한 문화 속에서 빛과 소금으로 살아갈 수 있도록 격려받았다." 이처럼 현대적인 문화를 다루고 있기 때문에 읽기가 편하고 흥미진진하다.

셋째, 쉐퍼는 그의 글에서 전도적인 목표를 숨기지 않았다. 쉐퍼는 인류 역사가 문화의 역사라고 보았고, 철학적, 과학적, 종교적 접근 등의 종합적인 문화 분석을 하였다. 그 기초 위에서 그는 복음을 전했으며 그것은 대단한 효과를 거두었다. 이런 접촉점들은 복음 자체는 아니지만 복음을 전하기 이전의 준비 작업으로 이해했고 쉐퍼는 그것을 '예비적인 전도(Pre-Evange-lism)'라고 불렀다. 사실 오늘날의 가장 좋은 접촉점들은 학생들의 문화, 즉 그들의 학문적인 전공이나 예술적인 취향, 현대 문화의 제 양상들이다.

쉐퍼는 기독교 변증학의 목적은 방어라기보다는 적극적으로 복음을 '전달하는 것'이라고 보았다. 그는 어떠한 변증 방법을 사용하든지, 그것이 전통적인 방법이든 전제적인 방법이든, 복음을 방어하는 것뿐만 아니라 전도할 목적으로 사용되어져야 한다고 강조했다.

그러므로 쉐퍼의 저서는 전도적(evangelistic)인 목적을 갖고 쓰여진 책이라고 할 수 있다. 실제로 많은 사람들이 그의 책을 읽고 주님께로 돌아왔다. 그래서 쉐퍼의 책은 젊은이들을 이해하고 전도하기를 원하는 교회 지도자들에게 많이 읽히고 있다. 그러나 무신론자나 회의에 빠진 사람들도 진리를 찾는 길로서 쉐퍼의 책을 읽고 있기 때문에 구도자들에게 사랑을 받고 있다. 루이스(Gordon R. Lewis)는 쉐퍼의 이러한 점을 지적하여, "그는 기독교인과 비기독교인, 의심하는 기독교인과 신앙의 진리에 대해 정직한 질문을 하는 불신자, 이 두 양자에게 기독교 진리와 적절성을 전달하려고 애썼다. 그는 불신자들에게는 복음적이었고, 기독교인 질문자들에게는 목회적이었다"고 술회하고 있다.

그 밖에도 쉐퍼의 글은 체험적인 것이 특징이다. 뿐만 아니라 풍자적인 것도 사실이다. 이런 매력에 대해서는 다음 기회에 보충하도록 하겠다.

맺는 말

쉐퍼의 전집을 한글로 읽게 된 것은 큰 경사이다. 영어로 출판된 것은 이미 10년 전 일이다. 그 동안 낱권으로 번역되었던 것들과 미처 번역되지 못한 것들을 묶어서 『프랜시스 쉐퍼 전집』(생명의 말씀사, 크리스천 다이제스트)으로 출판된 것을 정말 기쁘게 생각한다.

더구나 지금까지의 번역을 전면 교정하기도 하고 어떤 것은 새로 번역하기도 하여 영어 원문의 뜻을 충분히 살리려고 노력한 것은 한글본을 읽는 사람에게 큰 축복이다. 아직도 번역상의 몇 가지 미숙함이 발견되지만 그것은 독자들의 양해가 필요하리라 생각한다.

또한 이 전집이 신실한 종이었던 쉐퍼를 본받아 주님을 따르고자 하는 믿음의 순례자들에게 좋은 벗이 되기를 진심으로 바란다. 아무도 그의 책을 장식용으로 서재에 꽂아두는 일은 없어야 하겠다. 땀흘려 읽고 그 속에서 우리 백성을 위한 지혜를 얻길 바란다.

제2장
현대 문화 속의 전도, 변증

쉐퍼의 문화관—전집 1권을 중심으로 · 성인경

『살아 계시는 하나님』, 『이성에서의 도피』,
『존재하시며 침묵하지 않는 하나님』, 『다시 자유와 존엄으로』

"지금은 문화적 변증학을 몸에 익힌 인재를 교회, 신학교,
선교지로 보내야 할 때이다(Francis A. Schaeffer)."

쉐퍼는 턱에 수염이 나기 시작하던 소년 시절부터 백발에 흰 수염을 휘날리는 나이가 되기까지 인생의 기본적인 문제에 대한 정직한 질문을 가졌고 정직한 대답을 찾았다. 신학자 제임스 패커가 잘 지적했듯이 "그는 한 사람의 작은 장로교 목사로서 그가 주목했던 것들 이상으로 깨달았고, 우리 모두가 아파하는 것 이상으로 예민하게 고민했던, 우리 시대에 진정으로 위대한 기독교인 중에 한 사람"이었다. 그의 전집 제1권은 쉐퍼가 평생에 깨달은 사상의 진수이며 특별히 그의 철학, 문화, 전도에 대한 그의 견해를 살펴볼 수 있는 책이다.

시대적 배경과 중요성

쉐퍼는 20세기의 반지성주의에 직면했고 거기에 도전했다. 20세기의 최대 약점은 철학적 실존주의에 편승한 비이성적 경향이었으며, 그것은 17세기에 이어 다시 한 번 이성의 수난기를 맞이했던 시대였다. 그 대표적인 예는 이성의 우매함을 찬양하거나 이성의 해체를 주장한 푸코(M. Foucault)이다. 그 외에도 다수의 철학자들이 더 이상 합리적 이성과 전통적인 철학의 과업에 어떠한 관심도 보이지 않았다.

그보다는 인간의 불안과 긴장에 관심을 쏟았고 그것들과 맞서야 한다고 주장했다. 금세기를 풍미했던 실존주의는 인간의 불안과 긴장을 다루는 철학이었으며, 그것들을 피하거나 사실이 아니라고 속이려는 것이 아니라 다만 그것들의 현실을 깨닫도록 하겠다는 것이었다. 그 결과 우주와 인생의 근본적인 문제에 대한 대답으로서의 전통적인 '철학'은 사라지고 말았던 것이다. 스키너(R. Skinner)는 그것을 "거대 이론의 붕괴"라고 말했고, 쉐퍼는 "통일적 지식의 붕괴"라고 불렀다.

이런 철학적 현상은 결국 기독교에도 심각한 영향을 미쳤다. 쉐퍼가 만났던 많은 청년들은 '신앙은 단지 감정'이라는 신학적 실존주의에 함몰되어 가고 있거나 아니면 당시 히피족들의 깊은 비관주의의 늪에 같이 빠져들어가고 있었던 것이다. 제2차 세계대전 후의 많은 유럽 청년들은 잘못된 낭만주의의 꿈이 전쟁으로 산산이 부서진 후였기 때문에 이를테면 마약이나 쾌락 혹은 모종의 종교적 신비주의 중에 하나를 택해야만 하는 영적 위기를 맞고 있었던 것이다.

사실 그 시대의 선구자들이라고 자처했던 지식인들마저도 "상대주의라는 길도 없는 바다를 표류하기 시작한 때(J. Packer)"였던 것이다. 그런 와중에 교회를 착실히 다니는 기독 청년들까지도 지적 무기력증에 빠져들고 있었던 것이 사실이다. 특히 제2차 세계대전 후에 형성된 정치적 냉전 체제와 인본주의적인 사상의 맹위로 인해 모든 문화 영역에서 기독교적 영향력이 현저하게 후퇴하게 되었으며 교회의 지도적인 위치가 상실될 위기에 이르렀다. 그것은 사실 기독 청년들만의 위기가 아니라 기독교 전체의 위기이기도 했다.

현대 문화가 앓고 있는 병의 기원

쉐퍼는 이러한 20세기의 반지성주의가 앓고 있는 문제의 핵심은 절대적인 진리관이 무너지고 상대주의적인 인식론(認識論)이 사람들을 지배하기 시작했기 때문이라고 보았다. 그것은 안개처럼 철학에서 시작하여 정치, 예술 등 모든 문화 영역에까지 스며들고 있으며 인류 문화의 퇴보와 부패를 예고하는 것이라고 생각했던 것이다.

그러면 이러한 진리관의 철학사적인 뿌리는 무엇인가? 쉐퍼는 문제의 기원을 멀리는 아퀴나스에서, 가까이는 헤겔(G.W.F. Hegel)과 키에르케고르(S. Kierkegaard)에서 찾고 있다. "현대인의 기원을 찾으려면 여러 세대를 거슬러 올라가야 하겠지만 나는 세상을 실제적으로 변화시킨 토마스 아퀴나스(Thomas Aquinas)의 가르침에서 시작해 보려 한다." 쉐퍼의 주장에 의하면 아퀴나스는 "자연과 은총(nature and grace)" 사이에 통일성이 있다는 개념을 확고히 가지고 있었기 때문에 둘이 서로 완전히 분리되어 있다고 보지 않았다.

그러나 그의 불완전한 타락관, 즉 인간의 의지는 타락했으나 인간의 이성은 타락하지 않았다고 하는 신학이 시간이 지나자 '인간의 이성은 타락하지 않았다'는 견해에서 '인간의 이성은 자율적이다'는 견해가 생겨나게 되었다. 그의 본래 의도가 어떤 것이었든 간에 그의 사상이 낳은 결과는 엄청나다. 자연과 은총이 다시 분리되고, 철학이 성경과 분리되고, 모든 학문이 성경과 분리되고, 학문과 학문에도 같은 현상이 벌어지게 되었다.

쉐퍼는 이에 대한 직접적인 책임을 헤겔과 키에르케고르에게 물었다. "헤겔은 지식에 대한 이론과 한계, 그리고 그 타당성을 다루는 인식론(epistemology)의 영역과 진리와 인식의 문제들에 접근하는 수단인 방법론(methodology)이란 두 영역에서 게임 규칙 자체를 바꾸어 버렸다."

쉐퍼는 이 변화의 경계선을 '절망의 선(The line of despair)'이라고 부른다. 진리는 절대적이라는 믿음에서 진리는 상대적이라는 믿음으로, 이성에 의해 진리에 이를 수 있다는 믿음에서 오직 신앙의 비약에 의해 진리에 이를 수 있는 믿음으로 바뀌게 된 것이다.

쉐퍼는 이처럼 현대가 앓고 있는 병의 근본적인 기원을 철학의 기본적인 명제에서 밝혀 내고자 한 것이다. 패커의 지적대로, "쉐퍼는 오늘날의 세속주의자들이 당연하게 받아들인 사실들에 대하여 비록 개괄적이기는 하지만 사상사적 기원을 집중적으로 파헤쳤다. 그것은 사실 신학교 밖에서는 거의 모든 복음주의자들이 제대로 처리하지 못했던 과제였다."

이처럼 쉐퍼는 변증법적 사고가 문제의 핵심이라고 보았다. 사실 이 혁명은 합리적인 인간이 스스로 원했기 때문에 일어난 것이 아니다. 쉐퍼의 말에 의하면 "이것은 수백 년 동안 합리주의적인 사고를 거듭해 오면서 생긴 좌절감에 의해서 불가피하게 일어난 변화"이다. 결국 이런 변화는 합리주의는 고수했지만 합리성은 희생해야만 하는 무서운 선택이었던 것이다.

그 결과는 기독교에도 나타났다. 즉 기독교가 초월성을 고수하는 대신에 비합리적인 종교로 전락되는 희생을 당했던 것이다. 실존주의 신학이 그 역할을 감당했다. 이것은 비단 기독교만의 위기가 아니라 인류 문화 전체의 위기였던 것이다. 역사가 존슨(P. Johnson)은 역사적으로 반지성주의는 기독교뿐만 아니라 인류 문화 전체의 퇴보를 가져왔다고 잘 지적하고 있다. "지성이 무시되었던 17세기에는 경건주의와 신비주의가 꽃 피었으며 그때에 잃어버린 기독교적 지적 주도권을 200년이 지난 지금까지도 회복하지 못하고 있는 것이 유럽의 현실이다."

쉐퍼는 그가 살던 시대적 조류의 위험성을 간파했으며 거기에 편승하지 않고 도전했다. 왜냐하면 그는 인식론의 혁명이 안고 있는 가장 본질적인 문제는 성경을 더 이상 하나님의 절대적인 계시로 받아들이지 않는 데서 온 것이라는 것을 간파했기 때문이다. 그리고 실존주의 신학이 주장하는 것처럼 기독교 신앙은 이성과 무관한 것이 아니라 기독교는 이성과 직접적인 연관이 있다는 것을 믿어야 한다고 말했다. 그는 기독 신앙은 '체험적이며 지성적(experiencial & intellectual)'이라고 믿었으며 그것을 그의 전집과 삶에서 일관되게 주장했다. 이런 점에서 네쉬(Ronald H. Nash)의 말은 백번 옳은 지적이다. "쉐퍼가 기독교는 이성과 본질적인 관련이 있다고 주장한 것은 기독교뿐만 아니라 철학에도 중요한 기여를 한 것이다."

세계관과 문화

쉐퍼는 사상은 자체에 역동성을 가지고 있다고 믿는다. 그것이 어떤 세계관이든지 사상은 삶의 양태, 즉 문화를 만들며, 문화는 사상의 결과라고 보는 것이다. "역사와 문명에는 하나의 흐름이 있다. 이 흐름은 사상에 근원을 둔다. 인간은 내적 정신 생활에 있어서는 특이한 존재이다. 즉 그들의 정신 세계는 그들의 행동을 결정짓는다." 그가 현대 문화를 심각하게 본 것도 바로 여기에 있다. 그는 "세계관은 결과를 낳으며 필연적인 결과를 낳는다"고 보았기 때문이다.

그런 의미에서 쉐퍼는 모든 문화가 복음 안에서 통일되기를 추구했다. 그가 일했던 서구 교회는 16세기에 되찾았던 만물에 미치는 그리스도의 주재권(Lordship, 골 1:17~18)을 17세기의 경건주의 시대 이후에 까맣게 잊어버리고 있었다. 문화를 그리스도로부터 분리해 버렸고 이원화시켰던 것이다.

특히 20세기는 기독교인들 사이에 반문화적인 사고가 팽배하던 시대였다. 대학생들은 학교에서 학문과 신앙을 통합하는 것을 포기했고, 직장인들은 일터에서 기독교 정신을 실천하는 것은 불가능한 것처럼 생각하고 있었다. 예술가들은 작품 활동에서 메시지를 상실한 채 심미적 형식주의에 빠져 있었다. 영화인들은 스크린에서 절망을 부르짖고 있었던 것이다.

그 와중에서 쉐퍼는 아퀴나스 이후로 제기된 자연과 은혜의 분리를 중단하고, 정신계와 물질계의 이원화를 배제하고, 신학과 타 학문 사이의 분열을 멈추고, 복음과 문화를 그리스도 안에서 하나되게 할 것을 주장했던 것이다. 그에게는 복음과 문화, 그리스도와 세상이라는 분리가 허용되지 않았던 것이다. 베이스(Gene E. Veith)는 "쉐퍼가 그리스도와 문화 모두를 심각하게 받아들였고 그들을 대립시켜서 일치점과 차이점을 찾아내어 서로 싸우게 만들었다"고 말했다.

패커는 다소 신학적으로 규명했다.

"그는 하나님의 주권으로 창조된 실재의 전체성과, 기독교인의 삶이란 그에 상응할 수 있는 또 하나의 포괄적인 실재이어야 함을 강조했다. 즉, 진리와 선과 아름다움이 다같이 가치를 인정받으며 동등한 열정으로 추구되어야 하는 그런 삶을 말한다. 이러한 측면들이 제도적으로는 라브리에서 구현되었으므로 그의 사역이 주목받는 것은 이해할 만하다. 왜냐하면 그의 사역이 워낙 탁월했을 뿐만 아니라 너무나도 필요한 일이었기 때문이다."

쉐퍼의 문화관에 두드러진 점 중에 하나는 작품을 통하여 작가와 시대 그리고 예술성을 객관적으로 비평한 것이다. 쉐퍼는 문화를 평가하는 새로운 방법을 제시했는데 그것은 마치 '역사에 있어서는 텍스트를 통하여 한 시대의 역사적, 문화적, 사상적 변동을 설명하는 방법'과 일치하는 것이다. 이 방법은 문화를 대할 때에 기독교적인 색안경을 끼고 그 작품의 종교적 주제 여부, 혹은 찬성이나 반대의 입장을 표현하거나 메시지의 유무를 비판하기 앞서서 작품 자체가 말하고자 있는 작가의 사상, 시대 상황, 예술성, 기술성 등을 먼저 객관적으로 음미해야 한다는 것이다.

히치콕은 쉐퍼의 이러한 태도에 대해 다음과 같이 평가하고 있다.

"쉐퍼는 문화를 접근하는 방식에서 참으로 급진적인 몇 안되는 신학자 중에 한 명이다. 현대 문화에 대한 쉐퍼의 진단들은 현실을 단호하게 직시할 것을 요구할 뿐 아니라, 그 진단들을 신중히 받아들인다면 필연적으로 문제 의식을 갖게 되며, 오직 기독교만이 해답이 될 수 있다는 것을 제시한다는 점에서 대담한 것이다. 그것은 기독교 좌파들, 즉 자유주의자들이 비판한 것보다 한 걸음 앞섰다. 왜냐하면 그들의 비판이란 이데올로기의 문제라는 이름 하에 문화적 여론의 단편적인 잔재들만 공격하는 데 그쳤기 때문이다… 어느 누구도 쉐퍼가 해 왔던 날카로운 비판으로 현대문화의 궤도를 바꾸려고 시도한 사람은 없다."

현대인을 위한 변증학(전도 방법)

쉐퍼의 변증학적 구조는 그가 진단한 20세기의 문화적 흐름과 무관하지 않다. 복음의 내용을 변질시키지 않으면서도 현대 문화 속에 살고 있는 사람들이 알아들을 수 있는 말로 전해야 한다는 것이 그의 전도 방법의 핵심이다. 그런 의미에서 쉐퍼는 문화를 복음 전도의 매개체로 사용한 대표적인 사람이다. 인간의 문화는 사람들의 종교와 사상 그리고 윤리의 표출이기 때문에 복음이 문화 속에서 죄인을 만나야 한다는 것은 어쩌면 당연한 것이다.

이러한 만남을 시도하는 쉐퍼의 변증학적 방법론을 가장 적절하게 표현할 수 있는 말은 '문화적 변증학(cultural apologetics)', 혹은 '문화적 전도법(cultural evangelism)'이다. 이 말은 이제 쉐퍼와 라브리의 변증학을 대변하는 말이 되고 있다. 성경학자 바클리(Olive R. Barclay)는 미국 IVP에서 출판한 『신학사전』에서 쉐퍼의 변증학을 '문화적 변증학'이라고 규명하며 그 공헌을 다음과 같이 평가하고 있다.

"정통 칼빈주의자로서 쉐퍼는 성경의 신빙성과 권위를 특별히 강조하고 있다. 그의 변증학적 접근은 '문화적 변증학'으로 묘사되고 있다. 문화적 변증학은 밴틸(Cornelius Vantil)과 도예베르트(Herman Dooyeweerd)의 변증학보다 일반은총을 더 강조한다. 그리고 그는 기독교인이 비기독교인과의 논쟁과 그의 세계관의 부적당성을 논술하는 것뿐만 아니라 기독교 교리와 윤리의 객관적 진리를 강화하는 것을 도왔다."

문화 변증학이라는 것은 예수님이 유대 지도자들(마 12:1~37)이나, 사마리아 여인(요 4:1~26)에게, 바울이 루스드라(행 14:8~20)나, 아테네(행 17:16~34)와, 아그립바 왕(행 25:13~27)에게 전도할 때 사용했던 것처럼 복음을 듣는 사람들의 문화를 중심으로 그들이 갖고 있는 전제를 대화의 접촉점으로 삼고 토론을 전개하는 것이다.

그러면 문화적 변증학 혹은 전제에 의한 토론은 어떻게 하는 것인가? 쉐퍼의 주장에 의하면 그것은 크게 두 단계(Two Steps)의 과정을 거친다.

첫째는 긴장점(tension)을 찾는 것이다. 쉐퍼는 사람은 누구나 자기의 전제를 가지고 있다고 믿었다. 자기의 전제에 논리적이면 실재 세계와 멀어지게 되며, 만약 그가 일관적으로 논리성을 견지하면 종교적으로는 무신론자가 되고 철학적으로는 비합리주의자가 된다.

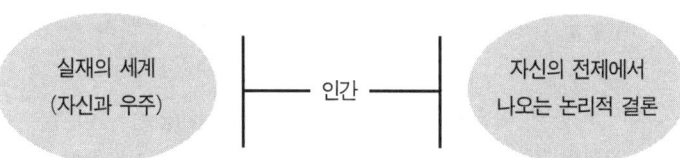

그리고 실재 세계에 가까워지면 질수록 자기의 전제에 대해 논리적인 일관성을 취할 수 없다. 그는 이 두 실재 사이에 그어져 있는 직선상의 어디엔가 포로가 되어 있는 것이다. 그 사람의 긴장점을 찾기 위해 잠시 그의 위치에 서야 하는 것이다(고전 9:19~22). 쉐퍼의 이러한 토론 방법을 빔 리트게르크(Wim Rietkerk)는 '동일시의 원리(the principle of identification)'라고 불렀다.

둘째는 자기의 논리적 결론(logical conclusion)으로 압박하는 것이다. 전제에 의한 변증은 우리와 전제가 다른 사람과 대화의 종말을 고하는 것이 아니라 오히려 그가 자신의 전제가 낳는 논리적인 결론이 무엇인가를 볼 수 있도록 밀어붙임으로(pushing) 그가 안주하고 있는 방어막을 파괴하는 과정을 말한다. 쉐퍼는 이것을 "지붕을 제거"하는 것이라고 했다. 쉐퍼는 이러한 과정을 '호랑이 등에 태우는 것'이라고 비유하기도 하는데 호랑이 등을 타고 살 수도 없고 그렇다고 호랑이 등에서 내려오면 잡아먹히는 때, 즉 '이제 죽었다'고 생각할 때가 바로 복음을 전할 때라는 것이다. 여기서 말하는 죽음의 체험은 형이상학적인 것이 아니라 도덕적인 죽음을 말하는 것이다.

그러므로 쉐퍼가 주장하는 문화적 변증학은 결코 소극적인 전도 방법이 아니다. 진리에 더 이상 관심을 보이지 않거나 기독교인들과의 대화를 기피하거나 아예 질문조차도 없는 신세대에게 적극적으로 복음을 전할 수 있는 방법이 있다면 그것은 문화적 변증학이다.

특히 '이성의 비일관성(費—貫性, inconsistency)', 이것은 쉐퍼가 20세기 인간을 만나는 열린 문이었다. 쉐퍼는 비일관성을 '일반 은총의 결과'라고 믿기까지 했다. 그리고 20세기의 신앙은 이성에서 도피하여 덮어놓고 믿는 '비약'으로 통하기 때문에 "지식이 신앙에 선행한다"는 쉐퍼의 주장이 필요하다. 지식에 기초한 신앙이 아니면 참 믿음이 아니라는 것을 강조할 필요가 있는 시대에 우리가 살고 있기 때문이다.

쉐퍼의 문화적 변증학은 다섯 가지 점에서 그 특징이 두드러진다. (1) 일반 은총을 적절하게 강조함으로 현대 문화를 복음의 다리로 삼을 수 있다. (2) 모든 인간은 자기 주장에 비일관적이다는 것이다. (3) 현대의 비기독교적 세계관을 공격할 수 있는 강력한 파괴력이 있다. (4) 종교다원주의 시대 속에서 기독교 진리를 방어하고 변호하는 데 매우 유용하다. (5) 일상 생활이 최종적인 변증학(final apologetics)이라는 것을 강조함으로 삶이 따라 줄 때는 굉장히 효과적이다.

더욱이 쉐퍼의 변증학 중에 가장 돋보이는 점은 그의 개인적인 아름다운 삶과 그가 이룩한 라브리 공동체이다. 한 변증학자는 그 점을 높이 평가하여, "가장 강력하고 설득력 있는 논쟁 중의 하나는 사랑이다… 쉐퍼 가족의 사역은 그런 점에서 우리에게 불후의 사례가 될 것이다. 왜냐하면 그들은 사랑과 존경으로 사려 깊은 대답을 제시하는 감내를 했다"(John . M. Frame)고 말했다.

말만 많고 삶이 없는 우리 교회에 가장 필요한 것이 것이 있다면 그것은 바로 아름다운 삶의 문화를 통해 기독교적 세계관이 펼쳐지는 것이라고 생각한다. 그런 의미에서 쉐퍼의 사상은 이론과 실천이 조화된 성경적이며 현실적인 사상이다. 이제 말로만 전도하던 시대는 지났다. 불신자들은 우리의 말보다 우리의 생활, 즉 우리의 문화를 지켜보고 있다. 진리는 변호되기만 할 뿐 아니라 문화 속에서 실험되고 실천되어야 한다. 다음은 제1권에서 가장 인상 깊은 말이다.

"지금은 문화적 변증학을 몸에 익힌 인재를 교회, 신학교, 선교지로 보내야 할 때이다."

제3장
성경은 진리이다

쉐퍼의 성경관—전집 2권을 중심으로 · 성인경

『창세기의 시공간성』, 『궁극적 모순은 없다』,
『여호수아서와 성경 역사의 흐름』, 『기초 성경 공부』, 『예술과 성경』

"스위스 라브리의 토론에서 다루어지는 주제들은 스키 타는 것에서
우주 비행에 이르기까지 다양하다.
쉐퍼는 한 손에 성경책을 들고 토론에 끼여들고
그 속에 담긴 진리들을 논리적으로 입증해 낸다《타임(Time)》."

쉐퍼는 20세기 정신의 황무지와 같은 상황 속에서 하나님의 말씀을 가감 없이 선포한 사람 중에 한 사람이다. 그가 현대 문화를 비판하고 바른 길을 제시할 수 있었던 것은 성경에 확고하게 서 있었기 때문이다. 패커는 그 점을 지적하여 "그것은 성경적 체계에 대한 신념과 성경적 그리스도에 대한 헌신, 그리고 창조에서 계시되고 구속으로 분명해진 가치 형태에 의하여 모든 관계와 생활을 거룩하게 하는 것이었다"고 말했다.

그의 성경관이 두드러지는 『창세기의 시공간성』, 『궁극적 모순은 없다』, 『여호수아서와 성경 역사의 흐름』 등은 어려운 시대 속에서 성경의 권위를 변호한 책들이다.

성경은 참 진리이다

쉐퍼는 성경과 함께 새로운 삶을 시작했고 성경과 함께 어려운 문제들을 잘 감당한 사람이다. 그는 턱에 수염이 나기 시작하던 소년 시절에 온갖 질문을 안고 자유주의 교회에 출석했으나 교회에서는 무신론이나 불가지론 외에는 아무런 대답을 얻지 못했다. 그래서 그는 스스로 성경을 철학과 비교해 보기로 하고 읽어 가다가 나중에는 철학책을 덮어 버리고 성경을 6개월간 읽고 난 후에 "모든 문제들이 성경 속에서 통일된 사상 체계로 연결되어 마치 실타래가 풀려지듯이 다 해결되는 것"을 발견하게 되었다. 성경을 읽다가 스스로 기독교인이 된 것이다. 그때가 그의 나이 18세였던 1930년이었다.

그 후로 그는 성경을 본격적으로 연구했으며 성경이 인생의 모든 문제에 대해서 바른 대답과 설명을 주는 진리라는 것을 깊이 확신하기에 이르렀다. 성경이 인생의 근본적인 문제에 대한 정직한 대답을 제시한다고 확고하게 믿은 것이다. "성경에서는 예수 그리스도를 해결로 제시하고 있다. 성경은 인간의 문제는 형이상학적인 것이 아니라 도덕적인 문제라고 말한다. 즉 인간이 유한하고 연약한 것이 잘못된 것이 아니라 죄를 짓고 신의 성품인 우주의 법을 어긴 데에 잘못이 있다. 성경은 인간은 실제적으로 죄가 있고 그 해결은 그리스도의 대속적인 죽음이라고 말하고 있다. 여기에 인간의 딜레마에 대한 해결책이 있다. 여기서 우리는 페스트와 같은 악과 싸울 정당한 근거를 가지게 되고 무엇보다도 진정한 도덕이 존재한다고 말할 수 있게 된다."

이처럼 쉐퍼가 성경이 진리라고 주장한 이유는 인생의 근본적인 철학적 도덕적 문제에 대한 해답을 성경이 줄 수 있다고 믿었기 때문이다. 성경이 진리라고 할 때 그것은 인간의 본질, 그의 죄성, 구원의 필요성 그리고 심판의 현실과 같은 단지 종교적인 영역에만 국한되는 것이 아니라 우주와 역사, 인간 등의 모든 존재 양식에 대한 사실이라는 것이다. 쉐퍼는 그것을 '있는 그대로의 사실(brute facts)'이라 불렀으며, 그것은 역사적이고 시공간적인 사실을 의미한다. 진위(眞僞)가 검정이 가능한 엄연한 사실을 말하는 것이다. 그러나 여기의 이 사실은 우리의 실존적인 순간 순간의 삶에 의미를 가져다주는 진리를 말한다. 쉐퍼는 이러한 성경적 진리를 강조하여 "참 진리(True truth)"라고 부른다. 이 말은 맹목적인 신비주의나 암시적인 언어와는 근본적으로 다른 '존재하는 사실에 부합하는 실제적인 진리'를 의미한다.

그가 성경이 참 진리라는 것을 주장한 것은 인류 최대 비극에 대면한 것이었다. 문화관에서 살펴본 대로 현대는 더 이상 진리가 없다고 믿는 시대이다. 즉 인식론의 혁명으로 인해 이 세상에는 절대적인 것이 사라지고 상대주의가 지배하게 되었다. 인류 최대의 비극은 이와 같이 "반정립(反定立)이라는 개념을 고의적으로 거부한 사실"에 있다. 그 결과는 엄청났다. 성경을 더 이상 하나님의 절대적인 진리로 받아들이지 않을 뿐 아니라 감각적인 체험과 개인적인 자기 주장을 진리로 대체하였다. 거기에는 혼돈과 공허, 즉 비인륜적인 것들만 존재하게 된 것이다. 바로 이러한 정신적 상황 속에서 성경이 사실과 부합하는 참 진리라고 주장한 것은 현대 사회의 일반적인 통념과의 대립을 의미했다. 패커는 "쉐퍼의 이러한 인식은 정확했다"고 극찬하기도 했다.

성경은 명제적 진리이다

지난 세기 동안은 많은 신학자들과 과학자들이 성경을 오해했다. 어떤 신학자들은 성경이 계시적(啓示的)이기 때문에 경험적인 문제, 즉 우주와 역사에 대해서는 언급하지 않는다고 주장한다. 반면에 어떤 과학자들은 성경이 종교적이기 때문에 역사와 과학에 대해 거의 아무 교훈도 주지 않는다고 말한다. 쉐퍼는 이 부류는 서로 다른 개념의 틀과 언어 체계를 갖고 있음에도 불구하고 철학적으로나 신학적으로는 동일한 문제라고 보았다. 즉 실존주의적인 방법론을 근거하고 있다는 것인데 성경의 가치 체계와 의미 체계는 여전히 고수하려고 하면서도 그것을 이성으로는 검정할 수 없는 영역으로 보고 있으며 또한 현대 과학의 이론과는 상관성이 없다고 믿는 것이다.

이 문제에 대한 쉐퍼의 대답은 간단하다. 그는 성경은 과학에 대한 '세부적인 진리'를 다 말해 주지는 않지만 가장 기본적이고 원리적인 진리, 즉 '명제적인 진리'를 말해 준다는 것이다. 예를 들어, '인간이 누구냐?'는 질문에 대해 성경적 해답은 먼저 우리들을 가장 근본적인 기초로 인도한다. 즉 인간의 인격은 인간에게 본 래적으로 있으며, 그 인격은 인격적 하나님이 "하나님의 형상을 따라(창 1:26~27)" 인간을 창조했기 때문에 존재한다는 것이다. 우리의 인격의 근본적인 원천은 부족함이 없는 하나님이다. 이처럼 언어에 의한 명제라는 형식에 따라 하나님은 자신과 인간과 역사와 이 세계에 관한 객관적인 진리를 성경을 통해 말씀하신다. 그런 의미에서 성경은 우주와 역사에 대한 세부적 진리라기보다는 명제적 진리(propositional truth)이다.

그리고 성경의 중심 주제가 우주에 대한 세부적인 진술이 아니기 때문에 "성경은 과학 교과서가 아니다"고 주장하는 것은 옳다. 그러나 그것을 '성경은 과학이 관심을 두는 영역에 대해 아무런 확정도 제공하지 않는다'는 의미로 사용한다면 틀리게 됩니다. 왜냐하면 성경은 과학이 관심을 갖는 명제에 동일한 관심을 갖고 있을 뿐만 아니라 기본적인 대답까지도 주고 있기 때문이다. 성경을 따른다면 분명히 지식의 전 영역 안에는 통일성이 있다. 그러므로 성경과 과학 사이에는 그 개념과 용어에 차이가 있고 절대적인 제한이 있다고 할지라도 "궁극적인 모순은 없다"고 감히 말할 수 있어야 한다. 쉐퍼는 특히 이 점을 누구보다도 강조했는데, 그 이유는 성경의 권위를 세우는 것과 과학의 역할에 대한 분명한 자리 매김을 해 줄 수 있는 길은 이밖에 없기 때문이다. 쉐퍼의 영향으로 세워진 국제장로교회(IPC)의 선언서에는 이 사상이 다음과 같이 표현되었다.

"성경이 우주와 자연 세계에 관하여 서술하고 있는 바는 현대 과학 용어로는 표현되지 않았다. 그렇지만 이것이 사실임에는 틀림이 없다."

성경은 절대적 진리이다

1960년 1월에 발행한 《타임(Time)》지는 쉐퍼의 성경적 입장을 이렇게 생생하게 전하고 있다.

"스위스 라브리의 토론에서 다루어지는 주제들은 스키 타는 것에서 우주 비행에 이르기까지 다양하다. 쉐퍼는 한 손에 성경책을 들고 토론에 끼여들고 그 속에 담긴 진리들을 논리적으로 입증해 낸다… '성경의 어떤 부분을 우리가 단지 신화로 받아들이게 되면, 결국에는 성경 전체를 신화로 인정해 버리게 될 것이다. 그렇게 되면 친구를 자전거 체인으로 죽인 행위가 옳다고 말하는 테디 보이(Teddy boy : 에드워드 7세 때의 복장을 즐겨 입는 영국의 불량 소년, 소녀를 일컫는 말)의 생각을 인정하는 편이 오히려 나을 것이다. 왜냐하면 그는 적어도 자신의 철학을 가지고 있기 때문이다.'"

쉐퍼는 회심한 이후로 줄곧 성경의 무오성(無誤性)을 믿었다. 그것은 라브리에서의 토론뿐만 아니라 그의 전 생애에서, 그리고 1977년에 조직된 국제성경무오협회 참여로 결정적으로 나타났다. 이 협회는 쉐퍼가 라브리 초창기부터 주장하던 성경의 무오 사상에 큰 힘을 입었다. 쉐퍼가 성경의 무오성을 소리 높이 외친 데는 이유가 있다. 복음주의 교회의 위기는 성경을 성경대로 믿는가에 대한 의문 때문이다. 그 당시에는 복음주의 내에 파고들어온 실존주의적인 방법론으로 인해서 성경에 '오류가 없는'이란 말이 무의미해졌다. 그래서 그는 이렇게 말한다.

"성경의 '무오'라는 말에 덧붙여야 할 말이 있다. 즉 성경은 가치, 의미 체계, 종교적 사실들에 대해 말할 때에도 오류가 없을 뿐만 아니라 역사와 우주에 대해서 말할 때에도 오류가 없다고 말해야 한다." 그는 사실 이러한 복잡한 표현보다는 성경이 '절대적 진리(absolute truth)'라는 말을 즐겨 사용했다.

쉐퍼가 바르트(K. Barth)의 신학에 반대한 근본적인 쟁점도 성경관에 있으며 바로 절대성의 문제였다. 쉐퍼는 "바르트가 자유주의 사상 체계를 해체시킨 마지막 지진과 같은 사람이다. 그럼에도 불구하고 그는 자유주의자들이 신봉하던 고등 비평(higher criticism)을 견지하였다"고 지적했다. 신정통주의 실존 신학의 핵심은 성경을 통해서 종교적인 체험을 가질 수는 있지만 역사와 과학의 문제에 대해서는 성경에 오류가 있다고 인정하므로 성경의 절대적 성격에 의문을 낳았다. 쉐퍼가 유감스럽게 생각한 것은 이런 신정통주의가 복음주의 내에 침투하여 복음주의란 이름으로 가르쳐지고 있다는 사실이다. 《타임》지는 그의 타협 없는 자세를 두고 "근본주의의 사도"라는 다소 냉소적인 평가를 하기도 했다.

그러나 브라운의 지적은 의미심장하다. "오늘날 복음주의 지도자들 중에 현대의 불신앙에 대한 대답으로 바르트를 주목하는 자들이 있다. 이것을 볼 때 쉐퍼가 그 사실을 30년 전에 간파했다는 것은 놀라운 일이다… 이러한 쉐퍼의 확고한 입장은 《Christianity Today》의 두 번째 편집인이었던 린셀(H. Lindsell)로 하여금 그의 격정적인 저서 『Battle For The Bible』에서 성경의 무오를 위한 투쟁을 복음주의냐 아니냐를 가리는 시금석으로 삼도록 했다. 성경 무오를 지지하는 린셀의 단호한 입장은 기존의 복음주의자들에게는 신선한 긴장을 불러일으켰으며 쉐퍼에게는 짐을 덜게 해주었다." 그는 평생 동안 진리는 대결을 동반한다는 정신을 실천했다.

성경은 현실적 진리이다

"누가 성경이 어떤 책이냐고 묻는다면 나는 '현실적인 책'이라고 대답한다. 성경은 낭만주의나 이상주의와 반대된다. 성경은 인생에 대해 낙관적으로 말하지 않는다. 낭만주의는 충분한 근거가 없으면서도 낙관적인 대답을 한다. 그러나 성경은 모든 것이 잘 되어 가고 있다고 말하지 않는다. 그리고 성경은 현대의 종교적인 개념과도 반대된다. 20세기에 들어서 사람들은 종교가 자신의 경험에서 비롯되는 신앙적인 진술이라고 생각하기 때문이다. 그러나 성경은 현대의 사실주의와도 다르다. 인간의 딜레마에 대해 정직한 답을 가지고 있기 때문이다. 성경은 정말 거칠게 쓰여졌지만 현실적인 진리(a realistic truth)이다. 인간의 실제적인 문제들을 다루고 있고 우리가 어떻게 해결해야 하는지를 말해 주고 있기 때문이다." 쉐퍼가 성경을 현실적인 진리라고 말할 때, 그것은 결코 이론적인 명제나 형이상학적인 대화를 의미하는 것이 아니라 가정이나 교회 혹은 사회에서 인간의 실제의 삶에서 변화를 일으키는 말씀을 의미한다.

쉐퍼는 죄를 예로 들어 설명하는데, 즉 죄(罪)를 죄로 취급하는 것이 현실이라는 것이다. 성경은 죄를 심각하게 다루고 결코 축소하지 않는다. 또 성경은 죄를 심리적인 실수라고 말하지 않는다. 분명히 인간은 죄인이며 하나님은 거룩하다고 말한다. 인간은 죄의 문제를 가지고는 절대 하나님 앞에 그대로 설 수 없다. 죄는 그야말로 심각한 문제이다. 그러기 때문에 인간에게는 구원이 필요한 것이다. 이것이 성경이 말하는 인간이 직면한 현실이다. 그러나 이상주의나 낭만주의는 사실 매우 잔인하다. 이상주의는 인간이 죄인이라는 것을 염두에 두지 않고 사람에게 불가능한 것을 기대하게 한다. 이처럼 죄의 문제를, 해결되지 않으면 안될 심각한 딜레마로 보기 때문에 성경은 매우 현실적인 진리이다. 쉐퍼는 성경을 절반 정도만 현실적인 진리가 아니라 "전적으로 현실적인 진리"로 믿었다.

성경은 인식 가능한 진리이다

지난 세기는 성경으로부터 이성을 분리시키려는 시도가 꾸준히 있었다. 성경은 단지 기독교의 체험적 진술일 뿐이며 존재하는 것에 대한 합리적 진술도 아니고 인식 가능한 진리가 아니라는 도전이었다. 이 도전은 자유주의와 신정통주의에서 찾아왔는데, 그 대표적인 무대는 창세기와 복음서였고 공격의 초점은 성경 본문에 대한 고등 비평이었다. 성경은 인식할 수 없는 경험의 한 해석이라고 이해된 것이다. 그 결과는 학문적 합리주의 때문에 신앙의 합리성을 양보해야 하는 것으로 나타났다. 결국 성경은 감동받을 수는 있어도 인식될 수 없는 책이라는 것이다. 그러나 쉐퍼은 생각이 달랐다.

쉐퍼는 성경이 종교적 진리일 뿐만 아니라 이 세계와 역사에 관해서도 검정과 인식이 가능한 정보를 제공한다고 믿었다. 쉐퍼는 특히 기독교 진리가 체험될 뿐만 아니라 인식될 수 있는 진리라고 믿었다. 앞에서 살펴보았듯이 20세기 신학적 상황을 고려할 때 이 주장은 결코 단순한 주장이 아니었다. 그가 진리를 아는 것이 가능하다고 말하는 것은 1) 성경은 인류 역사의 시공간 세계에서 일어난 사실에 기초하고 있다는 것과, 2) 성경은 기자와 더불어 검정할 수 있는 여러 목격자들이 있었다는 것과, 3) 성경은 인간의 언어 표현을 통하여 전달되었다는 것에 기초하고 있다(눅 1:1~4). 이처럼 그는 성경이 역사적 진리의 틀 안에서 사실을 취급하고 있고, 진리의 배후에 계신 살아 계신 하나님이 자기의 형상대로 만든 인간의 인격성이 있기 때문에 진리는 인식될 수 있다고 믿었습니다. "지식은 신앙에 선행한다"는 그의 강한 신념은 여기에서 도출된 것이다. 이는 실존주의에서 주장하는 것처럼 결코 신앙에는 비약이 있을 수 없다고 생각한 것이다.

진리는 인식 가능하다는 것을 과시한 것이 그의 성경 공부였다. 그는 예수님을 믿는 사람이나 그렇지 않는 사람이나 성경 공부를 통해 하나님을 만날 수 있다고 생각했다. 쉐퍼의 『기초 성경 공부』는 칼빈(Carvin), 하지(C. Hodge), 워필드(B. B. Werfield)와 같은 개혁주의 신학을 기초로 한 성경 공부 교재인데 특징이라면 하나님이 누구인가(신론), 하나님이 하신 일(기독론), 구원이란(구원론), 미래의 될 일(종말론) 등의 기본적인 신학적인 주제를 다루고 있는 것과 해당되는 주제에 따라 간단한 성경 구절을 몇 개씩 제시하고 스스로 생각하고 토론할 수 있도록 구성한 것이다. 성경 공부를 할 때는 전체의 흐름을 파악하여 성경의 통일성을 아는 것이 중요하다고 본다. 그리고 가끔 문맥과 상관없는 자기 주장을 성경의 교훈으로 착각하기 때문에 반드시 문맥 속에서 본문의 의미를 파악하기를 충고했다.

또한 성경은 한 절이라도 제대로 알아야 한다고 주장했다. 아무리 짧은 한 절이라도 성경 전체와 연결되어 있고 그 반영이기 때문이다. 그러나 성경 전체의 풍성한 의미를 한 절에 다 요약한 구절은 없다. 그는 매일 일정한 시간을 할애하여 성경을 읽고 공부하라고 당부했다. 우리가 듣기로 쉐퍼는 매우 규칙적으로 성경을 읽고 공부한 사람이었다. 그리고 꼭 기도하며 읽으라고 부탁했는데 이는 성령의 도우심을 받기 위해서이다. 라브리에서 문화, 예술을 토론할 때는 성경의 우선권을 먼저 인정하고 성경을 기초로 토론해야 함을 강조한다. 하나님의 빛이 우리 가운데 높이 비춰질 때에만 우리 주위의 어두움을 밝히 볼 수 있다고 믿기 때문이다. 그는 개혁주의 신학자답게 "사람이 성경을 연구하면 성령이 그를 사용하신다"는 것을 믿은 사람임에 분명하다.

    제2권을 마감하며, 쉐퍼가 주장하는 확고한 성경관을 고수해야 할 두 가지 이유를 상기시키고 싶다. 첫째는 성경이 스스로에 대해 가르치는 것과 또한 그리스도께서 성경에서 가르치신 바를 충실히 따르기 위해서이다. 둘째는 더 이상 기독교적 가치가 사회와 법의 기초가 되지 못하고 그 대신 상대적 가치가 지배하게 될 앞으로의 어려운 시대가 우리를 기다리고 있기 때문이다. 우리는 지금 성경이 우리 사회와 문화를 판단하는 대신에 오히려 문화에 머리를 숙이도록 요구하는 시대에 살고 있다. 다음은 제2권에서 인상 깊게 남은 말이다.

    "이제는 복음주의 기독교인에게 너그러운 시대는 지나갔다. 확고한 성경관만이 상대주의적 사고를 바탕으로 세워진 문화의 압력에 충분히 버틸 수 있다. 초대 교회가 로마 제국의 압력을 이겨낼 수 있었던 것은 무한하시고 인격적이신 하나님이 구약과 신약에 주셨던 절대적인 진리에 대한 확고한 입장 때문이었다는 점을 기억해야 한다."

제4장
삶의 전 영역을 주님께

쉐퍼의 영성관―전집 3권을 중심으로
민경동(한국산업은행 차장. 성서유니온 이사장)

『쉐퍼의 명설교』, 『초영성주의에 맞서는 그리스도인의 자세』,
『진정한 영적생활』, 『시대의 요구에 부응하는 기독교』

"(기독교 신앙은) 현재의 삶 가운데서 하나님과의
영적 교제(Communion)를 가지는 것인데 이는 성령의 내주(內住)하심과
순간순간 성령의 능력을 힘입어 가능한 것이다.
그리스도는 우리의 지성과 인격을 포함하는 전인적(全人的) 존재의
주(Lord)가 되시며 이는 우리의 삶을 부정하는
것이 아니라 긍정하는 것이다(Francis A. Schaeffer)."

경건의 능력을 잃어버린 시대

오늘날은 신앙 생활을 지역 교회에 열심히 출석하여 예배드리고 기도와 찬양을 하며 헌금을 하는 것으로 쉽게 생각해 버리는 경향이 있다. 그리스도인의 영적 생활이 의식 중심적이고 제도화에 치중되고 있음을 부인할 수 없다. 경건의 모양은 있으나 경건의 능력을 잃어버린 성향을 보이고 있는 것은 현 시대의 영적 위기라고 생각된다.

이러한 정황에서 프랜시스 쉐퍼의 성경에 입각한 참된 영성에 관하여 살펴보는 일은 참으로 의미 있는 일이라고 생각한다. 이 글에서는 쉐퍼가 본 참된 영성(True Spirituality)이 무엇인가를 살펴보고, 이러한 현상들 가운데 오늘날 한국 그리스도인들이 맞고 있는 영적 문제를 중심으로 진단해 보고자 한다.

바른 영성이란

쉐퍼는 기독교를 다음과 같이 정의한다. "기독교는 그리스도의 완성된 사역, 역사적인 사건과 공간 속에서 그리스도의 대속적인 죽음과 부활에 기초한 거듭남(重生)의 의미를 가지며, 현재의 삶 가운데서 하나님과의 영적 교제(Communion)를 가지는 것인데 이는 성령의 내주(內住)하심과 순간순간 성령의 능력을 힘입어 가능한 것이다. 그리스도는 우리의 지성과 인격을 포함하는 전인적(全人的) 존재의 주(Lord)가 되시며 이는 우리의 삶을 부정하는 것이 아니라 긍정하는 것이다"(The Complete Works of Francis. A. Schaeffer : A Christian Worldview Vol.3 : A Christian View of Spirituality, 1982, Francis A. Schaeffer p.401). 이에 입각한 쉐퍼의 참된 영성은 무엇인가 살펴보자.

우리 안에 그리스도를 모시는 것

참된 영성은 인간이 죄로 말미암아 잃어버린 하나님의 형상을 되찾음으로써 참된 인간성을 회복하여 그리스도를 닮아가는 것이다. "그러므로 너희가 그리스도 예수를 주로 받았으니 그 안에서 행하되 그 안에 뿌리를 박으며 세움을 입어 교훈을 받은 대로 믿음에 굳게 서서 감사함을 넘치게 하라(골 2:6~7)."

쉐퍼는 위의 성경구절을 들어 우리의 중심에 그리스도를 모시는 것이 참된 영성이라고 말한다(같은책, p.207). 우리 안에 그리스도를 모신다는 것은 곧 그리스도를 알고, 믿고, 사랑하는 것이며 그리스도께 순종하는 것이다. 여기에서 '안다'는 것은 단순한 지적 앎이 아니라 인격적인 앎을 말한다.

하나님은 인격을 가진 분으로 하나님의 형상을 가진 우리와의 관계도 기계적인 아닌 인격적이다. 우리의 중심에 그리스도를 모심으로써 하나님과 우리와의 관계가 형성된다는 것은 죄로 말미암아 하나님으로부터 분리된 죽음(영적)의 상태에서 인간 스스로의 힘으로 다시 하나님과의 관계를 회복하는 것은 불가능하므로 오직 그리스도께서 역사와 시공상의 십자가를 통하여 완성하신 구원 사역만으로 충분히 우리의 죄의 문제를 해결하고 하나님과의 관계를 회복시킴으로 다시 살리는 것을 말한다(같은책, p.273).

그리스도께 순종하는 우리의 영적 생활은 부정적인 면과 긍정적인 면을 가지는데 부정적인 면은 '자기를 부인하는 것이다(눅 9:23 참조). 자기를 부인한다는 것은 그리스도가 우리를 대체(Replacement)하거나 우리 자신의 인격을 부정하는 것이 아니라 우리가 가지는 죄성(罪性)과 자기 자신을 숭배하려는 성향(이들을 총칭해서 '옛 성품'이라고도 함)을 가진 자아를 부인하는 것을 말한다. "너희가 육신대로 살면 반드시 죽을 것이로되 영으로써 몸의 행실을 죽이면 살리니"(롬 8:13).

긍정적인 면으로는 우리 자신을 '그리스도 안에서 하나님을 대신하여는 산 자(롬 6:11 하)'로 여기는 일이다(같은책, p.253). 이는 십자가에서 죽으시고 부활하셔서 영광을 받으신 그리스도의 능력, 곧 믿음으로 말미암아 성령의 역사로 일어나는 그리스도의 능력에 힘입어 가능한 일이다.

그리스도를 '믿는다'

이 말은 순간순간 의지(의뢰)하는 것을 의미한다. 그리스도를 믿는다는 것은 우리가 예수를 주님(Lord)으로 영접할 때만 국한되는 문제가 아니다(같은책, p.283). 마치 포도나무 가지가 포도나무에 붙어 있어야만 생명력을 가지고 과실을 맺듯이(요 15:1 참조), 주님은 너희가 나를 떠나서는 아무것도 할 수 없다고 말씀하신다(요 15:6 참조). 우리가 영적으로 무기력한 이유 중 하나는 이러한 실존적인 순간순간의 믿음(의뢰) 없이 영적인 형식과 의식에만 치우치는 데 있다.

'믿음'은 구원을 이루는 전 과정 속에서 역사하는 힘이 되어야 하며, 단순히 거듭남(重生)을 이루는 데 필요한 요식절차로 생각되어서는 안된다. 쉐퍼는 '믿음'은 과거와 현재와 미래에 걸쳐 언제나 예수 그리스도의 십자가의 능력을 의시하는 것이라고 말한다(같은책, p.268). 여기에서 '의지한다'는 것은 단순히 수동적인 자세만을 뜻하지 않는다. 쉐퍼는 '능동적 수동'(Active

Passivity)이라는 표현으로 우리의 의지적 행동이 수반되어야 한다고 말한다(같은책, p.251~253).

그 예로 예수님의 탄생사건을 들고 있는데 마리아는 예수님을 낳을 것이라는 천사의 말을 들었을 때, "주의 계집종이오니 말씀대로 내게 이루어지이다(눅 1 : 38)"라고 하면서 기꺼이 자신의 몸을 하나님의 손에 맡겨 하나님이 하실 일을 성취하도록 의지적으로 순종했다. 요컨대 '의지한다'는 것은 우리가 하나님의 능력을 전적으로 의지하면서(Passive), 동시에 우리 자신을 기꺼이 하나님 앞에 드리는 의지적 행동(Active)을 보여 주는 것을 말합니다.

영성에 대한 잘못된 이해

그리스도인에게 있어서 영성은 항해사의 나침반에 비유할 수 있다. 만일 나침반이 제대로 작동하지 않으면 목적항에 다다를 수 없듯이, 영성에 대한 바른 이해가 없을 때 우리의 신앙 행로는 세속의 물결 속에서 표류하며 목적지인 천국항(天國港)에 다다르지 못하는 위험에 처하게 된다.

쉐퍼는 60~70년대 서구 사회에서 겪었던 영성에 대한 잘못된 이해에서 비롯된 여러 가지 현상들을 예리하게 분석, 비판했는데 본고에서는 쉐퍼의 저서 『The New Super-Spirituality』(1972년)에서 지적한 왜곡된 현상들을 중심으로 오늘날 우리 그리스도인들의 신앙 생활의 모습과 관련하여 몇 가지만 살펴보기로 하겠다.

반지성주의(Anti-intellectualism)

오늘날 많은 그리스도인들이 반지성주의에 빠져 있다. 체험을 중시하고, 지성인들 사이에 상대주의가 팽배하고 있는 것에 영향을 받은 것으로 보인다. 어떤 이들이 의문이 생겨 질문하면, 흔히 묻거나 따지지 말고 "그냥 믿어라"라고 말한다. 묻지 않고 그냥 믿는 것이 보다 영적이라고 생각하기 때문이다.

쉐퍼는 이러한 현상은 특히 고린도전서 1~2장이 이성과 지성을 사용하지 말도록 하는 의미로 잘못 이해함으로써 더욱 심화되었다고 말한다(『The New Super-Spirituality』 p.393). 한편 쉐퍼는 이러한 반지성적 태도는 플라톤 철학의 이원론에서 연유한 것으로 본다(『The New Super-Spirituality』 p.388). 이원론은 이 세상을 '물질계'와 '정신계'로 양분하여 전자에는 육체, 감각, 이성 등이 속하며, 이들은 임시적이고 불완전한 것이라고 본다.

후자에는 영혼이 속하며 이것은 영원하고 완전한 것이라고 본다. 오직 영혼만이 구원을 받으며 물질계에 속한 부분은 종국적으로 사라진다고 보는 것이다.

기독교가 반지성적으로 흘러갈 때 미신으로 전락할 위험성을 내포하게 된다. 참된 영성은 지식과 체험 중 어느 한쪽을 무시하는 것이 아니라 양쪽의 풍성함을 함께 누리는 것이다.

사도 바울이 로마서 1장 16절에서 복음을 부끄러워하지 않는다고 한 것은 무슨 의미일까? 그 당시 상황으로 볼 때 유대인은 체험적인 표적을 구하고 헬라인은 지혜를 구했다(고전 1:22~25). 위와 같은 바울의 선언은 기독교 복음이 부끄럽지 않다는 고백이다. 이것은 복음이 체험과 지식을 다 함께 가지고 있기 때문이다.

세상을 부정함

오늘날 많은 그리스도인들이 거룩한 것과 거룩하지 않은 것을 구분하는 데 잘못을 범하고 있다. "이 세상이나 세상에 있는 것들을 사랑치 말라(요일 2:15)"는 말씀을 잘못 이해하여 마치 우리의 일상생활(가정, 학교, 직장에서의 생활)은 영적으로 가치 없으며 교회와 관련된 일만이 거룩하고 영적인 의미가 있다고 생각한다. 그리스도인들이 직장에서 맡은 바 일을 열심히 수행하는 것은 세상적인 것에 매여 있는 것으로 생각하고 다만 우리의 직업이 갖는 영적인 의미를 돈을 벌어 교회에 헌금을 해서 복음 사역을 돕는다거나 직장에서 복음을 전할 수 있다는 데에서만 찾는다. 따라서 이들의 직업관도 선교사나 교회에서 전임 사역을 담당하는 일은 영적으로 우위에 있고 세상에서 일반적인 직업을 가지는 것은 영적으로 저급한 것으로 여긴다.

요한일서 2장에서 말하는 '세상'은 우리가 사는 물리적인 세계를 의미하지 않고 인간이 갖는 죄를 향하는 마음(육신의 정욕, 안목의 정욕, 이생의 자랑 등)이나, 자기가 주인이 되어서 자신을 숭배하려는 자기 중심적 성향을 보이는 사탄의 지배영역을 의미한다.

무엇을 하든지 죄를 짓는 것 이외에는 우리의 생활 모두가 영적인 의미를 가지며 하나님의 영광을 위한 것이다. 쉐퍼는 이를 강조하여 우리 삶의 전 영역에 걸쳐 하나님의 주권이 미치면 거룩하고 영적인 것이라고 말한다.

이러한 점에서 우리의 직업 윤리에 관하여 "종들아 두려워하고 떨며 성실한 마음으로 육체의 상전에게 순종하기를 그리스도께 하듯 하여 눈가림만 하여 사람을 기쁘게 하는 자처럼 하지 말고 그리스도의 종들처럼 마음으로 하나님의 뜻을 행하여 단 마음으로 섬기기를 주께 하듯 하고 사람에게 하듯 하지 말라(엡 6:5~7)"라고 권면하고 있다.

영성에 대한 판단 기준

신앙훈련 수준

흔히 그리스도인의 영적 수준을 말할 때 금식기도, 주일성수, 전도 등의 요소로 판단한다. 물론 이 모든 것들이 신실한 그리스도인들의 영적 생활의 표현으로 중요한 부분임에는 틀림없다. 그러나 이런 행위만으로 영적 생활이 보장되는 것이 아니라는 점을 유의해야 한다. 여기에는 항상 경건의 모양과 경건의 능력의 괴리 현상이 나타날 수 있고 신앙 생활이 율법적이고 외식적인 태도로 변질될 위험이 있다. 예수님 당시에도 바리새인들의 외식적인 기도와 금식, 철저한 율법적인 태도에서 잘못된 영성이 낳은 표본을 쉽게 찾아볼 수 있다(눅 18:9,11 참조).

쉐퍼는 이 점과 관련하여 영적인 실체는 없으면서 교회의 제도나 인위적인 방법을 통해 마치 영적 능력이 살아 있는 것처럼 착각하고 살기 쉬운 율법적이고 외식적인 신앙 태도에 대해 경고하고 있다.

영적 체험

많은 그리스도인들은 자신의 영적 수준의 표지(慓識)로서 체험을 강조한다. 물론 인격적인 하나님과의 관계를 가지는 우리의 믿음 생활에는 영적인 체험이 따른다. 그러나 쉐퍼는 영적 체험이 우리 믿음의 기초가 되는 것은 아니며, 우리 신앙의 실체는 어디까지나 기독교의 사실적 진리에 근거해야 한다고 강조한다. 하나님께서 우리에게 영적인 체험을 허락하시는 것은 좋은 일이다. 그러나 그 자체가 영성의 척도가 되는 것은 아니다.

하나님으로부터 받은 은사와 능력

하나님께서는 하나님 나라의 증거로 그리스도인 각 사람에게 성령의 은사와 능력을 허락해 주신다(고전 12장 참조). 그러나 예수님은 하나님이 주신 은사와 능력을 행하는 것 자체에 궁극적인 의미가 있는 것이 아님을 지적하셨다. "그 날에 많은 사람이 나더러 이르되 주여 주여 우리가 주의 이름으로 선지자 노릇하며 주의 이름으로 귀신을 쫓아내며 주의 이름으로 많은 권능을 행치 아니하였나이까… 내가 너희를 도무지 알지 못하니 불법을 행하는 자들아…"(마 7:22~23).

우리가 받은 은사와 능력만을 가지고 우리의 영성을 측량해서는 안된다. 하나님은 우리가 받은 능력과 은사를 하나님이 주신 목적에 맞게 행사되기를 바라신다. 하나님은 우리가 은사와 능력을 행할 때 내면적 동기를 철저하게 점검하신다. 그리고 하나님은 사랑의 동기를 강조하신다(고전 13:1~3 참조).

그러면 우리는 어떻게 할까

끝으로 앞에서 살펴본 잘못된 영성에서 비롯된 현상들에 대하여 우리 그리스도인들의 대응 태도에 관한 쉐퍼의 제안(『The New

Super-Spirituality』 p.396,399)에 귀를 기울임으로써 글을 맺고자 한다.

첫째, 우리는 그리스도인의 표지인 사랑을 잊어서는 안된다. 우리는 주 안에서 한 형제된 자들간에 서로 사랑함으로 바르게 권면하고 이로써 세상 사람들에게 우리가 하나님의 제자인 것을 보여주어야 한다(요 13 : 35).

둘째, 잘못된 영성이 우리에게 주는 도전에 대하여 과잉 반응을 피해야 한다. 어디까지나 하나님의 주권과 성령의 주도적인 사역을 믿으며 하나님께 철저하게 의뢰해야 한다.

제5장
사랑으로 진리를 말하는 공동체

쉐퍼의 교회관—전집 4권을 중심으로
이승훈(대한예수교 장로회 베들레헴 교회. 담임목사)

『20세기 말의 교회』, 『오늘날의 교회의 사명』,
『그리스도인의 표지』, 『도시 속의 죽음』, 『위기에 처한 복음주의』

> "나는 그가 그리스도인들의 심정을 대표한다고 생각한다.
> 그의 글은 단순히 완고한 판단자로서 가견적 진리의 표명을 주장하지 않는다.
> 또한 간단히 사랑을 위장하여 진리를 값싸게 팔지도 않는다.
> 나는 그의 글이 하나님 교회의 영적 가난함과 세상을 향한 눈물을
> 겸한 사랑으로 진리를 말하기 때문에 경청한다.
> 그는 사랑으로 진리를 말하고 있다. 그래서 그의 교회관이
> 우리에게 의미를 던져 준다고 믿는다(이승훈)."

20대에 읽은 쉐퍼

20대의 교회 청년들과 교회 분열의 이유가 교권인지, 혹은 한국 근대사에서 온 상처의 연장인지에 대해 토론하는 것이 당장의 문제 해결이 될 수는 없다. 왜냐하면 청년들은 '왜 교회가 이 모양인가?'라는 이유를 찾는 데 이미 지쳐 있어서, 다만 '교회가 지긋지긋하며 떠나고 싶다'는 염증을 먼저 느끼는 경우가 많기 때문이다. 나는 이러할 때, 쉐퍼가 그의 교회관을 피력한 저서들—『The church at twentieth century(20세기 말의 교회)』, 『The church before the watching world(오늘날의 교회의 사명)』, 『The mark of the christian(그리스도인의 표지)』, 『Death in the city(도시 속의 죽음)』—을 읽게 되었다. 놀랍게도 그 이후로 일그러진 교회상에 대한 혐오감으로 비판 일변도로 매도해 버렸던 우리나라의 모든 지역 교회와 교단들에 대해 다소나마 애정이 되살아났으며, 내 안에 어떤 책임감이 싹트기 시작해 이제까지 자라고 있다.

그래서 나는 이 글에서 쉐퍼의 교회관에 관한 객관적인 소개를 하기보다는, 그의 교회관에 대해서 약 20여 년 전, 내가 20대 청년이었을 무렵에 읽고 느꼈던 주관적인 쉐퍼 읽기를 소개하고 싶다.

나는 1971년 그의 『이성에서의 도피』를 읽고 기독교세계관으로 회심하는 첫걸음을 내디딘 이후, 인쇄된 그의 글을 대할 때마다 주일 예배 때 단상의 설교가 직접 내 귀에 육성으로 들려올 때 느끼는 감흥을 느꼈다.

특히 그의 교회관에 관한 글들을 살아 움직이는 설교로 받아들이게 된 데에는 내 자신이 가졌던, 교단과 교단으로의 분열과 개교회의 치졸한 분열의 모습들에 대한 혐오의 경험이 큰 자리를 차지하고 있다. 그런 이유로 나는 쉐퍼의 교회관에 관한 글들을 읽고서 그의 주장을 깊이 공감하게 되었는데, 그의 교회관에는 단지 성경 주석만이 아니라 그의 경험이 녹아 있기 때문이었다.

그의 교회관은 한마디로 "오직 사랑 안에서 참된 것을 하여(speaking the truth in love)"라는 에베소서 4장 15절 말씀 속에 요약되어 있다. 사랑으로 진리를 말하고 실천하는 것이다. 그의 교회관에는 계시된 하나님의 말씀에 대해 타협할 줄 몰랐던 아모스의 정신과 상처와 고름이 흐르는 이스라엘을 위해 흘렸던 예레미야의 눈물과 같은 눈물샘을 발견할 수 있다. 그는 교회가 지니고 있어야 하며 내보여야 할 영적실재가 무엇인지에 대해서 회개를 동반한 관심을 가지고서 문제해결의 정열을 그의 책들에서 분명하게 보여 주고 있다.

분열의 경험에서 우러나온 교회관

쉐퍼가 호소하는 교회에 대한 주장은 그 자신이 체험한 쓰라린 갈등에서 나온 것이며 자신의 삶에 적용한 것이다. 그러므로 그의 배경을 알아보는 것이 그의 교회관을 이해하는 데 도움이 될 것이다. 교회문제에 대한 그의 견해와 확신은 분리주의적 경험과 밀접하게 연관되어 있다. 그는 필라델피아의 웨스터민스터 신학원(West- minster Theological Seminary)에 진학하였는데, 그곳에 입학한 지 얼마 되지 않아 북장로 교회 내에서 성경의 권위에 대한 논쟁이 대두되었다. 그는 그 학교의 지도자였던 메첸(J. Gresham Machen)이 북장로 교회를 떠나 새로운 교파를 형성할 때 그를 따라나섰다. 그러나 분리된 자들간에 또다시 교파적인 분열이 있었으며, 그는 페이스 신학원(Faith Theological Seminary)으로 옮겨 새로운 장로 교단의 목사가 되었다. 다시 말해 그는 '신학적 자유주의' 또는 '현대주의'가 지배하는 경향의 교파에서 분리되어 나간 '분리운동' 지도자 중 한 사람이었다는 것이다.

여기서 기독교의 역사적인 무오성을 믿고 재삼 강조하는 '가시적 교회의 순결성'을 주장하는 그의 원리가 나왔으며, 그는 이 원리를 소천하기까지 지켰다. 『오늘날의 교회의 사명』이란 책에서는 가시적 교회에 있어서 '실제적인 차이점'은 교파간에 있는 것이 아니라 성경을 믿는 그리스도인들과 그렇지 않는 사람들 사이에 있다는 그의 확신을 잘 보여 준다.

그러나 그는 거기서 머물지 않았다. 1951년에 이르러 분리 운동 내에도 매우 그릇된 점들이 있다는 사실을 직시하게 되었다. 그것은 분리 운동의 가르침이 문제가 아니라 그것을 가르치는 지도자들 가운데 우리 주님께서 명하신 사랑의 원리가 매우 결핍되어 있다는 사실을 볼 수 있게 되었던 것이다. 그 결핍은 거의 사랑을 찾지 못할 정도의 것이었다. 그는 이 사랑의 결핍 때문에 자유주의 교회의 속한 반대자들과 서로 증오하는 관계가 되었을 뿐만 아니라 분리 운동 사이에서도 사랑이 없는, 서로 헐뜯는 관계로까지 나아가게 되었다고 보았다. 따라서 그는 주님의 명령대로 그러한 교회에 속한 사람들에게도 그리스도께서 명한 명백한 가시적 사랑을 내보여야 한다고 말한다. 그것은 단지 필요 때문이 아니라 성경이 그렇게 명하고 있으며 우리 주님의 당부였기 때문이다. 이에 대한 강조는 『그리스도인의 표지』라는 그의 짧은 글에 잘 나타나 있다.

그러나 비록 그렇다고 해도 그는 진리와 타협해 교리적 순수성을 버리기까지 하는 사랑은 옹호하지 않았다. 그는 교회의 가시적 순결성을 위해, 역사적인 교회를 인정하지 않고 성경의 권위를 인정하지 않는 교회에서 그리스도인들이 분리해 나가야 한다는 긍정적인 원칙을 끝까지 포기하지 않았다. 이 점은 우리가 그의 교회관에 관하여 말할 때 강조하지 않으면 안되는 관점이라고 생각한다. 사랑을 강조하는 그 순간에도 그는 기독교의 역사적인 입장을 나타내고 가시적인 교회의 순결을 위하여 노력해야 한다는 강한 의무감을 가지고 살았던 것이다.

사랑을 강조할 때, 쉐퍼는 자신의 분리 경험이 그르다고 생각한 것은 아니었으면서도 심정적으로는 그러한 분리에 동반된 냉혹함을 가슴 아프게 생각했다. 또한 교리적으로는 잡다한 교파들로부터 분리되는 것이 성경의 가르침일지라도 다만 그것이 유일무이한 성경의 가르침은 아니라는 점을 유의하여 보았다. 이 때문에 그는 과거 완강했던 분리의 경험을 후회했다고도 하며, 후에 영국 교회의 로이드 존스 목사가 주도한 복음주의권의 강력한 분리 촉구를 동정심을 가지고 보았다고도 한다.

이처럼 교회관에 있어서 쉐퍼는 자신의 우선권을 이러한 이중적인 토대(교리의 순수성과 가견적 사랑의 표지) 위에 두었으며, 이 점 때문에 그는 양쪽으로부터 비난을 받는 한편 양쪽 귀를 모두 여는 결과를 얻었다.

순수성의 원리와 사랑의 원리

요약하자면, 진실로 성경을 믿는 그리스도인이 되기 위해서 우리는 삶의 매 단계마다 두 가지 성경적 원리를 함께 실천할 필요가 있다.

첫째는, 가시적 교회의 순수성 원리이다. 성경은 우리가 단지 가시적 교회의 순수성에 대해서 말만 할 것이 아니라 실행이 앞서야 한다고 명령하고 있다. 그러므로 값진 희생이 요구될지라도 우리는 그것을 실천해야만 한다. 교리적으로 혼합된 교회에 머무르는 자들은 의도하지 않았을지라도 역사적 교회를 부인하는 셈이 되며, 이 점을 사수하지 않으면 교회의 증거는 치명적 손상을 입게 되기 때문이다.

둘째는, 모든 진실된 그리스도인들간에 지켜야 할 사랑의 원리이다. 진리의 측면에서 치명적으로 잘못된 교회를 떠나되 사랑을 보여 주어야 한다는 것이다. 떠나는 자들은 떠나지 않는 형제들에 대해서 때로는 원수처럼 차갑게 관계를 끊는 매정한 태도를 보인다. 그러나 이 점은 주님의 명령 중 한 측면을 부인하는 것이다. 그러므로 쉐퍼는 이 양쪽의 어느 일면을 무시하고 한 면만을 부각시키는 행위는 성경적이 아니라고 보았다.

우리가 본질적으로 생각해야 할 것은 다른 모든 면에서와 마찬가지로 그의 교회 관계에 있어서 가장 중요한 것은 영적 실재의 문제이며, 인간의 인격적인 매일의 삶에서 영적 실재가 무엇보다 중요하다는 것을 그가 말과 삶으로 말하고 있다는 것이다. 그렇다면 분리만이 결코 유일한 문제가 아니라는 인식은 당연한 귀결이다. 성경의 전체 가르침이 더욱 중요한 것이다.

그러므로 그리스도인은 교회관에 있어서 하나님의 인격을 닮은 자들이 되어야 한다. 하나님의 거룩성은 진실된 그리스도인들에게 진리를 믿고 가르치는 일에서 점차적으로 멀어져 단지 모양뿐인 교회에 속한 자들로부터 떠나라고 명하시지만, 그와 동등하게 모든 그리스도인들이 형제에 대해서 하나님의 사랑을 실천해야 함을 말씀하고 계신다. 이는 실수든 고의든 진리의 측면에서 그릇된 교회공동체 가운데 머물러 있기로 한 다른 복음주의 그리스도인들에게 지속적인 사랑을 보여 주어야 한다는 것을 의미한다.

이상은 어떤 교회공동체에 머무느냐 떠나느냐 하는 쉽지 않은 문제에 대한 쉐퍼의 답변으로서 그의 저서에서 두 축을 이루고 있다. 정통주의와 참된 교회공동체, 교회선택 우선권의 문제, 교리와 교파문제 등의 선택을 하는 데 있어서 하나님의 속성에 대한 성경의 계시를 적극적으로 강조하는 그의 교회관은 바른 선택을 하기 위해 고민하는 사람들에게 많은 도움을 줄 것이다.

복음주의적 급진주의자

우리는 각 세대마다 거센 시대를 살아왔으며 또 살아가고 있다. 그러나 그러한 시대에 투철한 기독교적 시각을 가지고 온몸을 들여 시대적 아픔에 동참하지도 못한 자괴감으로 오늘을 사는 그리스도인들이 많다. 나도 그 중 하나인데, 가장 큰 이유는 용기와 성실성의 부족, 비겁함이지만 한편으로는 그리스도인으로서 어떻게 하면 성경적으로 하나님께 충실하면서도 동시에 사회를 변화시키는 급진주의자로서 양립하여 행할 수 있는 것인지 확신할 수 없었기 때문이다. 즉 무지와 혼돈 때문이기도 했던 것이다.

『오늘날 교회의 사명』과 『도시 속의 죽음』 및 『위기에 처한 복음주의』는 이에 빛을 던져 줄 수 있다. 교회가 말과 행동과 삶 전체에서 개인적으로나 공동체적으로 복음에 충실하면서도 동시에 급진적인 변모자로서 사는 것이 마땅하며, 그러한 양립이 가능하다는 것을 보여 준다. 교회가 세상을 향해 그리스도의 제자로서 복음을 선포하고, 세계의 쓰라린 현실에 동참하고자 한다면 반드시 급진성을 띠게 마련이다. 그것은 하나님의 성품이 요구하는 것이며 그러할 때 교회는 하나님 앞에서 정직하게 행하게 되는 것이다. 쉐퍼는 그리스도인으로서 처음 주님을 알았을 때 체험하였던 기독신앙의 실체와 매력과 탐색의 열정과 책임에 대한 소명에서부터 다소 곁길로 떨어져 방황하며, 영적 실재가 두드러지게 희미해지고 있다고 생각되는 그리스도인들과 교회에게, 우리가 눈을 크게 뜨고 보아야 할 교회의 사명을 재확신시켜 다시 한 번 믿음의 발걸음을 떼는 데 새로운 시각과 각오와 힘을 준다.

지금 한국 교회는 성장의 열기가 식어가는 기로에 서 있다는 분석이 나오고 있다. 이는 교회의 가시적 상태에 가장 큰 문제가 있는 것이 아닌가 하는 생각을 하게 된다. 살아 역사하시는 성령께, 교회공동체 내에서, 또한 세상에 대해서 교회가 과연 얼마나 충성되게 자신을 보였는가가 그 근본 이유라고 한다면 교회는 쉐퍼의 소리에 귀를 귀울여야 할 것이다.

적용 : 사랑으로 진리를 말하라

끝으로 나름대로 적용한 그의 교회관은 이러하다. 그의 교회관은 학문적 토론이 주된 문제가 아니라 실제적이고도 현실적인 방법으로 기술된 것이다. 그는 영적인 실재를 "존재하시는 하나님과 회복된 관계 속에서, 그리고 매일매일의 삶 가운데서 우리가 믿는 것을 이 땅에서 실천하면서 살아가는 것"이라고 보았으며, 그것을 기점으로 진리를 교회공동체와 사회공동체에까지 확장하여 진실되게 적용해야 한다고 말하고 있다.

이는 성령께서 한 개인의 삶뿐만 아니라 교회라는 공동체에서, 더 나아가 국가에 있어서 참 개혁과 부흥이 일어나게 할 수 있는가에 대한 근본적인 이해를 제공하여 준다 할 것이다. 만일 우리가 이러한 두 원리를 개인의 삶과 교회공동체적인 표명에서 적용한다면 성령께서 교회와 우리 개인을 통하여 능력 있는 방법으로 세상에서 역사하실 것이라고 믿는다.

　하나님의 백성들이 행하는 불경건과 불의를 보면서 "거기에서 나오라"고 책망하면서도 동시에 사랑하지 않을 수 없는 심정을 지닌 예언자들의 역사적 면면들 속에 쉐퍼도 함께 있다. 그들 모두는 하나님 나라에서 뿐만 아니라 세상의 중심에 서 있는 하나님의 백성들이 갖추어야 할 공동체의 존재와 실존에서 사활이 걸린 중요성을 보았다고 생각된다.

　나는 그가 그리스도인들의 심정을 대표한다고 생각한다. 그의 글은 단순히 완고한 판단자로서 가견적 진리의 표명을 주장하지 않는다. 또한 간단히 사랑을 위장하여 진리를 값싸게 팔지도 않는다. 나는 그의 글이 하나님 교회의 영적 가난함과 세상을 향한 눈물을 겸한 사랑으로 진리를 말하기 때문에 경청한다. 그는 사랑으로 진리를 말하고(speaking the truth in love) 있다. 그래서 그의 교회관은 우리에게 의미를 던져 주는 것이다.

제6장

사상은 결과를 낳는다

쉐퍼의 서구관―전집 5권을 중심으로 · 김선일

『공해』, 『그러면 우리는 어떻게 살 것인가?』,
『인간 그 존엄한 생명』, 『기독교 선언』

"쉐퍼의 글과 삶은 항상 근접한 거리를 유지해왔다.
쉐퍼는 성경적 진리에 대한 확고한 신념에서 사람들을 만났으며,
그들의 실존적 문제들을 지성과 삶을 통해서
창조주 안에서 해결될 수 있도록 도왔다.
이러한 깊은 배움과 열정에서 쉐퍼의 행동주의는 비롯된다(김선일)."

쉐퍼의 서구관

쉐퍼는 복음주의 그리스도인들에게서 뿐만 아니라, 불신자들에게서까지도 적잖은 반향을 불러일으키는 인물이었다. 이는 쉐퍼가 그의 생애 중엽 이후부터 본격적으로 보여 주었던 '행동주의' 때문이었다.

쉐퍼는 일관된 사상과 행동의 통일성을 가지고 움직였다. 그는 낙태 합법화 분위기에 강력하게 반대하고 나섰으며, 미국 사회와 문화의 세속주의적, 인본주의적 흐름에 당당히 맞섰다. 쉐퍼의 전집 중 마지막 제5권 『쉐퍼의 서구관』은 쉐퍼의 이러한 행동주의의 사상적 기초와 체계를 보여 주는 내용이다.

쉐퍼의 선구자적 인식

2차 세계대전 이후, 한동안 지적 세계에서 변방으로 밀려났던 복음주의자들은 다시금 신학적 깊이와 넓이를 회복해가고 있었고, 성경신학이나 조직신학에서 이들의 활발한 업적들이 문화적, 사회적 영역으로 이동하는 데에는 쉐퍼의 공로가 지대하다고 볼 수 있다. 쉐퍼는 이러한 점에 있어서 가히 선구자적 역할을 했다. 풀러신학교의 변증학 교수인 윌리엄 더니스는 쉐퍼의 이러한 공로를 문화 변증학의 효시라고 일컬었다.

복음주의 신학의 르네상스가 활발하게 무르익는 동안, 미국 사회의 젊은이들은 냉전체제의 세계 질서 속에서 보다 허무주의적인 세계관에 심취하게 되었고, 상대주의적인 가치관이 점점 득세해 인간을 우연과 물질의 산물로 보는 유물론적 인본주의 세계관에 정신세계를 잠식당해가고 있었다. 보수신학의 가치를 보존하며 현대 학문의 논쟁에서 밀리지 않으려 애쓰던 당대의 쟁쟁한 복음주의 신학자들은 이러한 문제에까지 신경을 쓸 겨를이 없었다. 심지어 '복음주의 신학자들의 교정'이라고 불리는 칼 헨리는 낙태를 긍정하는 입장을 표명하기도 했다. 그러나 쉐퍼는 다른 복음주의자들도 당혹하리 만큼, 당당한 반낙태 입장을 견지했다.

또한 1970년에 쉐퍼는 공해와 환경오염에 대한 책을 썼다. 그는 인간 중심의 소비사회로 인한 자연파괴에 대한 최초로 경종을 울린 복음주의자라는 평을 듣는다. 그리고 '그리스도인을 위한 법적 보호 모임'을 이끌고 있는 화이트헤드 변호사와 더불어 공적인 영역에서 기독교적 기반을 회복하는 일에 앞장섰다. 그의 책 『기독교 선언』은 불의한 정부가 비기독교적인 가치관을 강요할 때, 그리스도인들은 거기에 불복종할 수 있어야 한다는 당시로는 대단히 파격적인 내용이었다. 한마디로 『쉐퍼의 서구관』은 그의 행동주의를 위한 사상이 열정적으로 배어 있는 책이라 할 수 있다.

사상은 결과를 낳는다

쉐퍼의 글과 삶은 항상 근접한 거리를 유지해왔다. 쉐퍼는 성경적 진리에 대한 확고한 신념에서 사람들을 만났으며, 그들의 실존적 문제들을 지성과 삶을 통해서 창조주 안에서 해결될 수 있도록 도왔다. 이러한 깊은 배움과 열정에서 쉐퍼의 행동주의는 비롯된다. 쉐퍼가 말하는 사상은 책상머리로는 몸에 배일 수 없는, 진리에 대한 깊은 신념과 인간에 대한 뜨거운 애정의 실천을 통해서 만들어지는 것이다. 논리적 정합성으로 무장한 많은 신학자들이 쉐퍼의 저술들을 객관적인 각도에서 비판을 하더라도, 그의 지성을 흠모하지 않을 수 없는 까닭이 바로 여기에 있다. 적어도 쉐퍼는 방대한 사상을 집대성한 사람은 아닐지라도, 기독교 진리의 기초 위에서 사물을 바라볼 수 있는 안목을 열어 준 사람임에는 틀림이 없다.

진리—정직한 질문 정직한 답변

『쉐퍼의 서구관』에 나오는 책들은 그의 다른 어느 저서보다도 관심을 끌었고 질책 또한 많이 받은 작품들이다. 『그러면 우리는 어떻게 살 것인가』는 20세기 복음주의의 고전으로 꼽히지만 동시에 이 책에서 다루는 역사적 자료들의 부정확성, 거친 논리 전개 등은 언제나 비평가들의 도마 위에 오르곤 한다. 쉐퍼에 대한 비판들 중 겸허하게 받아들여야 할 부분들이 있지만, 그의 작품들이 다루고 있는 삶의 현장과 열정적 사상들은 이론적 엄격성이라는 좁은 잣대로 참 맛을 잃게 하는 경우가 많다.

진보적인 이념에 호의적인 생각을 하고 있는 이들은, 쉐퍼를 우익 기독교 인사로 혹은 문화 기독교 인사로 혹은 문화 기독교인으로 취급한다. 이는 쉐퍼가 그의 저서들에서 십자군에 대한 비판이 없고, 급진 종교개혁에 대해 부정적이고, 베트남 전쟁에 대한 언급이 없는 점, 공산주의에 대한 거부감을 표명한 것 등을 예로 들고 있다.

또한 『인간, 그 존엄한 생명』이나 『기독교 선언』에서 보여 주는 쉐퍼의 문화적 입장은 보수 기독교도들의 정치적 행동주의와 제휴했다는 비판을 받는다. '기독교적 기반'의 회복을 부르짖는 쉐퍼의 호소는 미국적 문화와 기독교적 신앙을 혼합시키려는 문화기독교적 시도로 부당한 오해를 받는다.

쉐퍼는 자신의 사역과 저술들이 두 가지 신념에서 이루어졌음을 항상 강조한다. 첫째는 "기독교 진리는 정직한 질문에 정직한 답변을 한다"는 것이고, 둘째는 "그리스도의 주 되심은 삶의 모든 영역에서 드러나야 한다"는 것이다.

사실상 쉐퍼는 자신의 이러한 신념들을 바탕으로 일관되게 철저히 실천하는 삶을 산 것이다. 미국에서 낙태논쟁이 일기 오래 전부터 쉐퍼 부부는 미혼모들과 생의 절박한 어려움을 호소하는 이들을 보살펴 왔다. 그리고 그의 초기 저서들에서부터 쉐퍼는 '기독교적 합의', 혹은 '절대적 진리에 대한 믿음'이 과거에 존재했음을 밝혔다.

이 말은 결코 종교개혁 시대나 미국의 건국 초창기는 기독교적 황금시대였다는 말이 아니다. 또한 쉐퍼는 그러한 식의 '기독교적 국가'를 건설해야 한다고 주장하거나 시도한 적도 없다.

복음전도자, 쉐퍼

참으로 이 문제에 관해서는 쉐퍼의 의중에 대한 피곤한 논쟁들이 많았다. 많은 학자들은 쉐퍼가 참여했던 기독교적 행동주의가 보수 공화당의 정책과 상응한다는 것 하나만으로, 쉐퍼를 '문화 기독교인' 혹은 '콘스탄티누스적 몽상가'로 함부로 단정하여 마치 그가 요즘 미국 사회를 백인 중심의 우경화로 이끌고 있는 공화당의 하원의장인 뉴트 깅그리치의 정신적 지주가 되는 양, 보수와 진보라는 피아(彼我) 구분의 단순논리에서 그를 단정짓는 것이다.

이러한 비판들에 대해 동의하지 않는 학자들이 주로 쉐퍼에게 주목하는 것은 그의 자기 정체성에 대한 것이다. 쉐퍼는 여러 대담에서 자기 자신을 기독교 역사 학자나 기독교 철학자로 보지 않고 복음전도자로 부르고 있다.

미국 노트르담 대학의 역사학자이며, 현대 미국 종교사에 있어서 최고의 권위를 지니고 있는 조지 마스덴은 이러한 점을 잘 간파하고 있다. "가장 중요한 것은 쉐퍼의 주장들이 강의실에서가 아니라, 복음전도의 정황에서 이루어졌다는 것이다. 프랜시스 쉐퍼는 가장 먼저 복음주의자였다. 그는 실로 이 시대의 가장 훌륭한 복음전도자였다. 대부분의 복음전도자들과는 달리, 그는 서구 사상과 문화를 이해하는 힘겨운 작업을 마쳤다. 그리고 놀라운 안목을 가지고 복음을 전하기 위한 목적에서 역사의 의미들을 탐구한 것이다. 또한 중요한 것은 쉐퍼의 복음전도가 생동감 넘치는 기독교 공동체, 즉 기도와 사랑을 가장 두드러진 특징으로 삼고 있는 정황에서 이루어졌다는 것이다."

인류가 돌아가야 할 기초는 어디인가

쉐퍼는 자신의 저서에서 늘 그리스도인들의 실천을 위한 대안과 격려로 끝을 맺고 있다. 그는 미국의 유명한 기독교 저널리스트인 필립 앤시와의 대담에서 자신의 비평가들이 그의 저서의 결론에는 주목하지 않고, 파편적인 내용을 해부하는 데만 초점을 맞춘다는 것을 지적한 바 있다.

『그러면 우리는 어떻게 살 것인가』에서 쉐퍼는 서구의 역사가 로마에서 시작하여 로마로 되돌아왔다고 말한다. 즉 로마제국의 정신적 근간이 되었던 무감각과 권위주의 권력으로 되돌아가고 있다는 것이다. 로마제국의 멸망의 중요한 원인으로 쉐퍼가 꼽고 있는 것은 절대적인 신념이 기반되어 있지 않았다는 것이다.

쉐퍼는 사회의 절대적인 기초가 무너질 때 어떠한 파국을 몰고 오는지를 역사적으로 설명하고 있다. 그는 절대주의적인 신앙의 기초가 더 이상 공감대를 얻지 못하고, 시대정신이 상대주의와 허무주의로 흘러갈 때 권위주의적인 새로운 엘리트들이 지배계급으로 등장하며, 일반대중들은 개인적 평안과 풍요를 보장받는 조건 하에서 모든 판단을 그들에게 이양하게 된다는 것이다. 따라서 그는 앞으로 위기의 상황에 처하게 될 것임을 경고하고 있다.

사실 이 책의 클라이맥스는 권위주의적인 체제에 대한 경고와 그리스도인들로 하여금 부의 공유와 인종문제에 관한 의로운 행동을 촉구함으로 빛을 발하고 있다. 이를 위해서 쉐퍼는 그리스도인들이 다수가 되어야 할 필요는 없다고 한다. 누룩과 겨자씨와 같은 그리스도인들의 참된 현존을 통해서 이 사회에 변혁을 가져올 수 있다고 쉐퍼는 믿은 것이다.

『인간, 그 존엄한 생명』에서 쉐퍼는 낙태가 거리낌없이 행해진다는 것은 우리 사회의 양심이 부패해가고 있다는 증거라고 말한다. 인간이 상대적인 가치기준으로 인간 존재에 대한 판단을 마음대로 할 수 있다는 무서운 암시를 담고 있는 것이다. 쉐퍼는 역사적인 실례로 나치 독일이 600백 만의 유대인을 학살하게 된 배경에는 오늘날의 낙태 합법화 운동과 같은 사상적 기초가 깔려 있었다고 확신한다.

미국의 기독교 윤리학자로서 최근 '유대인 대학살과 기독교인의 태도'에 대해 광범위한 연구서를 내놓아 호평을 받은 바 있는 데이빗 거쉬도 독일에서 있었던 '안락사' 캠페인이 아우슈비츠로 이어지는 중요한 통로를 만들었다고 주장한다. 소위 '버거운 인생'들을 제거하기 위한 나치 정부의 프로그램은 12만 명의 '무가치한 인생'들을 희생시켰다.

인종적 우수함을 증진시키기 위해 실시된 이러한 의학 캠페인은 낙태, 영아살해 등을 조장했고 장애 어린이나 성인들에 대해서도 무가치한 인생으로 '안락사'를 위해 새롭게 고안된 가스실로 들어가게 했다. 이 가스실은 후에 유대인 강제수용소로 연장된 것이다. 이러한 사실을 염두에 둘 때 쉐퍼의 행동주의를 정치적 우파나 문화기독교 현상으로 매도하려는 시도가 얼마나 어설프고 작위적인가를 느끼게 된다.

또 다른 두 권의 책 『공해』와 『기독교 선언』도 이러한 맥락에서 이해되어야 할 것이다. 『공해』에서 쉐퍼는 우리 시대의 생태학적 위기에 대한 사상적 기반을 분석하며, 창조에 대한 기독교적 관점을 회복하려 한다. 쉐퍼는 교회는 인간 대 인간 자신, 인간 대 인간, 인간 대 자연의 관계를 치유하기 위해서 진리의 실험실이 되어야 하며, 진리의 실험실로서 자연을 파괴하는 각종 사업들에 대하여 항의해야 한다고 주장한다.

『기독교 선언』은 그리스도인의 정치적 행동 양식에 대한 분발을 촉구하고 있다. 그는 사무엘 러더포드의 Lex Rex, 즉 "법이 왕이다"라는 사상을 유대 기독교적 관점에서 조명했다. 이는 하나님의 말씀 아래서 절대적인 법의 체계가 세워져야 함을 강조한 사상이다.

따라서 쉐퍼는 이러한 원리에서 절대로부터의 법사상을 배제한 권위주의 정부의 정책에 대해서 불복종할 것을 말한다. 그는 이 점에 있어서는 그 어떤 복음주의자보다 급진적이었다. 그는 무장 혁명을 지지하지는 않지만, 혁명의 권리는 민주화 과정의 한 부분임을 강조하고 있다.

선지자적 예지력으로

미국 사회의 문화적 쇠퇴는 절대자에 대한 신앙을 기초로 한 성경적 진리가 영향력을 주지 못한다는 데에 있다는 것이 쉐퍼의 분석이다. 이러한 주장이 기독론적 강조점에 충실하지 못했다는 비판도 있다. 하지만 쉐퍼는 복음전도의 이상을 위해 유대인들에게는 그리스도의 죽음과 부활을, 이방인들에게는 창조주 하나님을 접촉점으로 삼았던 바울과 같은 민첩함을 지니고 있었다. 그는 절대자에 대한 신념이 우리 사회에 어떠한 파장을 미치는가를 예리하게 분석함으로써 궁극적으로는 사람들을 그리스도께 대한 신앙으로 인도한 것이다.

게오르그는 한 시대에 있어서 작가의 역할을 잠수함 속의 토끼에 비유한 적이 있다. 잠수함이 처음 제조되었을 때, 거기에는 수심을 측정할 수 있는 기계장치가 없었다. 그래서 잠수함이 출항할 때는 토끼를 한 마리 데려간 것이다. 만일 잠수함이 수심 깊은 곳으로 내려가면 사람들보다 토끼가 먼저 호흡의 곤란을 느끼게 되고 그러면 사람들은 머지않아 산소가 부족해지리라는 것을 알고, 다시 수면 위로 떠오른다.

쉐퍼의 메시지와 사역을 묵상해 보면 그에게서 바로 이와 같은 사명 의식을 느끼게 된다. 그는 우리 사회가 어디로 가고 있는가에 대해 선지자적인 예지력을 지녔다. 그렇다고 선지자적 비판주의의 수동적 자세에 머무른 것이 아니라, 역사를 일구는 그리스도의 주 되심을 확고히 의지하는 행동주의로 담대히 투신한 것이다. 이러한 결과는 그의 인간 개인에 대한 진지함과 복음에 대한 지성적인 확신을 통해서 가능했던 것이다.

그러면 우리는 어떻게 살 것인가

쉐퍼는 자신의 사상에 매력을 느끼는 사람들이 자신이 한 말만을 되풀이하지 않기를 바랐다. 그는 정통 개혁주의 사상에 인식의 기반을 두었지만, 그의 선배들의 시대상황과 자신의 것과는 다르다는 점을 잘 알았다. 우리 또한 쉐퍼와 다른 문제 인식을 지니고 있다. 하지만 쉐퍼의 선구자적 인식은 우리 시대의 문제에 있어서 기독교적 해석과 대안을 강구하는 데 신선한 착상을 준다.

라브리의 제2세대 간사들이 쉐퍼의 기본 사상을 충분히 숙지한 후, 각자의 전공 영역에서 창의적인 활동을 벌이는 것처럼, 이 땅에 사는 그리스도인들에게도 이 시대의 문화와 사상을 분별해 복음의 대안성에 깊이 천착해야 할 과제가 주어져 있다.

쉐퍼의 절묘한 문화 변증 사역은 치열한 삶의 현장에서 비롯된 것임에 주목할 필요가 있다. 이것이 복음주의자들 가운데서 쉐퍼의 독특함을 부각시켜 주며, 우리에게는 남다른 도전을 던져 주는 것이다.

요즘의 우리 사회는 갈수록 불확실성과 가치 냉소적인 방향으로 흐르고 있다. "그러면 우리는 어떻게 살 것인가?"라는 질문은 더 이상 번역서 속의 제목이 아니라 우리의 실존적이며 시급한 문제로 떠오르고 있다. 이것이 바로 복음적 그리스도인들이 아주 깊이 있고, 생동감 있게 감당해야 하고 다루어야 할 주제이다.

제2부
쉐퍼의 마음 읽기

제1장
문화 철학의 핵심 사상들

쉐퍼의 현대 문화 이해를 중심으로 · 성인경

"쉐퍼는 20세기 문화가 앓고 있는 병의 핵심은
무신론적 상대주의(相對主義)에 있다고 보았다. 이 상대주의는 쉐퍼의
표현대로라면 '런던의 안개처럼' 소리 없이 퍼져 나가는 것인데,
철학에서 시작하여 예술, 문학, 신학 등 모든 문화 영역으로
은밀하게 스며들고 있으며 그것은 결국 현대 문화의 위기와 붕괴를
가져올 수 있는 주된 원인이 될 것이라는 것이다.
쉐퍼는 이 상대주의를 멀리는 역사에서 로마와 아퀴나스에서 찾고,
가까이는 철학에서 헤겔과 키에르케고르에서 찾는다.
쉐퍼는 이 문제의 기원을 제대로 밝히는 것이 오늘날의 서구 문화가 앓고 있는
병의 뿌리와 치유책을 찾는 길이라고 믿었다(성인경)."

문화 사상의 시대적 배경

쉐퍼는 20세기의 무신론적 상대주의와 반지성주의에 직면했고 거기에 도전했다. 20세기의 최대 약점은 철학적 실존주의에 편승한 비이성적 경향이었으며, 그것은 17세기에 이어 다시 한 번 이성의 수난기를 맞이했던 시대였다. 그 대표적인 예는 상대적 진리를 주장하고 이성의 우매함을 찬양하거나 이성의 해체를 주장한 푸코이다. 그 외에도 다수의 철학자들이 더 이상 합리적 이성과 전통적인 철학의 과업에 어떠한 관심도 보이지 않았다. 그보다는 인간의 불안과 긴장에 관심을 쏟았고 그것들과 맞서야 한다고 주장했다. 금세기를 풍미했던 실존주의는 인간의 불안과 긴장을 다루는 철학이었다. 그들은 불안과 긴장을 피하거나 사실이 아니라고 속이려는 것이 아니라 다만 그것들의 현실을 깨닫도록 하겠다는 것이었다. 그 결과 우주와 인생의 근본적인 문제에 대한 대답으로서의 전통적인 '철학'은 사라지고 말았던 것이다. 스키너는 그것을 "거대 이론의 붕괴"라고 말했고, 쉐퍼는 "통일적 지식의 붕괴"라고 불렀던 것이다.

이런 철학적 현상은 결국 기독교에도 심각한 영향을 미쳤다. 쉐퍼가 만났던 많은 청년들은 '신앙은 단지 감정'이라는 신학적 실존주의에 함몰되어 가고 있거나 아니면 당시 히피족들의 깊은 비관주의의 늪에 같이 빠져들어가고 있었다. 제2차 세계대전 후의 유럽 청년들은 낭만주의의 꿈이 산산이 부서지는 쓰라린 경험을 한 후였기 때문에 이를테면 마약이나 쾌락 혹은 모종의 종교적 신비주의 중에 하나를 택해야만 하는 영적 위기를 맞고 있었던 것이다. 사실 그 시대의 선구자들이라고 자처했던 철학자들이나 예술가들이나 지식인들마저도 "상대주의라는 길도 없는 바다를 표류하기 시작한 때"(J. Packer)였다. 또한 그 와중에서 기독 청년들까지 지적 무기력증에 빠져들고 있었던 것도 사실이다. 특히 전쟁 후에 형성된 정치적 냉전체제와 인본주의적인 사상의 맹위로 인해 모든 문화 영역에서 기독교적 영향력이 현저하게 후퇴하게 되었으며 교회의 지도적인 위치가 상실될 위기에 이르렀던 것이다. 그것은 비단 기독 청년들만의 위기가 아니라 기독교와 현대 문화 전체의 위기이기도 했다.

그가 일했던 서구 교회는 16세기 종교개혁 시대에 되찾았던 만물에 미치는 그리스도의 주재권(Lordship, 골 1:17~18)을 17세기의 경건주의 시대 이후로 까마득히 잊어버리고 있었다. 문화를 그리스도로부터 분리해 버렸던 것이다. 특히 20세기는 어느 시대보다 기독교인들 사이에 반문화적(反文化的)인 사고가 팽배하던 시대였다. 기독 학생들은 학교에서 학문과 신앙을 통합하는 것을 포기했고, 직장인들은 일터에서 기독교 정신을 실천하는 것은 불가능한 것처럼 생각하고 있었다. 또 예술가들은 작품 활동에서 메시지를 상실한 나머지 심미적 형식주의에 빠져 있었고 영화인들은 저마다 스크린에서 절망을 부르짖고 있었다. 사상의 붕괴만이 아니라 전 문화의 타락에 직면해 있었던 것이다. 모두가 이 타락한 문화의 희생자들이 되어가던 시대였다.

현대 문화가 앓고 있는 병의 세 가지 기원

쉐퍼는 20세기 문화가 앓고 있는 병의 핵심은 무신론적 상대주의(相對主義)에 있다고 말한다. 이 상대주의는 쉐퍼의 표현대로라면 '런던의 안개처럼' 소리없이 퍼져 나가는 것인데, 철학에서 시작하여 예술, 문학, 신학 등 모든 문화 영역으로 은밀하게 스며들고 있으며 그것은 결국 현대 문화의 위기와 붕괴를 가져올 수 있는 주된 원인이 될 것이라는 것이다. 쉐퍼는 이 상대주의를 멀리는 역사에서 로마와 아퀴나스에서 찾고, 가까이는 철학에서 헤겔과 키에르케고르에서 찾는다. 쉐퍼는 이 문제의 기원을 제대로 밝히는 것이 오늘날의 서구 문화가 앓고 있는 병의 뿌리와 치유책을 찾는 길이라고 믿었다.

첫째, 현대 문화는 로마에 그 뿌리를 두고 있다

현대 문화의 문제를 제대로 분석하고 그 해결책을 찾는 방법은 크게 두 가지가 있다. 하나는 하나님의 말씀인 성경에서 말하는 종말론적 상황들을 분석하는 것인데 예를 들어 하나님의 계시의 말씀인 성경에서 일찍이 선지자들과 예수님과 바울 사도가 예고한 종말론적 상황을 분석하고 그 대책을 찾아보는 것이다.

다른 하나는 하나님이 일하신 인류의 보편적인 역사를 돌이켜보고 거기에서 교훈을 얻는 것이다. 쉐퍼는 첫번째 방법과 두 번째 방법을 언제나 병행했으나 객관적 분석을 위해 두 번째 방법을 채택했으며 가장 멀리는 고대 로마로부터 이야기를 시작한다. 물론 고대 로마보다 더 오래 된 나라로 거슬러 올라갈 수도 있지만 현대 서구 문화와 인류 역사에 여전히 영향력을 가지고 있는 것이 로마이기 때문에 여느 역사가들과 마찬가지로 쉐퍼도 거기서 출발한다.

여러 방면에서 로마는 위대했다. 그러나 로마는 그 시대의 사람들이 직면했던 기본적인 문제에 대한 해답을 가지고 있지 못했기 때문에 붕괴하고 말았다. 쉐퍼는 그 이유를 이렇게 설명한다.

"로마에는 많은 종교와 신들이 허락되었으나 그 신들의 신성(神

性)은 인성(人性)에 의해서 설명되었다. 한마디로 그들의 신은 인격적이고 전능한 절대적인 신이라고 할 수는 없었다. 그들의 신이 절대적이지 않았다는 얘기는 그만큼 그들의 가치 체계에 절대적인 것이 정초할 수 있는 기초가 빈약했다는 것을 나타내는 것이다. 즉 로마 사람들이 가지고 있었던 가치 체계는 개인적으로나 정치적으로 당면한 인생의 여러 가지 긴장들을 감당하기에 흡족할 만큼 강력하지 못했다. 로마인들이 가졌던 인간 신들은 빈약한 존재들이었고 그러한 기초 위에 있는 로마는 멸망될 수밖에 없었다."

쉐퍼가 로마에서 발견한 것은 절대적 기반이 없는 문명과 개인은 압력이 그다지 강하지 않을 때까지만 존재할 수 있을 뿐이지, 강한 압력 앞에서는 무너지고 만다는 것이다. 즉 로마가 강하고 위대한 군사력을 가진 제국이었지만 상대주의적인 신관과 가치관 때문에 멸망할 수밖에 없었다는 것이다. 그들에게는 절대적인 신 대신에 인간 신들이 있었고, 절대적 가치관 대신에 다분히 상대적이고 독재적인 법률들만이 있었다. 따라서 많은 역사가들이 주장했던 것처럼 로마의 멸망은 외부의 침입이 주된 원인이 아니라, 로마 사회를 유지할 만한 내부적인 절대적인 기초가 없었기 때문이었다. 외부로부터 온 야만인들의 침입은 다만 그들의 멸망을 조금 더 빠르게 완결지어 주었을 뿐이었다.

둘째, 아퀴나스는 이성에 날개를 달았다

쉐퍼는 현대 문화가 아퀴나스의 사상적 영향권을 벗어나지 못하고 있다고 보았다. "현대인의 기원을 찾으려면 여러 세대를 거슬러 올라가야 하겠지만 나는 세상을 실제적으로 변화시킨 아퀴나스의 가르침에서 시작해 보려 한다."

쉐퍼의 주장에 의하면 아퀴나스의 중심 사상 중에 하나는 세상을 '자연과 은총(nature and grace)'의 개념으로 설명하는 것이다. 아퀴나스는 이 자연(피조물, 인간, 개별자, 다양성)과 은총(하나님, 하늘에 속한 것들, 보편자, 통일성) 사이에는 완전한 분리가 불가하다고 믿었다. 쉐퍼는 아퀴나스의 이 사상이 서구 역사에 미친 긍정적인 측면을 높이 평가했다. 이를테면 중세시대에는 전혀 가치를 인정받지 못했던 자연의 위상을 설정해 주었고 그 자연을 향유하는 일을 적절하게 강조한 것이었다.

그러나 쉐퍼는 아퀴나스의 부정적인 측면을 중시했는데, 그의 불완전한 타락관이 자연과 은총 사이에 긴장을 조성하고 결국은 자연이 점차 은총을 잠식하고 나중에는 자연의 의미마저도 상실되는 길을 열어 놓고 말았다는 것이다. 여기서 말하는 아퀴나스의 불완전한 타락관이란 "인간의 의지는 타락했으나 이성은 타락하지 않았다"고 하는 신학이다. 아퀴나스의 이런 신학은 시간이 지나자 "이성은 자율적이다"는 생각들을 촉발시켰고 결국은 은총의 자리를 이성이 대체하는 일이 일어나게 되었다. 아마도 이것은 아퀴나스가 "이성은 타락하지 않았다"고 말할 때는 전혀 기대하지 않았던 것이었을지 모르지만 결과는 전혀 달랐다. 흄(David Hume, 1711~1776)은 이성의 시대에 이런 말을 했다. "이성이 나타나서 하나님의 보좌를 찬탈했다. 그리고 세상의 모든 법을 박탈하고 절대적인 권한을 가졌다. 이제 보좌에는 더 이상 하나님은 없다. 하나님의 말씀도 계시도 없다. 단지 인간의 이성만이 있을 뿐이다."

아퀴나스의 본래 의도가 어떠했든 간에 그의 사상이 낳은 결과는 엄청났다. 오랫동안 잠자고 있던 자연과 이성이 날개를 펼치고 비상할 수 있도록 문을 열어 주었던 그것이, 결과적으로는 서구 역사의 흐름을 바꾼 르네상스에 이어서 자율적인 이성의 시대가 가능하도록 하는 근본적인 원인을 제공하고 만 것이다. 그 결과를 두 가지만 들면 다음과 같다. 첫째는, 자연과 은총의 논의에서 인간, 즉 개체적 사물의 궁극적이고 충분한 의미를 부여한다는 것이 그만 자연이 독립적이고 자율적인 경향을 띠게 되는 것을 방치하게 되므로 결국은 최소한의 개체적 의미마저도 상실되는 것을 맛보아야 했다는 것이다. 은총이 상실된 개체적 인간은 이제 기계나 동물로 전락하고 말았다. 둘째는 인간의 이성을 계시와 동등한 선상에 놓음으로써, 자연히 하나님의 말씀인 성경의 권위가 추락된 것은 물론이고 인간적인 지혜와 하나님의 말씀을 자유롭게 혼합하는 것이 가능하게 되었다. 결국 고대 철학이나 세속 사상이 기독교 사상을 지배할 수 있는 근거를 제공하게 된 것이다.

셋째, 헤겔과 키에르케고르는 현대 병의 직접적인 원인이다

쉐퍼는 현대 문화가 앓고 있는 병의 직접적인 책임을 근대 역사상의 어떤 인물에게 물어야 한다면 그들은 바로 헤겔과 키에르케고르라고 말한다. 쉐퍼는 현대 문화를 지배하고 있는 상대주의적인 진리관이 이들로부터 직접적으로 시작되었다고 주장한다. 쉐퍼는 이것을 '인식론적 혁명'이라고 부르고 그 혁명은 두 단계로 발전되었다고 말한다. 첫째 단계는 '진리는 절대적이다'는 믿음에서 '진리는 상대적이다'는 믿음으로의 변화이다. 쉐퍼는 여기에 대한 책임을 헤겔에게 물었다. 둘째 단계는 '이성에 의해 진리에 이를 수 있다'는 믿음에서 '믿음의 비약에 의해서만 진리에 이를 수 있다'는 믿음으로의 변화이다. 이 변화에 대한 책임을 쉐퍼는 키에르케고르에게 돌린다.

먼저 헤겔에 대한 쉐퍼의 분석을 살펴보자.

"헤겔은 지식에 대한 이론과 한계, 그리고 그 타당성을 다루는 인식론의 영역과 진리와 인식의 문제들에 접근하는 수단인 방법론이란 두 영역에서 게임의 규칙 자체를 바꾸어 버렸다." 쉐퍼는 두 가지 영역, 즉 인식론과 방법론에 변화를 가져온 핵심적인 인물이 헤겔이라고 보았고 그를 절대적 진리관의 상실의 책임자로 규정했다. 헤겔은 이성의 필연적인 자기 발전 논리에 입각한 세계 해석 방법으로서 변증법적 사고를 주장했다. "진리로서의 진리는 사라졌다. 그리고 이제부터는 종합이 상대주의와 함께 지배한다."

헤겔은 사고(思考)는 본질적으로 변증법적이라는 것을 믿은 절대적 관념론자였다. 그것은 전통적인 진리관에 대한 일대 혁명적인 변화를 의미하는 것이다. 쉐퍼는 이 변화의 경계선을 '절망의 선(The line of despair)'이라고 이름 붙였다.

그러나 헤겔의 인식론에는 찬성하지만 방법론에는 생각을 달리한 사람이 등장했다. 쉐퍼에 의하면 그는 키에르케고르이다. "키에르케고르는 진리가 종합적이라는 것은 받아들였으나 이성으로는 그 종합에 도달할 수 없다는 결론에 이르게 되었다. 대신에 인간은 실질적으로 신앙의 비약에 의해 중요한 모든 것에 도달할 수 있다는 결론에 다다랐다." 이를테면 키에르케고르의 '신앙의 비약(The leaf of faith)'은 헤겔의 이성에 의한 종합적 진리에 도달하려고 하는 관념론적 방법론이 갖는 자기 모순에 대한 대안이다. 그리고 그것은 역사적으로는 20세기의 비합리주의적 실존주의적 방법론의 문을 여는 새로운 돌파구가 되었다. 쉐퍼가 키에르케고르를 바르트(K. Barth)로 대표되는 종교적 실존주의와 사르트르(J. Sartre)로 대표되는 철학적 실존주의의 양대 분수령을 이루는 인물로 보는 이유가 여기에 있다.

헤겔과 키에르케고르의 영향은 기독교에도 나타났다. 즉 기독교가 초월성을 고수하는 대신에 비합리적인 종교로 전락되고 말았던 것이다. 바르트로 대표되는 실존주의 신학이 그 역할을 감당했다. 이것은 비단 기독교만의 위기가 아니라 인류 문화 전체의 위기를 몰아온 대 변화였다. 사실 이러한 변화는 인간이 스스로 원했기 때문에 일어난 것은 아니었다. 쉐퍼에 의하면 "이것은 수백 년 동안 합리주의적인 사고를 거듭해 오면서 생긴 좌절감에 의해서 불가피하게 일어난 변화"였다. 기독교가 지적 주도권을 포기하고 패배주의에 사로잡히게 되는 일대 전환점이 된 것이다.

쉐퍼의 문화 철학의 핵심

이상에서 살펴본 것과 같이 쉐퍼는 현대 문화가 앓고 있는 병의 근본적인 기원을 역사와 철학의 기본적인 명제에서 밝혀 내고자 했다. 그리고 그 명제는 진리관의 변화라는 혁명에 초점을 맞추고 있다. 그의 그러한 문화 사상의 요체는 다음과 같이 정리될 수 있다.

첫째, 쉐퍼는 사상은 역동성을 가지고 있다(idea has legs)고 믿은 사람이다

그것이 어떤 세계관이든지 사상은 삶의 양태, 즉 문화를 만들며, 문화는 곧 사상의 결과라고 본 것이다. "역사와 문명에는 하나의 흐름이 있다. 이 흐름은 사상에 근원을 둔다. 인간은 내적 정신 생활에 있어서는 특이한 존재이다. 즉 그들의 정신 세계는 그들의 행동을 결정짓는다." 그가 우리 시대의 문화를 심각하게 본 것도 바로 여기에 있다. 현대 문화가 부패한 것이 문제가 아니라 그 근본이 되는 부패한 사상, 즉 세계관이 더 문제라는 것이다. 그 이유는 "모든 세계관은 결과를 낳으며 필연적인 결과를 낳는다"고 보았기 때문이다.

우리 시대의 대표적인 지성인 솔제니친(A. Solzhenitsyn, 1917~)도 이 점에 있어서는 같은 생각을 피력했다. "'어떻게 승승장구하던 서구가 그 번영으로부터 이렇게 몰락했느냐?'고 묻는다면 나는 뿌리가 잘못되었기 때문이라고 대답하겠다. 서구가 지난 세기에 만들어낸 것이야말로 인간이 만들어낸 생각에 근거하고 있었던 것이다… 내가 말하려고 하는 것은 르네상스 시대에 처음 등장하여 계몽시대를 통과하여 온 세계에 만연된 서양적 관점이다. 그것은 정부를 구성하는 데 있어서나, 사회 과학을 하는 데 있어서나 근간이 된 것이었다. 이름을 붙이자면 '이성적 인본주의'라고 말할 수 있는 것이다. 즉 인간이 자율적인 존재라는 것을 선포하고 인간을 누르는 권위나 힘으로부터 자유롭다는 것이다. 이것이 서구에서 말하는 인간이다."

쉐퍼도 그가 살던 시대적 조류의 위험성을 간파했으며 거기에 편승하지 않고 도전했다. 왜냐하면 그는 인식론의 혁명이 안고 있는 가장 본질적인 문제는 성경을 더 이상 하나님의 절대적인 계시로 받아들이지 않는 상대주의적인 인본주의에서 온 것이라는 것을 간파했기 때문이다. 그리고 실존주의 신학이 주장하는 것처럼 기독교 신앙은 이성(理性)과 무관한 것이 아니라 "기독교는 이성과 직접적인 연관이 있다"는 것을 믿었다. 그는 기독 신앙은 "체험적이며 지성적(experiencial & intellectual)"인 것이라고 믿었으며 그것을 그의 전집과 삶에서 일관되게 주장했다. 이런 점에서 네쉬의 말은 백번 옳은 지적이다.

"쉐퍼가 '기독교는 이성과 본질적인 관련이 있다'고 주장한 것은 기독교뿐만 아니라 철학에도 중요한 기여를 한 것이다."

이 점을 길(David Gill)은 다음과 같이 평가한다. "역사 발전에 있어서 사상적 요인들(이성, 사고)의 중요성에 대한 쉐퍼의 일관적인 강조는 중요한 공헌이다. 그는 모든 형태의 행동 사회과학과 역사적 유물론(즉, 쉐퍼의 "당신이 생각하는 바가 바로 당신이다"라는 말에 재미있게 대조시키자면, "당신은 당신이 먹는 바로 그것이다"라고 주장하는 것이다)에 대한 호전적인 반대론자였다."

그런 의미에서 쉐퍼는 서구 문화가 그리스도와 기독교 사상 안에서 다시 통일되기를 추구했다. 쉐퍼가 현대 문화를 진단하고 그 해답을 찾기 위해서 사상사적 뿌리를 찾는 피나는 작업을 한 이유도 알고 보면 바로 여기에 있다. 어떤 사상이든지 그 사상이 행동을 결정짓고, 필연적인 결과를 낳는다는 것이다. 패커도 같은 평가를 했다.

"쉐퍼는 오늘날의 세속주의자들이 당연하게 받아들인 사실들에 대하여 비록 개괄적이기는 하지만 사상사적 기원을 집중적으로 파헤쳤다. 그것은 사실 신학교 밖에서는 거의 모든 복음주의자들이 제대로 처리하지 못했던 과제였다."

둘째, 쉐퍼의 문화 사상은 문화를 객관적으로 비평하는 데서 출발한다

오늘날 유행하는 현대적인 비평 방법은 창의성(creativity)과 예술성(articity)에 모든 작품의 생명을 걸고 있는데, 이것은 예술가의 독창적인 개성에 지나치게 의존하기 때문에 생기는 결과이다. 그 결과로 한 작품이 나오게 된 그 시대의 예술관과 세계관을 분석하고 설명하는 데 있어서 예술 작품이 종종 오용당하는 경우가 있다. 그러나 쉐퍼는 문화 작품을 완전히 반대로 접근했다. 즉 쉐퍼는 문화를 평가하는 새로운 방법을 제시했는데, 작품 자체의 분석을 통하여 그 작가와 그 시대의 세계관을 밝혀내는 것을 말한다.

　이것은 새로운 예술 비평 방법이기도 한데, 마치 역사(歷史)에 있어서 특정한 역사관을 사용하지 않고 텍스트 자체를 통하여 한 시대의 역사적, 문화적, 사상적 변동을 설명하는 방법과 일치하는 것이다. 우리는 흔히 옛날의 텍스트를 설명하기 위해 현재의 역사관을 사용하는 우를 범하는 수가 많다. 그러므로 한 문화를 비평할 때는 종교적 주제 여부, 혹은 찬성이나 반대의 입장을 먼저 개진하기보다는 작품 자체가 그 작품의 작가, 시대, 예술성, 세계관을 말하도록 해야 한다. 베이스는 쉐퍼의 이러한 태도를 두고, "그는 그리스도와 문화, 이 둘을 심각하게 받아들였고 그들을 대립시켜서 일치점과 차이점을 찾아내어 서로 싸우게 만들었다"고 말했다.

　히치콕은 쉐퍼의 이러한 태도에 대해 다음과 같이 평가한다. "그것은 현대 문화의 중심에 있는 하나의 역설이라고 할 수 있는 것인데 날로 확신을 더해 가던 인간과 이성의 당당하고 오만한 주장이 합리성을 포기하고 실제로 그 반대로 치달리고 있다는 사실에 있다… 이처럼 쉐퍼는 문화를 접근하는 방식에서 참으로 급진적인 몇 안되는 신학자 중에 한 명이다. 현대에 대한 쉐퍼의 진단들은 현실을 단호하게 직시할 것을 요구할 뿐 아니라, 그 진단들을 신중히 받아들인다면 필연적으로 문제 의식을 갖게 되며, 오직 기독교만이 해답이 될 수 있다는 것을 제시한다는 점에서 대담한 것이다. 그것은 기독교 좌파들, 즉 자유주의자들이 비판한 것보다 한 걸음 앞섰다. 왜냐하면 그들의 비판이란 이데올로기의 문제라는 이름 하에 문화적 여론의 단편적인 잔재들만 공격하는 데 그쳤기 때문이다… 어느 누구도 쉐퍼가 해왔던 날카로운 비판으로 현대문화의 궤도를 바꾸려고 시도를 한 사람은 없다."

그는 문화가 기독교적인 주제에만 얽매일 필요가 없다고 말한다. 어떤 작품을 기독교적인 주제가 아니라는 이유로 무조건 반대하는 태도는 옳은 것이 아니라고 보는 것이다. 동시에 기독교적인 주제를 사용했다고 해서 무조건 좋은 작품이라고 보지도 않는다. 특히 그는 기독교인들이 하는 비기독교적 주제의 예술 작품들을 무시하지 않았다. 이것은 예술가의 '상상력(imagination)'과 관련이 있는 것이며 그것은 모든 예술가들의 생명이다. 쉐퍼는 우리의 예술적 감각, 즉 상상력은 "저 별들의 넘어까지도 나래를 펼 수 있다"고 말하므로 보이는 세계와 보이지 않는 모든 세계가 다 예술가의 영역이 됨을 강조했다.

그래서 그가 제안하는 예술 감상방법은 크게 세 가지 점을 중시하는데, 작품의 예술성(artistics), 기술성(technology), 사상성(message)이 그것이다. 그는 인간의 인격성을 파괴하는 일부 작품을 제외하고는 기독교인이 거부하거나 변혁이 불가능할 정도로 예술성과 기술성에 문제가 있는 작품은 거의 없다고 보았다. 그러나 작품 속에 비기독교적인 예술성이나 기술성이 지나치게 내포되어 있을 경우에는 비판적으로 보아야 되며, 때로는 폐기해야 한다고 말했다. 그러나 사상성은 언제나 조심스럽게 음미해 보아야 하는데, 20세기 예술은 작가와 관객 사이에 의사소통(communication)이 단절되고 있기 때문이다.

쉐퍼는 그의 문화 철학을 탁상공론에 그치지 않고 직접 실천한 사람으로 유명하다. 자신이 직접 영화 만들기에 참여했고 주연을 맡기도 했다. 그의 아들 프랭키 쉐퍼(Franky Schaeffer)가 감독한 두 편의 다큐멘터리 영화에 출연하여 특유의 긴 머리카락과 흰 염소 수염을 휘날리며 문화 유산의 현장 강연을 한다. 그가 평생 동안 라브리에서 만났던 학생들의 수백 배나 되는 사람들을 영화를 통해 만난 것이다. 그 두 영화는 책으로도 유명한 〈How Should We Then Live(그러면 우리는 어떻게 살 것인가)〉와 〈Whatever Happened To The Human Race(인류에 무슨 일이 생겼는가)〉이다. 그의 아들 프랭키는 지금까지 25편 이상의 다큐멘터리 영화를 제작했고, 그 부문에서 감독상을 수상하기도 했다. 영상 문화의 새로운 문을 연 선구자가 된 것이다.

셋째, 쉐퍼는 문화를 전도의 접촉점으로 삼았다

쉐퍼의 가장 탁월한 식견으로 통하는 그의 변증학(apologetics)은 그가 진단한 20세기의 문화적 흐름과 무관하지 않다. "복음의 내용을 변질시키지 않으면서도 현대 문화 속에 살고 있는 사람들이 알아들을 수 있는 말로 전해야 한다"는 것이 그의 전도 방법의 핵심이다. 앞에서 지적했듯이 현대 문화의 왜곡된 진리관과 가치관 속에 사는 사람들에게 효과적인 전도를 수행하기 위해서는 그들이 숨쉬고 있는 현대 문화를 복음 전도의 매개체로 사용해야 한다는 것이 그의 지론이다. 인간의 문화는 사람들의 종교와 사상 그리고 윤리의 표출이기 때문에 복음이 문화 속에서 죄인을 만나야 한다는 것은 어쩌면 당연한 것이다.

쉐퍼의 이러한 변증학을 신학계에서는 문화적 변증학(cultural apologetics)이라고 부른다. 이것은 예수님이 유대 지도자들(마 12:1~37)이나, 사마리아 여인(요 4:1~26) 등에게 전한 방법이나, 요한이 헬라인들에게 익숙한 개념인 '로고스(말씀)(요 1:1)'라는 말로 예수님을 증거한 것과 같으며, 바울이 루스드라(행 14:8~20)나 아테네(행 17:16~34)와, 아그립바 왕(행 25:13~27)에게 전도할 때 사용했던 방법과 같이 복음을 듣는 사람들의 문화를 중심으로 그들이 갖고 있는 전제(presupposition)를 대화의 접촉점으로 삼고 토론을 전개하는 것이다. 예를 들어, 예수님이 베드로에게 "내 양을 먹이라"고 말씀한 것은 베드로가 바로 알아들을 수 있도록 그가 매우 익숙한 문화적 언어를 빌어서 말씀한 것과 같다. 스펄전은 이를 두고, "예수님은 베드로에게 내 기린을 먹이라고 말하지 않고 '내 양을 먹이라'고 말씀하셨다"고 멋진 주석을 한 적이 있다.

문화적 변증학이란 말은 이제 쉐퍼와 라브리의 변증학을 대변하는 말이 되고 있다. 성경학자 바클리는 미국 IVP에서 출판한 『신학사전』에서 쉐퍼의 변증학을 '문화적 변증학'이라고 규명하며 그 공헌을 다음과 같이 평가하고 있다. "정통 칼빈주의자로서 쉐퍼는 성경의 신빙성과 권위를 특별히 강조하고 있다. 그의 변증학적 접근은 '문화적 변증학'으로 묘사되고 있다. 문화적 변증학은 밴틸과 도예베르트의 변증학보다 일반은총을 더 강조한다. 그리고 그는 기독교인이 비기독교인과의 논쟁과 그의 세계관의 부적당성을 논술하는 것뿐만 아니라 기독교 교리와 윤리의 객관적 진리를 강화하는 것을 도왔다."

쉐퍼의 문화적 변증학은 예비전도법(pre-evangelism)이란 말로 불리기도 한다. 그 이유는 쉐퍼가 현대 문화와 사상에 젖은 사람들에게 복음을 전하기 위해서는 그전에 준비 작업이 필요하다고 보기 때문이다. 그 준비 작업은 전제(presupposition)에 의한 토론을 말하는 것이며 그것은 진리의 개념에 대한 동의 및 유신론적 근거를 마련하는 것 등을 말한다. 전제에 의한 토론이 필요한 이유는 명백하다. 그것은 앞에서 살펴본 것과 같이, 우리 시대에 초래된 진리관의 혁명, 즉 상대주의 때문이다. 이 진리관에 변화가 오기 전에는 대부분의 사람들은 동일한 전제 아래에서 살았기 때문에 이런 토론이 대체로 불필요했다. 패커는 쉐퍼의 이러한 전제적 변증학을 높이 평가했다.

"이런 점에서 쉐퍼의 사역은 아테네 아레오바고에서 철학자들로부터 쫓겨나기 전에 그들에게 복음을 전하려고 했던 바울의 첫번째 동기인 '기본적인 유신론증'에서 나타난 교훈과 일맥상통한다. 하나의 유신론적 준거틀이 수립되었을 때만이 죄, 죄의식, 구속, 믿음, 회개, 창의성, 그리고 사랑 등과 같은 용어들이 그들의 진정한 기독교적 의미를 산출할 수 있기 때문이다."

전제에 의한 토론은 크게 두 단계(Two Steps)의 과정을 거친다. 첫째는 긴장점(tension)을 찾는 것이며, 둘째는 그의 논리적 결론(logical conclusion)으로 압박하는 것이다.

결론

이상에서 살펴본 것처럼 쉐퍼는 현대 문화의 위기를 분석하고 그 해답을 찾기 위해 로마와 아퀴나스, 그리고 헤겔과 키에르케고르의 사상사적 영향력을 살펴보았다. 그는 우리가 직면한 문제의 원인을 밝혀내기 위해서는 인류의 문화, 특히 사상의 흐름을 객관적이고 보편적으로 분석하는 작업이 우선되어야 한다고 믿었고 그대로 수행했다. 그의 분석의 결론은 절대적 기준(絶對的 基準)을 상실한 것이 현대 문화의 위기를 자초하고 있다는 것이다.

그가 이렇게 사상사를 집중적으로 분석한 이유는 역사 발전의 원동력이 인간의 사상, 즉 세계관에 있다고 믿었기 때문이다. 그는 모든 인간의 사상은 그 역동성 때문에 필연적인 결과를 산출한나고 보았고 그 필연적인 결과가 인류 문화라고 보았다. 그런 의미에서 그는 현대 문화의 위기는 다른 데 있는 것이 아니라 변증법적 상대주의(相對主義)의 필연적 산물이라고 보았다.

특히 그의 분석 과정 중에서 기독교적 색안경을 끼지 않은 객관적인 문화 분석론은 우리가 귀담아들어야 할 부분이다. 이 방법론은 다른 보수주의자들에 비해 일반은총(一般恩寵)의 중요성을 매우 강조한 것인데, 그 동안 무시되었던 것을 칼빈과 카이퍼(A. Kuyper), 루이스와 같은 수준으로 끌어올린 신학적 업적이라고 말할 수 있을 것이다.

그리고 이러한 작업이 주는 최고의 선물 중에 하나는 불신자들의 전제와 세계관을 이해하고 그 전제가 가져온 논리적 결과를 깨닫게 해줌으로써 그것이 절대적인 기독교 진리를 전할 수 있는 다리 역할을 한다는 사실이다. 그런 의미에서 그의 문화 사상은 다분히 전도적이었다고 할 수 있다.

그러나 그것은 단순히 사람의 영혼 구원만을 위한 전도가 아니라 전인격적인 변화를 촉구하는 것이었다. 그런 의미에서 그는 사람과 그가 관여하는 전 문화 영역을 그리스도의 통치권 아래에 두고자 했다. 그것은 곧 종합적 의미에서의 개혁적 문화 철학이라 할 수 있다.

※ 이 글은 1995년 총신대 신학대학원의 역사신학회 주최로 열린 세미나에서 발표한 글을 부분적으로 수정한 것이다.

제2장
행동하는 신앙

쉐퍼의 정치관을 중심으로 · 성인경

"미국 법률계의 방향에는 지대한 영향을 미친 쉐퍼의 주장에 대해
복음주의적 교회에서는 처음에 비판적인 여론이 형성되었다.
그러나 곧 태도가 바뀐 것은 그들이 더 이상
중간 입장에 서 있을 수가 없었기 때문이다(J. Whitehead)."

쉐퍼의 『기독교 선언(A Christian Manifesto)』이란 책이 10여 년 전에 미국에서 출판되었을 때 기독교인들뿐만 아니라 워싱턴 정계의 거물 정치인들에게도 그것은 하나의 폭탄과 같았다. 왜냐하면 쉐퍼가 그의 책에서, 만약 정부와 법이 잘못된 세계관과 그 결과를 강요한다면 국민은 거기에 대결해야 하며, 대결하는 최후의 방법으로 불복종 운동과 무력 사용의 가능성에 대해 말했기 때문이다.

기독교 선언

당시의 《뉴스위크(News Week)》지가 쉐퍼를 "근본주의의 사도"라고 다소 비판적인 찬사를 보냈는가 하면, 정치인들은 그를 초청하여 강연과 토론 시간을 갖고 그 영향력을 크게 우려했다. 법률가 존 화이트헤드는 당시의 교계 상황을 이렇게 전한다. "미국 법률계의 방향에는 지대한 영향을 미친 쉐퍼의 주장에 대해 복음주의적 교회에서는 처음에 비판적인 여론이 형성되었다. 그러나 곧 태도가 바뀐 것은 그들이 더 이상 중간 입장에 서 있을 수가 없었기 때문이다."

이렇듯 민감한 반응을 불러일으키게 된 또 하나의 원인은 『기독교 선언』의 저술 취지를 밝히는 몇 자 되지 않는 책 머리의 안내문이 담고 있는 암시성 때문이라고 생각된다. 그 안내문이란 바로 지금으로부터 그리 오래 되지 않은 역사상에 있었던 유명한 〈공산당 선언(The Communist Manifesto), 1848〉과 〈인본주의 선언 1(Humanist Manifesto 1), 1933〉, 〈인본주의 선언 2(Humanist Manifesto 2), 1973〉가 그것이다.

안타깝게도 우리 한글 번역판에서는 이 안내문이 모두 빠졌다.

쉐퍼가 이것을 상기시키는 안내문 뒤에 그의 『기독교 선언』을 쓴 것은 앞서 나온 이러한 선언들의 그 세계관과 결과에 대응적인 선언이라는 의도가 짙게 보이는 것이다. 그러기에 이 책은 정치철학이나 정치신학을 규명하려는 것이 아니라 어디까지나 이러한 선언이 나와야만 하는 정치적 상황 속에서 살아가고 있는 사람들에게 던지는 메시지요 실천 대안이다.

정치 사상의 출발점과 문제 의식

두 가지 세계관이 모든 영역에서 완전히 반정립의 관계로 현존하고 있다는 것이 쉐퍼의 가장 기본적인 현실 인식이다. 즉 기독교적 세계관과 유물론적이고 인본주의적 세계관이 그것이다. 쉐퍼는 이 두 세계관은 "서로 대립관계에 있는 두 종합적 실재관"이며, 혼합이나 통합의 어떠한 가능성도 배제한다. 쉐퍼는 종종 세상의 세계관들이 복잡한 것 같지만 사실은 기본적인 세계관은 그리 많지 않다고 말해 왔다.

그는 여기에서도 현대 사상의 맥을 인본주의 사상과 그에 대립되는 기독교적 사상으로 양분하고, 많은 사람들이 오늘날 당연하게 받아들이고 있는 변증법적 종합의 범주에서 기독교 세계관을 분리시킨다. 쉐퍼는 이 두 세계관의 필연적인 결과는 개인뿐만 아니라 정부와 법에도 전적으로 다른 결과를 초래한다고 본다. 사상은 결과를 낳는다는 그의 명제가 응용된 것이다.

문제는 유물론적이며 인본주의적인 세계관에 근거해서는 통제와 자유가 균형을 이루는 정부를 세우는 것이 불가능하다는 것이다. 즉, 쉐퍼는 무정부적 상태에 빠지지 않고도 인간의 자유에 대한 열망을 충족시켜 주면서 동시에 독재정권에 이르지 않는 통제를 제공할 수 있는 방법은 그러한 세계관 위에서는 불가능하다고 본다.

왜냐하면 그러한 세계관에서는 인간이 하나의 복잡한 기계나 동물적인 차원을 뛰어넘을 수 없기 때문에 거기에서는 얼마든지 인간의 실제 유한성보다 훨씬 더 비인간화를 조장하거나 인간의 존엄성을 파괴할 수 있기 때문이다. 이러한 인간관에서는 얼마든지 권력이 정의보다 앞설 수 있게 되고, "권력은 총구에서 나온다"라는 모택동의 명제도 합리화될 수 있다. 그리고 51%의 절대성이 진리를 대체할 수 있게 되며, "다른 모든 사람들을 정복할 수 있는 것은 다수결의 진리이다"라는 올리브 홈스(Olive Holmes)의 결론도 정당화될 수 있다.

그리고 그는 정부개념뿐만 아니라 법에 있어서도 그것은 마찬가지라고 한다. 그 한 예로서 미국의 낙태법이 하나의 상황법이 되었다는 것이다. 상황법이란 소수의 법관들이 어느 특정한 순간에 사회적인 윤리가 무엇인가를 독단적으로 결정해서 그것을 법으로 만들어 사회 전체를 결속시켜 버리는 것을 말한다.

이를테면 미국 대법원에서 1973년에 낙태를 합법화했던 '로우 대(對) 웨이드(Roe vs. Wade)'와 같은 판결을 두고 하는 말이다. 문제는 대법원의 독단적인 판결이 하룻밤 사이에 지방법을 뒤집어엎고 낙태가 합법적이며 윤리적이라는 것을 국민들에게 강요한 것이다. 낙태 문제가 하나의 독립적인 문제라기보다는 훨씬 큰 문제의 일부에 지나지 않는다는 것을 간과하면 곤란하다.

잘못된 세계관이 단지 생명에 대한 문제뿐만 아니라 국민 생활의 전 영역에서 기독교적인 세계관을 공격하고 있기 때문이다. 이것은 그의 초기 저작에서 지적한 "진리관의 변화로 생긴 비극적인 상황"이라는 문제의식의 연장과 응용이다.

법과 권력의 기초와 그 한계

쉐퍼는 법치사상이 성경적인 정치관의 가장 기본적인 개념이라고 주장한다. 이것을 주장하기 위해 쉐퍼는 그의 정치와 법사상을 전개하는 데 있어서, 종교개혁 정신을 계승한 스코틀랜드의 법학자 사무엘 러더퍼드(Samuel Rutherford)의 Lex Rex(법은 왕이다)에 많이 의존한다.

특히 러더퍼드의 "법 외에는 그 누구도 왕이 아니다"라는 말은 위정자들이 법 아래에 있다는 것을 의미하며 법이 위정자 아래에 있는 것이 아니라는 말이다. 이 주장은 당시의 왕권 신수설과는 정반대가 되는 사상이었으며 정치적 반역으로 취급될 수 있는 성질의 주장이었다. 러더퍼드는 나아가서 "모든 법이 하나님의 법에 지배를 받아야 한다"고 주장했다. 쉐퍼는 그것이 비록 위험한 주장이긴 했지만 매우 성경적인 주장이었다고 동감한다.

그러나 쉐퍼가 안타까운 마음으로 지적하는 것은, 대부분의 사람들은 지금 그들이 누리고 있는 질서와 자유의 근원을 모르고 있다는 것이다. 그것이 어느 날 하늘에서 뚝 떨어진 줄로 아는 것이다. 법의 수여자이신 하나님을 망각한 이 시대의 많은 법이 하나님의 법 위에 군림하고 있다.

즉 법정이 정부와 국회를 견제하기는커녕 정부의 시녀가 되는 경우가 많을 뿐만 아니라 신성한 법정이 낙태법과 같은 잘못된 법을 정당화하는 인본주의자들의 활동 무대가 되고 있는 것이다. '견제와 균형'이라는 기본적인 정치의식의 붕괴를 자초하는 것을 말하는 것이다. 훨씬 근본적인 문제는 어떤 판결이 헌법상의 위헌 소지에 있는 것이 아니라 신법(神法)에 위배되는 유물론적이고 인본주의적인 법과 판결이 나라를 지배하고 있다는 것이다.

그리고 쉐퍼는 정치 권력의 성격을 대리적 권리(a delegated authority)라고 규정한다. 즉 모든 정치 권력은 하나님이 위임하신 것으로서 결코 자율적인 것도 아니며, 국민의 백지 위임장도 아니다. 권력을 가진 정부는 정의의 대행 기관으로 행악자를 처벌함으로 악을 억제하고 사회 안에서 선한 자를 보호해야 한다.

그런 의미에서 그는 정의를 시행하는 것은 정부의 책임인 동시에 권력이라고 인정한다. 국민은 마땅히 정부의 그러한 권리를 인정하고 복종해야 한다. 그러나 쉐퍼의 대리적인 권리개념은 일반 정치학에서 권력을 관계 혹은 실체적인 개념으로 설명하는 것과는 차이가 있다. 전자의 정치 권력은 신적인 위임인데 반해 후자의 그것은 사회나 권력자 자신의 자율적인 획득이다.

그리고 쉐퍼는 모든 정치 권력은 법 아래 놓인다고 주장한다. 그런 의미에서 정부는 권력을 사용할 때 적어도 두 가지 원리를 준수해야 한다고 한다. 첫째는, 합법적인 권력의 근거(정통성) 위에서 합법적인 권력을 시행하라는 것과 둘째는, 무제한적 권력은 결코 정당화될 수 없다는 것이다. 즉 모든 권력은 법의 규정과 제한에 따라서 행사되어야 함을 말한다. 현대 정치사에서도 이 점이 망각되었던 곳에서는 어김없이 폭정과 여론 조작을 자행했다.

《타임》지는 이 점을 다음과 같이 논평했다.

"만일 형식과 자유(form and freedom) 사이에 타당한 균형이 잡혀 있지 않는다면 사회는 두 가지 극단 중 어느 하나로 기울어질 것이다. 타당하게 균형잡힌 형식을 결여한 자유는 혼돈과 사회의 붕괴로 끝날 것이고, 타당하게 균형잡힌 자유를 결여한 형식은 권위주의와 개인 및 사회적 자유를 파괴하는 것으로 끝을 맺을 것이다."

그리고 쉐퍼는 권력은 정부만이 갖고 있는 독점물이 아니라는 것을 강조한다. 정당하지 않는 권력에 대해서 불복종하는 것은 항명죄에 해당될 수 없다. 그러나 문제는 현대 국가가 무제한적인 권력을 손에 쥐고 있고 그 권력으로부터 국민들은 도망칠 방법이 더 이상 없다는 것이다.

러셀(B. Russell)이 잘 지적했듯이, "끊임없이 일어나는 인간의 욕망인 권력과 영광을 채우기 위해서 일반적으로 영광을 누리는 가장 쉬운 방법은 권력을 장악하는 것"으로 통하기 때문이다. 누가, 정치는 "두 얼굴을 가진 야누스 신"이라고 했던가? 정의와 폭력의 두 얼굴을 하고 있거나, 번영과 총을 양 손에 들고 있기 때문에 우리는 말없이 타협할 수밖에 없는가?

진리와 사회적 책임

쉐퍼는 진리는 대결을 동반한다는 것을 믿었다. 과격하게 보인다고 하여 대결을 포기하는 것은 진리를 포기하는 것과 같은 것이다. 쉐퍼는 도착적인 세계관에 취해서 자기의 개인적인 평안과 부요만을 챙기고 있는 이 시대가 가장 필요로 하는 것은 진리로 돌아가는 것이라고 말한다. 이것이 그의 대안이다.

그러기에 이 대안은 쉐퍼의 독창적인 아이디어도 아니며, 또한 당시에 쉐퍼만이 주장한 것도 아니다. 그러나 국가의 불법적인 강요에 복종하는 데는 이제 한계가 왔다고 생각하거나, 지금은 "개혁적 의미의 종합적인 혁명"이 필요하다는 존 화이트헤드와 같은 신실한 기독교인 법률가의 주장에 대해 쉐퍼처럼 동감하는 사람은 그리 많지 않았다.

쉐퍼는 또한 오늘날에 보편화되어 있는 정교 분리원칙이 교회를 침묵시키기 위한 수단으로 사용되고 있다는 것을 지적한다. 그의 아들 프랭키가 "정교 분리원칙이 세속적인 인본주의자, 유물론자, 자유주의자, 여성해방운동가, 유전공학자, 정치가, 대법원 판사들에 의해 종교적 신념을 가진 대다수 국민들의 견해를 묵살하기 위한 편리한 구실로 사용되어 왔다"는 것을 지지한다.

헌법에도 명시되어 있는 종교의 자유를 얼마나 많은 독재국가들이 정교분리란 구호로 유린해 왔는가? 때로는 생존을 위하여 종교가 자원해서 정교분리 자세를 취하기도 하는데 그것은 스스로의 권리와 책임을 포기하는 것이 아닐 수 없다. 쉐퍼가 지적하는 복음주의의 위기는 바로 이러한 공격에 대해 경고의 나팔을 불기는커녕 오히려 인본주의자들 편에 서 있기까지 한다는 것이다.

그리스도의 주재권을 신앙적인 영역에만 국한시키고 있는 잘못된 영성에 대해서도 쉐퍼는 가슴 아파했다. 잘못된 영성은 기독교 진리를 평범한 일상생활과 분리하고 사회적인 책임을 무시하게 한다. 그뿐만 아니라 인간의 지성적, 문화적, 사회적 활동을 경시함으로써 비기독교적인 세계관이 그들 영역에서 주재권을 행사하도록 방치하는 결과를 낳는다.

만약 우리가 그리스도를 "만물의 주(골 1:18)"로 시인한다면 신앙적인 문제뿐만 아니라 정치적인, 법률적인 문제를 모두 포함하는 것이 바른 영성이다. 쉐퍼의 평생의 저술을 통한 통일적인 중심 주제가 하나 있었다면 그것은 다름 아닌 "인생 전반에 걸친 그리스도의 주재권"이다. 오늘날과 같이 진리와 윤리가 땅에 떨어져 있는 근본적인 원인이 무엇인가? 비기독교적인 세계관의 왕노릇도 문제이지만 더 큰 문제는 교회가 이 세상을 등지고 빛과 소금이 되지 못하고 있다는 데 있다.

불복종과 무력 사용의 가능성

쉐퍼는 복종에는 한계가 있다고 믿었고 또 그렇게 살았다. 그가 많은 논란을 불러일으키면서까지 시민불복종운동을 말한 이유는, 만약 이러한 궁극적인 좌표가 설정되어 있지 않으면 정부가 자율성을 띠고서 살아 계신 하나님의 자리를 대신할지도 모르기 때문이다. 그리고 그것은 현대 정치의 표리 부동성 때문에 더욱 그러하다.

어떠한 권력이라도 하나님의 말씀에 위배되는 것을 강요할 경우에는, 마지막 선택으로서 그 권력을 행사하는 직책을 무효화시키고 그 권위에 복종하지 말아야 한다. 그리고 최후의 수단으로서 '무력'을 사용할 수도 있다. 이것은 혁명을 말하는 것이다. 이것이 복음주의의 기수였던 쉐퍼의 대안이다.

이러한 쉐퍼의 대안을 지나치게 진보적이라고 생각한 사람들의 공격의 핵심은 "아직 우리는 그럴 시점에까지 오지는 않았다"는 것이다. 이런 안일주의자를 향해 헤럴드 브라운은 "아주 역설적인 일이긴 하지만 이러한 공격이 개인적인 평안과 부요만 추구하며 희생이 따르는 위치에 서고 싶지 않는 사람들을 정당화해 주는 기준이 되고 있다"고 재치 있게 꼬집었다.

타락한 이 세상에서 죄악과 대결하지 않으면서도 정의와 평화를 실현시킬 수 있다는 이상가나 지혜로운 사람이 있다면 아마도 그는 환경오염 반대운동에 동참하지 않고서도 맑은 물을 마시려는 얌체와 같은 사람일 것이다.

그러나 쉐퍼는 오늘의 이 역사적인 시점에서 평화적인 대결로서의 최선의 대안은 '항거(Protest)'라고 지적한다. 왜냐하면 지금은 항거할 수 있는 자유가 허용되어 있을 뿐 아니라(쉐퍼는 이것을 열려 있는 창문'이라고 한다), 아직은 도피하거나 불복종할 단계는 아니기 때문이라고 한다. 그러나 불복종할 수도 없는 상황이 되도록 가만히 있었다면 그때는 이미 늦은 것이라고 경고한다.

이미 그때는 정부가 모든 권력을 쥐고 있고 국가가 하나님을 대신하고 있는 때이다. 초대교회 성도들의 로마황제 숭배 거절을 시작으로 기독교 역사는 영적인 이유에서가 아니라 정치적인 이유로 핍박받을 때에 기독교인의 권리행사의 방법으로 항거했다는 것을 쉐퍼는 무수한 역사적 증거를 대어 항거의 정당성을 설득한다.

특히 불복종의 최후수단으로서 '무력적인 힘'까지 사용한 네덜란드의 에스파냐로부터의 독립전쟁이나 영국의 명예혁명, 그리고 미국의 독립전쟁 등을 정당한 권력의 사용으로 해석하고 있다. 이 점에 있어서는 카이퍼(Abraham Kuyper)도 일찍이 "이 3대 혁명은 하나님의 영광을 다치지 않고 오히려 하나님의 위엄을 인정하는 데서 출발했다"고 평가한 바 있다.

쉐퍼는 이 일련의 정치적인 대안들이 공연한 말장난이 아니라 얼마나 중요한 문제인가를 알려 줄 필요가 있다고 말한다. 그것이 바로 쉐퍼가 말하는 '최후의 선(the bottom line)'이라는 것이다. 최후의 선이란, 어느 시점에서는 기독교인의 권리일 뿐만 아니라 의무이기도 한 국가에 대한 '불복종'을 말한다.

그러나 절대로 기독교 국가를 추구하거나 무정부적인 혼란을 초래하자는 의미가 아니다. 단지 잘못된 세계관과 그 결과를 몰아내자는 뜻이다. 이것은 그의 신념이며 삶이었다. 실제로 그는 낙태반대 데모 군중의 앞줄에서 피켓을 들고 서기도 했다. 그러나 쉐퍼는 더 나아가서, 현재 우리에게 사상과 행동의 자유가 보장되어 있고, 다행히 그 최후의 선까지 우리가 내려가야 할 일이 전혀 일어나지 않는다고 하더라도 최후의 선은 반드시 설정되어 있어야 한다고 강조한다.

그것은 정부로 하여금 하나님의 자리를 대신하지 않도록 하기 위한 최소한의 조치이기 때문이다. 그는 만약 정부가 권력을 남용하고 있는데도 적절한 단계에서 시민 불복종이라는 최후의 선을 실행에 옮기지 않는다면 우리는 성경 말씀에 따라 산다고 말할 수 없다고 단정한다. 그러나 그는 《무디(Moody)》 잡지와의 인터뷰에서 말하기를, 진리가 대결을 동반한다 하여 무작정 덤벼서는 안되며, 먼저 기도하면서 기독교가 참된 진리라는 것이 당신의 뼈에 사무치게 되거든 그제야 진리를 위해 개혁자가 되라고 하는, 조심스러운 충고를 잊지 않았다.

행동하는 양심

쉐퍼의 사상과 삶에 대한 여러 평가가 있을 수 있겠지만, 제임스 패커가 지적했듯이, "쉐퍼는 사진술과 같은 정밀성보다는 심판이 있다는 것을 충분히 납득시키기 위한 그로테스크한 그림에 나오는 전사의 나팔과 같은 힘있고 단순한 스케치를 그린 "풍자만화가(Catoonist)"와 같은 사람이었다"는 말이 타당한지 모른다.

그는 약간의 과장이나 오류라도 있을까봐 완벽한 이론을 추구한 정치학자도 아니며, 너무 진보적이라는 오해가 무서워서 성경적이고 역사적인 대안들의 날카로운 칼날을 무디게 하지도 않았다. 그리고 제3세계의 정치적인 상황을 잘 모르는 기독교 후기 문화권적인 대안에 불과하다는 비판을 걱정해서 자기 나라 미국이 처한 위기에 대해 침묵하지도 않았다.

그에 대해 어떤 사람은 '이상가' 혹은 '광야의 소리'였다고 비판한다. 그러나 그 모든 비판에도 불구하고 그는 행동하는 양심을 가진 사람이었다. 그는 신학자와 정치가로부터 다음과 같은 평가를 받았다. "그는 복음주의 지도자들보다는 복음주의 교인들에게 더 깊은 감동을 주었고, 자유주의자들보다는 자유주의 교인들이 사회 참여에의 바른 대안을 찾는 계기를 마련해 주었다"(Harold Brown).

"그는 수백만의 사람들을 감동시켰을 뿐만 아니라 그들의 영혼을 창조주의 진리로 이끌었던 인물로 평가될 것이다"(Ronald Reagan). 그는 확실히 이상가였다. 그러나 그는 성경적 이상가였다. 더욱 중요한 것은 그는 이상가에 머물지 않았다는 것이다. 그는 복음을 믿고 깊이 생각하며 이 시대를 살아간다는 것이 무엇을 의미하는가를 보여 주었던 행동하는 양심을 가진 하나님의 사람이었다.

※ 이 글은 월간잡지 《복음과 상황》 1991년 5/6월호에 실렸던 글을 부분적으로 수정한 것이다.

제3장

문화적 변증학(전도방법)

쉐퍼의 변증학적 방법론을 중심으로 · 성인경

"가장 강력하고 설득력 있는 논쟁 중에 하나는 사랑이다…
라브리에서의 쉐퍼 가족의 사역은 그런 점에서
우리에게 불후의 사례가 될 것이다.
왜냐하면 그들은 사랑과 존경의 맥락에서
사려 깊은 대답을 제시하는 희생을 했기 때문이다(J. Frame)."

쉐퍼의 변증학에 대한 종합적인 평가와 연구 결과를 기대하기에는 아직 시기적으로 조급한 점이 있다. 그러나 이상에서 살펴본 것처럼 그의 사상적인 영향에 대한 평가와 비판이 학생들뿐만 아니라 학자들 사이에서도 깊이 있게 논의되고 있는 상황에서 그의 변증학에 대한 탐구는 오히려 늦은 감이 있다.

그런 의미에서 쉐퍼의 변증학을 가능하면 정확하고 객관적인 입장에서 분석하고 정리하는 것이 필요하다. 필자 개인의 제한성은 물론이거니와 자료의 제한성으로 인해 그와 같은 필요를 충족시키지 못할 것이라는 우려가 앞선다. 여기에서는 먼저 쉐퍼의 변증학적 방법론의 주된 특징과 주장이 무엇인지를 살펴보겠다.

변증학의 우선적 목적은 복음 '전달'에 있다

변증학은 기본적으로 기독교 신앙을 '변호'하는 것을 말한다.[1] 역사적으로 변증학은 이교도와 세속 사상으로부터 기독교 신앙을 변호하는 목적을 잘 감당했다. 저스틴(Justin Martyr)의 '변명(Apology)'은 유대인에 대한 기독교 신앙을 변호한 것이다. 오리겐(Origen)의 '콘트라 켈수스(Contra Celsus)'는 무신론자에 대한 답변이며, 어거스틴(Augustine)의 글들은 펠라기언주의

---

1) 원래 '변증학(Apologetics)'이란 말은 헬라어 '아폴로기아($\alpha\pi o\lambda o\gamma\iota\alpha$)'에서 온 말이다. 바우어(W. Bauer)에 의하면 이 말은 여러 가지 문맥 속에서 사용되었는데, ① 상태를 표시하는 '변호의 말(행 22:1 - 개역성경의 '변명')', '대답하는 말(고전 9:3 - 개역성경의 '발명')', ② 행위를 표시하는 법정에서의 '변호(딤후 2:4 - 개역성경의 '변명', 행 26:16 - 개역성경의 '증인')', 일반적으로는 '자신을 변호(고후 7:11)'하거나 '복음을 변호(빌 1:16~17)', ③ 성경 밖에서는 '변명(플라톤이나 소크라테스에게는 '변명')'이란 의미로 주로 사용되었다. *A Greek-English Lexicon*, p.96.

(Pelagianism)에 대한 방어이며 기독교가 사회와 국가를 반대하는 종교가 아니라는 변호이다.

그러나 종교개혁 시대 이후부터 최근까지는 신학자들이 방어와 공격에 관심을 가졌다. 계몽주의에 영향을 입은 온갖 신앙에 대한 회의주의, 세속 철학, 과학주의, 자유주의가 풍미했기 때문이다. 그래서 최고의 방어는 공격이라고 생각하거나, 학문으로서의 변증학에 대한 인식이 그 어느 시대보다 강했다. 칼빈의 『기독교 강요(The Institute of the Christian Religion)』는 천주교의 교리적 오염에 대해, 버틀러(Bishop Joseph Butler, 1692~1752)의 '유추적 종교(Analogy of religion)'는 회의주의적인 무신론적 사조에 맞서서 유신론적 논증으로 싸웠다.

그리고 카이퍼(A. Kuyper), 메첸, 밴틸 등은 신학적 자유주의를 향한 적극적인 방어를 펼쳤다. 카이퍼와 워필드 사이에 변증학이 먼저냐 신학이 먼저냐는 논쟁[2]이 있을 정도로, 역사적으로 변증학은 기독교를 변호하기도 하고 신학의 길잡이가 되기도 했다. 이렇게 중요한 변증학의 의의를 박아론 교수는 다음과 같이 표현했다. "하나님의 존재를 변호 증명함으로써 왜 우리가 기독교를 믿는가를 이론적으로 설명하는 학문이다."[3]

---

2) Bernard Ramm, *Types of Apologetic Systems*(Wheaton, 1953), p.185. 여기서 렘은 카이퍼가 워필드의 변증학의 위치에 대해 강력하게 반대했다는 증언을 한다. 워필드는 신학을 위한 기초를 놓는 것은 변증학의 업무라고 이야기하고, 카이퍼는 신학이 변증학을 위해 기초를 놓는 출발점이라고 우겼다고 한다.

3) cf. 박아론, 『왜 우리는 기독교를 믿는가?』(서울 : 세종문화사, 1977), p.17. 박아론 박사는 '변증학'의 정의를 소개하고 있다. 밴틸 : '각양 각태의 비기독교적 생의 철학과 대결하는 기독교적 생의 철학의 변호이다', 리처드슨(Alan Richardson) : '우주와 그 속에서의 인간의 실존에 대한 합리적인 이해를 기독교적 입장에서 촉구하는 학문이다', 박형룡 박사 : '변증학은 기독교의 진리와 사실을 학술적으로 변호 증명하는 학문이다.'

쉐퍼는 변증학의 이러한 목적을 사변적 토론에 머물지 않고 그가 섬겼던 20세기라는 상황에 맞는 적응성을 생각했다.

첫째, 쉐퍼는 변증학의 목적을 방어와 전달이라고 했다
그는 변증학의 목적은 두 가지라고 말했다. "첫째 목적은 방어(defense)이며, 둘째 목적은 어떤 특정한 세대가 이해할 수 있는 형식으로 기독교를 전달(communication)하는 것이다."[4] 그는 '방어'를 변증학의 소극적 측면이라고 했고, '전달'은 변증학의 적극적인 측면이라 했다. 이 두 가지 목적은 변증학의 두 바퀴이며 어느 하나가 다른 하나보다 덜 중요하지 않다.

쉐퍼는 방어보다 전달에 더 관심이 많았다. 그렇다고 그의 방어에 대한 생각이 소극적이지는 않았다. "방어는 반드시 필요하며 또한 사태를 대비하는 데 적합한 것이다. 왜냐하면 역사적 기독교는 어느 시대를 막론하고 공격을 받고 있기 때문이다. 방어는 반대 의견을 가진 사람들에 대한 대답이다. 이러한 대답은 나의 인격적 영적 지적 생활의 통일을 위해서 먼저 나에게 필요하며 그 다음에는 내가 책임을 지고 있는 사람들을 위해서 필요하다. 우리 세대 사람들이 가하는 반론과 애매모호한 의미가 어디에 문제가 있는가에 대한 도움을 주지 않으면서도 기독교를 짊어지고 갈 다음 세대들에게 역사적 기독교의 입장을 계속해서 파수하도록 기대하는 것은 비합리적이다."[5] 방어는 공격에 대항하는 소극적인 방법이다. 적의 화살을 피하는 요새를 쌓는 것이 방어이다. 그런 의미에서 방어는 '기독교 신앙의 실재성(the reality of Christian faith)'을

---

4) Francis A. Schaeffer, *GWIT*, p.151.
5) Ibid.

변호하는 것이다. 방어를 잘못했을 경우에는 신앙의 허구와 붕괴를 맛보아야 한다. 역사적으로 많은 신자들이 공격에 적절하게 방어하지 못하므로 넘어지곤 했다. 그러나 우리가 사는 다원주의 시대 속에서는 이러한 변증학적인 의미가 현저하게 쇠퇴하고 있다.

방어는 공격을 전제한 것인데, 오늘날의 기독교인들은 별로 공격을 받지 않고 있다. 거기에는 여러 가지 이유가 있겠으나, 기독교인들이 불신자를 많이 상대하지 않는 것이 가장 큰 이유이다. 쉐퍼는 그것을 이렇게 설명한다. "변증학의 첫째 목적은 공격에 대한 방어이다. 기독교인은 불신자들을 많이 상대할수록 더 많은 공격을 받게 될 것이고 거기에 방어해야 한다. 그러나 만약 공격을 받고 있지 않다면 당신은 외딴섬이나, 사막 가운데 있거나, 기둥 꼭대기에 앉아 있거나, 아니면 세상 밖에 있다."[6]

둘째, 쉐퍼가 변증학의 영역에서 특별한 관심을 가진 것은 소극적인 방어보다는 '전달(communication)', 즉 적극적인 공격이다. 그는 변증학이 방어적인 목적에만 머무는 것이 아니라 오히려 공격적이 되는 것을 말한다. 우선 공격적인 변증학은 기독교인 자신을 위해 유익하다. 왜냐하면 이 세상이 악하다고 해서 참호로 둘러싸인 방공호 속에 숨어 있을 수 없기 때문이다. 서문에서 말했듯이, 이것은 영향은커녕 고립을 자초하는 것이다.

특히 오늘날과 같은 세상에서 기독교인들이 대학교에 다니거나, 철학 서적을 읽거나, 영화를 볼 때 이러한 적극적인 도구가 없이 사는 것은 위험하다. 그러한 비무장은 일종의 도피적인 '범죄'라고 할 수도 있다. 왜냐하면, 우리는 지금 세속 사상과 반기독교적인

---

6) study Notes on Apologetics, pp. 14~15.

적군에게 둘러싸여 포로가 되어 가고 있기 때문이다.

쉐퍼는 변증학의 공격적인 목적은 적극적으로 복음을 '전달하는 것'이라고 보았다. 실제적으로 무슨 변증 방법을 사용하든지, 그것이 전통적인 방법이든 전제적인 방법이든, 복음을 전도할 목적으로 사용되어져야 한다고 강조했다. 특히 쉐퍼는 불신자에게 접근할 수 있는 실제적인 도구가 되어야 하는 것이 변증학이라고 말한다.

변증학의 전달의 목적을 그는 이렇게 설명한다. "기독교 변증학은 도개교(적의 공격을 막기 위해 판, 성 둘레의 물을 건너기 위해 성벽에 매단 다리)가 있는 성 안에 살면서, 가끔씩 성벽 밖으로 돌을 던지는 것과 같은 일을 하는 것이 아니다. 또한 변증학은 성 안에 틀어박혀 허리를 벽에 기대고 앉아서 적을 향해 '너희 놈들은 이 안까지 못 와!' 하고 고함치는 것이 아니다. 기독교인이 이론으로나 실천에 있어서 이와 같은 태도를 취할 것 같으면 그는 20세기 사상을 받아들인 사람들과의 접촉을 잃어버린다… 도리어 자기와 같은 세대의 사람들이 제기하는 문제의 현실과 끊임없이 부딪치고 있는 것에 관심을 가져야 한다… 그러므로 변증학의 적극적인 측면은 오늘의 세대가 이해할 수 있는 용어를 사용해서 그들에게 복음을 전달하는 것이다."[7]

"나는 오늘날의 지저분한 변증학 때문에 가슴 아프고 피곤하다. 변증학은 생존을 위한 안전장치가 아니다. 변증학은 사람들을 그리스도와 광범위한 그리스도의 주권으로 인생의 전 영역을 인도하는 것이다."[8] 그는 신학교를 졸업하는 학생들이 사람들이 궁구하

---

7) Francis A. Schaeffer, *GWIT*, p. 229.
8) *Christianity Today*, 1976. 10. 8 ; 1979. 3. 23.

는 질문이 무엇인지도 모른 채 대답을 다 안다고 자만하는 것을 매우 안타까워했다고 한다.

쉐퍼의 변증학은 전도적(evangelistic)이라고 할 수 있다. 그의 최대의 관심은 하나님의 잃어버린 양들을 주님께로 인도하는 것이었다. 그의 청중은 그의 변증학적 목적에 의해 어느 정도 규정되던 것이다. 루이스는 쉐퍼의 이러한 변증학을 지적하여, "그는 기독교인과 비기독교인, 의심하는 기독교인과 신앙의 진리에 대해 정직한 질문을 하는 불신자, 이 두 양자에게 기독교 진리와 적절성을 전달하려고 애썼다. 그는 불신자들에게는 복음적이었고, 기독교인 질문자들에게는 목회적이었다"[9]고 술회했다.

패커도 비슷한 견해를 피력했다. "쉐퍼는 거만한 현자인 척한다고 비판받기도 하였다. 그러나 그러한 비판은 부적절한 것이다. 쉐퍼에게는 있지도 않았던 이기주의와 타산성을 어느 정도 가정하는 데서 나온 말일 뿐이다. 쉐퍼는 더도 덜도 말고 영원한 복음을 20세기 현대인들에게 전파하려고 노심초사했던 하나님의 민감한 인물이었다."[10]

인간은 타락했으나 영광스러운 존재이다

쉐퍼는 현대 인간은 자기 '정체성(正體性, identity)'을 세 가지로 요구하고 있다고 보았다. 개인적 인격성의 확실성, 지식적인 통일성, 도덕적 딜레마의 해결이 그것이다. 이러한 요구는 자기 정체성을 상실한 인간의 당연한 결과이다.

---

9) *Reflections on Francis Schaeffer*, p.75.
10) 성인경 편, 『혼돈시대 속의 확실성을 찾아서』(서울 : 일지각, 1996), p.230.

상실의 원인은 1) 인간을 인간 이하로 비인간화시킨 현대 신학과 허무주의이다. 현대 신학은 인격을 환영으로 전락시켰고, 허무주의는 인간을 무의미 속에 가두었다. 2) 진리관에 근본적인 변화가 도래했기 때문이다. 상대주의, 이성에서의 도피, 준거틀 부재가 지식의 통일성을 파괴했다. 3) 형이상학적, 심리적인 해결 방법은 인간의 딜레마(dilemma, 궁지)를 더 비참하게 만들 뿐이다. 인간의 본질적인 문제는 창조주 하나님에 대한 죄이다. 이러한 이유로 현대 인간은 인격과 지식, 그리고 궁지에 대한 해답을 찾고 있다. 이것이 쉐퍼가 보는, 현대를 살아가는 죄인된 인간의 모습이다.[11]

이런 인간에 대한 변증학적 해답은 무엇일까? 쉐퍼의 대답은 간단하다. "인간은 하나님의 형상자"라는 것을 깊이 고려해야 된다는 것이다. 인간의 세 가지 요구에 대한 쉐퍼의 대답은 다음과 같다. "성경적 기독교의 해답은 먼저 우리들을 모든 것의 시작으로 이끌고 가며, 인격은 인간에게 본래적으로 있는 것이라고 말한다. 성경은 그 인격적 하나님이 그 자신의 형상을 따라 인간을 창조했다고 말한다. 인간은 하나님의 형상이다. 인격의 원천은 부족함이 없는 하나님이다."[12]

쉐퍼는 "성경의 견해를 따른다면, 분명히 지식의 전 영역 안에는 통일성이 있다. 즉 언어에 의한 명제라는 형식에 따라 하나님은 자신에 관한 진리와, 인간과 역사와 이 세계에 관한 진리를 성경을 통해 말씀하신 것이다"라고 했다.[13]

그는 계속해서 말하기를, "인간과 그의 딜레마의 문제를 고찰할

---

11) Francis A. Schaeffer, *GWIT*, pp.143~173.
12) Ibid., pp.143~144.
13) Ibid., pp.151~159.

때 그것에 대한 설명 가능성은 두 가지밖에 없다. 1) 형이상학적 원인에 의한 설명인데 인간은 너무나 유한하고 별볼일 없는 존재이기 때문에 딜레마를 야기시키는 모든 요인들과 싸울 수가 없다는 것이고, 2) 도덕적 원인에 의한 설명인데 살아 계신 하나님 앞에서 참된 도덕적 죄책을 가지고(심리학적 죄책감이 아니라) 그의 아들이신 구주 예수 그리스도에게 스스로를 위탁하면 그때 이미 그는 죽음에서 생명에로, 또한 어두움의 압제로부터 하나님이 사랑하시는 아들의 지배하에 옮겨지게 된다… 따라서 하나님의 형상으로 지음받은 인간은 역사 속의 의미 있는 인간이며, 하나님의 계명에 복종하여 하나님을 사랑하는 것을 선택할 수도 있고 하나님을 반역하는 것을 선택할 수도 있다. 이것이 인간의 경이요 역사의 경이이다."[14]

이러한 쉐퍼의 대답 속에서 우리는 그의 높은 인간관을 다음과 같이 정리할 수 있다.

첫째, 인간의 인격성에 대해서는, 인간은 본래부터 인격을 소유하고 있다는 것이며, 그리고 인간은 비록 타락하였으나 무(無)가 되거나 비인격적인 존재가 되는 것은 아니라는 것이다. 인간은 범죄로 하나님의 형상을 완전히 상실한 것은 아니다. 쉐퍼는 인간을 인간 그 이하로도 그 이상으로도 보지 않는다. 인간을 인간 그대로, 즉 하나님의 형상자로 받아들인다.

쉐퍼는 그것을 인간은 모두 죄인이지만 여전히 인간이다. 그가 '나는 동물이다'고 말해도 그는 여전히 인간이며, 그가 '나는 기계이다'고 말해도 그는 여전히 인간이다. 그가 아무리 타락한 존재라

---

14) Ibid., pp.164~170.

할지라도 그가 하나님의 형상을 소유한 인간이라는 것은 변경시킬 수 없다. 그가 혹시 지옥에 갈 사람인지도 모른다. 그러나 그도 인간 이하의 존재는 아니다. 인간은 인간이다.

둘째, 지식적인 통일성에 대한 답은, 인간의 유한한 지식은 무한하신 하나님의 계시로 충족되며, 계시의 빛 아래에서 지식의 통일성이 있다. 그러므로 인간은 계시를 떠나서는 논리적인 일관성을 유지할 수 없다는 것이다. 쉐퍼는 신학교를 졸업할 때와 라브리에서 일하기 전까지는 인간의 지식은 일관성이 있으며 간헐적으로 비일관적이라고 보았다.

그러나 그가 로마서를 집중적으로 연구한 후에, 특히 로마서 1~3장을 연구한 후에는 생각이 바뀌었다. 비일관적[15]이라는 결론을 얻은 것이다. 그의 모든 사상은 이 변화된 인식론 안에서 전개된다. 그렇다고 하여 쉐퍼는 일부 복음주의자들이 단편적인 성경을 근거로 이성이나 변증학적인 논증을 무시하는 것은 잘못된 초월적 영성(Super-Spirituality)의 과오라고 생각했으며, 전도에 있어서 반지성주의적인 경향을 초래할 것이라는 것을 염려했다.

셋째, 도덕적 궁지에 대해서는, 인간의 궁극적인 실존적 문제는 도덕적 딜레마이며, 이 도덕적 딜레마의 해결은 그리스도를 신앙하는 길밖에 없다는 것이다. 그는 인간을 윤리적으로 책임적 존재로 본다. 그는 라브리 강연에서 종종 기독교가 세상에서 가장 쉬운

---

15) 비교. 특히 로마서 1:18의 "막는다"는 말은 '고의적으로 의식적으로 억누르다'라는 의미이다. 그리고 같은 의미로서 민수기 27:14의 "거역하고(고의적으로 반대하고)"란 말과, 사도행전 7:51에서도 "거스린다(고의적으로 반항하다)"라는 말로 사용되었다.

종교이면서도 어려운 종교라고 말한 적이 있다.

  그가 의미한 바는 인간이 빈손으로 세상에 왔기 때문에 십자가로 나아가는 것은 쉬운 일이나, 반면에 인간의 자존심 때문에 빈손으로 왔다는 것을 인정하지 못하면 십자가로 나아가는 것은 무척이나 어려운 일이라는 것이다. 십자가 외에 도덕적 궁지를 해결받을 길은 없다.

  이상과 같은 쉐퍼의 높은 인간관은 그의 사상과 라브리 사역의 열쇠가 되었다. "내가 20세기 인간을 위하여 일하는 데 열쇠가 하나 있다면 바로 이것이다. 그는 비록 타락했으나 영광스러운 존재(glorius ruin)이다. 왜냐하면 그는 여전히 하나님의 형상대로 지어진 인간이기 때문이다. 그리고 그는 자기의 전제에 논리적으로 살 수 없다는 것이다.

  불신자는 자기의 파멸을 맛보기 전까지는 적극적인 의미에서 복음을 전하는 것은 무의미하다. 불신자가 자신이 구세주의 필요성을 알기까지는 구원을 설교하는 것이 무용하다. 불신자가 죄책을 상관하지 않는다고 하면서 왜 죄책을 느끼는가? 그 이유는 논리적이지 못하기 때문이다. 만약 하나님이 사람들의 비논리성을 복음 전파를 위해 사용하신다면 우리도 설교나 변증학을 잘 사용하도록 성령께 기도해야 한다."[16]

  그의 이러한 인간관은 실제로 혁명적인 결과를 낳았다. 그것은 라브리(L'Abri)에 찾아오는 히피족이나, 마약 환자나, 동성 연애자들까지도 자기 집의 침대에서 재우며, 같은 식탁에 둘러앉아 식사를 할 수 있는 철학적인 터를 제공했던 것이다. 쉐퍼는 그것을

---

16) Ibid.

'인간다움(Mannishness)'이라고 표현하기도 했다.

인간다움이란 인간이 인격적인 하나님의 형상대로 창조되었다는 것을 동물과 기계와 구별하여 증거하는 여러 가지 측면들을 말한다.[17] 인간 생명의 존엄성의 기초가 있다면 바로 이것 때문이다. 쿠퍼(C. E. Koop, M. D.)와 함께 쓴 인권에 대한 책에서 그는 "누구든지, 그가 남자이든지 여자이든지, 그가 낯선 사람이든지 친구이든지, 그가 기독교인이든지 하나님을 대항하는 사람이든지, 그가 몇 살을 먹었든지, 그가 출생 전이든지 후든지, 그가 어떤 사람이든지 그는 하나님의 형상대로 지어진 사람이다"라고 말했다.[18]

이러한 정신 위에서 그는 심리학과 현대 의학에 관련된 문제를 다루기도 했다. 정신의학자 리처드 윈터(Richard Winter)는 쉐퍼를 회상하기를, "그는 심리학과 정신의학에 대한 세부적인 지식을 가지고 있지는 않았다. 그러나 그는 거기에 관련된 철학적 주제에 대해서는 정확한 이해를 과시했다. 그는 심리학과 신학 사이에 깊은 연관성이 있다는 것을 주시했으며, 특히 자유주의 신학이 심리학에 기울고 있다는 것도 파악했다."[19] 그가 낙태에 대해 침묵할 수 없었던 것도 같은 이유 때문이다.

전제에 의한 정직한 토론

20세기의 인간과는 전제에 의한 토론이 필요하다. 그 이유는 우리 시대에 초래된 진리관의 변화 때문이다. 쉐퍼가 말하는 진리관

---

17) cf. *GWIT*, Glossary.
18) F. A. Schaeffer & C. E. Koop, *Whatever Happened to the Human Race?*(Revell, 1979), p.158.
19) *Schaeffer : Portraits*, pp.94~95.

의 변화란 진리에 대한 통념이 깨어진 것을 말한다. 그는 주장하기를, 이 진리관에 변화가 오기 전에는 대부분의 사람들은 동일한 전제(presupposition) 하에서 살았다.

그러나 변화 이후에는 모든 것이 달라졌다고 단정한다. 쉐퍼는 이 진리관의 변화의 경계선을 '절망의 선(The line of despair)'[20] 이라고 규정했다. 이 절망의 선은 결국 인식론적인 전환점을 말하는 것이다. 쉐퍼는 이러한 전환의 책임을 대표적으로 헤겔과 키에르케고르에게 둔다.

이 두 사람은 근대의 비기독교인의 사고에 중요한 두 가지 변화를 일으켰는데, 진리는 절대적이라는 믿음에서 진리는 상대적이라는 믿음으로, 이성에 의해 진리에 이를 수 있다는 믿음에서 오직 신앙의 비약에 의해 믿음에 이를 수 있는 믿음으로 바뀌었다는 것이 그것이다.[21] 그러므로 이 절망의 선 이전에는 신자와 불신자 사이에 어떤 공통적인 용어와 전제들이 있었으나 그것이 이제는 다 붕괴되었다.

쉐퍼는 전제적 변증학과 전통적인 변증학의 경계선을 이 '절망의 선'을 기점으로 유럽에서는 1880년, 미국에서는 1935년으로 잡는다. 그는 하지(C. Hodge & A. A. Hodge)와 워필드까지를 절망의 선 위에 살았던 전통적 변증학의 범주 안에 넣는다. 그리고

---

20) '절망의 선'은 쉐퍼의 주장에 의하면 세 가지 단계로 나타난다. 1단계는 허무주의(nihilism)이며, 2단계는 이성과 의미 사이의 완전한 이원론(total dichotomy)이며, 3단계는 신비주의(mysticism)이다.

21) 쉐퍼의 서양 철학 비판에 대한 반론은 상당하다. 대표적인 사람은 로널드 루제거이다. 그는 쉐퍼가 헤겔과 키에르케고르를 현대철학의 문제의 원인 제공자로 규정하는 것을 반대한다. 그리고 그는 '절망의 선' 자체의 설정에 대해서도 이견을 제시한다. 홍치모, 「프랜시스 쉐퍼의 사상」《신학지남》(1984): 김정현 역, 「쉐퍼와 철학(Schaeffer on Philosophy)」'라브리 안내와 편지' 제14호(1991).

메첸은 바르트와 싸웠다는 측면에서는 절망의 선 아래에 살았다고 해야겠으나 그의 생애 대부분은 그 선 위에 살았다고 본다.

전통적인 변증학자들은 어떤 일반적인 전제를 가진 불신자들을 상대했다. 불신자들도 그때까지는 합리성, 논리, 인과법칙과 같은 공통점을 소유하고 있었다. 그래서 변증학자들도 자연스럽게 불신자도 논리적인 일관성을 가지고 있다는 결론을 얻게 된다. 불후의 신학 업적을 이룩한 하지(C. Hodge)까지도 전제의 중요성을 간과했던 것이다. 그는 불신자도 기독교인과 동일한 전제가 있다는 전제 하에 신학을 했던 것이다.

그러나 쉐퍼는 밴틸이 이러한 변화를 제일 먼저 감지했다고 높이 평가한다. 비록 사변적이기는 했지만 그는 인식론적 대변화를 감지했던 것이다. 더 이상 진리라든가, 논리, 도덕이 통념되지 않는 시대가 온 것이다. 전제가 바뀌었고, 비록 그 전제가 문제가 있다고 하더라도 전제를 보다 일관적으로 실천하려고 한다.

그러나 밴틸은 전제가 바뀐 것은 보았으나 바뀐 전제가 비일관적이며 비논리적이라는 점을 간과했다. 이 점이 밴틸과 쉐퍼의 차이이며, 전제에 의한 토론을 주장하는 쉐퍼의 변증학의 핵심이다. 쉐퍼는 전제가 바뀐 것도 모르고 20세기 후반의 인간에게 전도하려는 사람을 '어리석은 사냥꾼'이라고 비유한 적이 있다.[22] 안타까운 것은 많은 기독교인들이 세상이 바뀐 것을 모르거나 바뀐 것을 알고도 세상으로부터의 고립을 자초하고 있다는 것이다. 밴틸은 전제에 의한 변증의 필요성을 역설하고도 전제가 다르다는 이유로

---

22) '어리석은 사냥꾼'이란 낡은 여우 굴 앞에서 밤새 쪼그리고 앉아서 여우가 기어나오기를 기다리다가 실패한 사냥꾼을 말한다. 사냥꾼이 나중에 알게 된 것은 여우가 더 이상 그 굴 속에 살지 않는다는 이야기이다.

대화를 중단하고 고립을 자초했으나, 쉐퍼는 전제가 달라도 대화가 가능하다고 보았다.

패커는 쉐퍼의 이러한 전제적 변증학을 높이 평가하여, "이런 점에서 쉐퍼의 사역은 아테네 아레오바고에서 철학자들로부터 쫓겨나기 전에 그들에게 복음을 전하려고 했던 바울의 첫번째 동기인 '기본적인 유신론증'에서 나타난 교훈과 일맥상통한다. 하나의 유신론적 준거틀이 수립되었을 때만이 죄, 죄의식, 구속, 믿음, 회개, 창의성, 그리고 사랑 등과 같은 용어들이 그들의 진정한 기독교적 의미를 산출할 수 있기 때문이다"라고 했다.[23] 전제에 의한 토론이 혹시 순환 논법(circular reasoning)에 빠지는 것이 아니냐는 비판도 있으나 기독교가 절대적인 진리이기 때문에 극복될 수 있다.[24] 전제에 의한 토론은 어떻게 하는 것인가? 쉐퍼의 주장에 의하면 그것은 크게 두 단계의 과정을 거친다.

첫째, 긴장점(tension)을 찾는 것이다.

사람은 누구나 자기의 전제를 가지고 있다. 그는 자기의 전제에 논리적이면 실재 세계와 멀어지게 되며, 만약 그가 일관적으로 논리성을 견지하면 종교적으로는 무신론자가 되고 철학적으로는 비합리주의자가 될 것이다. 그리고 실재 세계에 가까워지면 질수록 자기의 전제에 대해 논리적인 일관성을 취할 수 없다.

그는 이 두 실재 사이에 그어져 있는 직선상의 어디엔가 포로가 되어 있다. 우리가 만나는 20세기 말의 모든 문화 속에 사는 인간

---

23) 성인경 편, 『혼돈시대 속의 확실성을 찾아서』(서울 : 일지각, 1996), p.226.
24) 박아론, 『왜 우리는 기독교를 믿는가?』, pp.139~141.

은 이런 긴장 상태에 있는 인간이다. 우선 그 사람 편에 서서 그의 긴장과 정신적인 갈등, 아픔을 함께 해야 한다.

바울 사도는 사람을 얻기 위해 유대인들이나, 율법 아래 있는 자들이나, 율법 없는 자들에게 그들처럼 되었다고 했으며 이것은 예수님도 마찬가지였다.[25] 쉐퍼의 이러한 토론 방법을 빔 리트게르크는 동일시의 원리(the principle of identification)라고 불렀다.[26]

라브리에서는 이 단계를 일컬어 "학생의 신발을 신어라"라고 말한다. 전도자의 신발을 벗고 피전도자의 신발을 신고 그와 같은 위치에서 긴장점을 찾는 정신을 말한다.

그것을 도표로 나타내면 다음과 같다.

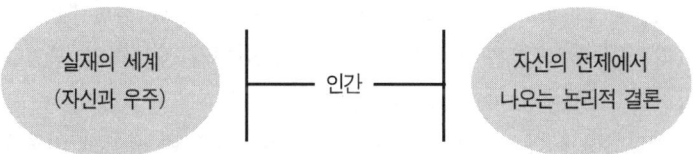

둘째, 논리적 결론(logical conclusion)으로 압박하는 것이다.

전제에 의한 변증은 우리와 전제가 다른 사람과 대화의 종말을 고하는 것이 아니다. 오히려 그가 자신의 전제가 낳는 논리적인 결론이 무엇인가를 볼 수 있도록 밀어붙이므로(pushing) 대화의 문을 연다. 중요한 것은 이렇게 하므로 그의 논리적인 결론의 허상과 절망이 밝혀지게 해야 한다. 그가 안주하고 낙관하고 있는 방어막

---

25) 고전 9:20~23 ; 빌 2:6~11.
26) 성인경 편, 『혼돈시대 속의 확실성을 찾아서』(서울 : 일지각, 1996), p.48.

을 파괴해야 한다.

쉐퍼는 이것을 그가 자기 방어를 하고 있는 '지붕'을 제거하는 것이라고 한다. 많은 경우에 그것은 타락한 현실 세계이다. 이때 잊어서는 안되는 것이 있다면 압박을 날카롭고 빈틈없이 하면서도 사랑하는 마음과 성령님의 역사를 위해 기도하는 것이다. 그리고 주의할 것은 그에게 필요한 만큼만 밀어붙이는 것이다. 더구나 그것이 도덕적 결론일 경우에는 철학적 절망으로 몰아갈 필요는 없다. 지붕이 제거되면 그는 진리 앞에 상처투성이의 적나라한 모습으로 드러나게 된다. 너무 빨리 해답을 주려고 하기보다는 그가 필요한 것이 무엇인가를 보게 해주어야 한다. 지붕이 없이 그를 폭풍 가운데로 나가게 해서 그의 상실을 보게 하는 것이다.

쉐퍼는 이러한 과정을 '호랑이 등에 태우는 것'이라고 비유하기도 했다. 그가 '죽었다'고 생각할 때가 바로 복음을 전할 때이다. 그의 죽음의 체험은 형이상학적인 것이 아니라 도덕적인 죽음을 말한다. 이것이 로마서의 가르침이다.[27]

그렇다면 이것은 밴틸의 방법과 무엇이 다른가? 밴틸의 이론을 명쾌하게 재해석하기로 소문난 그의 수제자인 프레임은 밴틸의 논지를 다음과 같이 정확하게 전달하고 있다. "밴틸의 변증 방법은 두 단계이다. 첫째는 논쟁을 위해서, 그리고 기독교 진리의 내용을 제시하기 위한 기회를 갖기 위해서 불신자에게 기독교의 전제를 수용할 것을 요청하라고 제안한다. 이것이 1단계이며 방어적인 방법이다. 그 다음에 신자는 불신자의 전제가 전적으로 비지성적이라는 것을 과시한다. 이때 신자는 토론을 위해서 불신자의 전제를

---

27) 롬 5:12~23.

수용한 다음에 그 전제로부터 혼돈과 무의미, 그리고 분열을 밝힌다. 그러나 이 과정에서도 그는 기독교인으로서 생각하는 것이지 결코 중립적인 기준에 선다는 것이 아니다. 이것이 2단계이며 공격적인 방법이다. 만약 불신자가 다시 질문을 제기하면 그때는 더 이상 대답을 하지 않아도 된다고 말한다."[28]

밴틸과 쉐퍼가 두 단계를 말하는 데는 차이가 없지만 그 내용은 엄청난 차이가 있다. 쉐퍼는 직접적이고 적극적인 반면에, 밴틸은 간접적이고 소극적이다. 쉐퍼는 토론을 상대방의 입장에 서서 진행하고 있고, 밴틸은 기독교인의 입장에 서서 진행한다. 쉐퍼는 상대방의 논리적인 일관성을 인정하지 않고 있고, 밴틸은 논리적인 일관성을 인정하고 있다. 쉐퍼는 비논리성을 접촉점으로 삼고 있고, 밴틸은 비논리성을 간과하고 있다. 쉐퍼는 전도에 열정적이고, 밴틸은 신앙 수호에 정열적이다. 쉐퍼는 하나님의 일반 은총을 전도에 고려하나 밴틸은 특별 계시를 의지한다.

그러므로 쉐퍼는 자기가 대면하고 있는 인간을 둘러싸고 있는 문화를 통해 복음의 다리를 놓는다. 반면에 밴틸은 문화를 고려하지 않고 무시해 버린다. 이처럼 쉐퍼의 전제적이고 문화적인 변증에 적극적인 자세를 보인다. 즉 상대방의 입장에 서서 토론을 전개하고, 그들의 논리적인 비일관성을 전제하며, 그것을 접촉점으로 삼고, 전도하기 위한 열정으로, 하나님의 일반 은총과 문화를 고려한다. 이것이 쉐퍼가 말하는 전제적 변증이다.

---

28) John M. Frame, *The Doctrine of the Knowledge of God*, P&R, pp.359~360. 포이스레스(Vern S. Poythress)는 밴틸의 2단계에서 실제로 일어나는 '토론을 위한 수용'이라는 것은 '기독교인이 불신자에게 불신자의 원리가 기독교인으로서 그에게 어떻게 보이는지를 말하는 것이다'라고 지적한다.

변증학이 주로 적용되는 세 가지 유형

쉐퍼는 변증학이 주로 적용되는 유형을 크게 세 가지로 나눈다. 첫째, 윤리적인 문제에, 둘째, 형이상학적인 문제에, 셋째, 인식론적인 문제가 있는 사람에게 적용할 때이다. 이러한 세 가지 유형은 철학의 3대 영역이요, 과제이다. 쉐퍼는 철학이나 성경은 동일한 문제를 다루고 있지만 대답이 다르다고 보았다.

편의상 각 유형을 사례별로 다시 세 가지로 나누어 생각해 보겠다. 1) 진리관의 차이에 따른 사례, 2) 지적 수준의 차이에 따른 사례, 3) 회심의 차이에 따른 사례가 그것이다. 유형적으로는 크게 세 가지이지만 사례별로는 총 아홉 가지를 다루겠다. 유형 연구는 쉐퍼가 쓴 '변증학에 대한 질문(The Question of Apologetics)'과 그의 변증학 강의, 그리고 바울의 비유대인 전도를 기록한 사도행전 13~17장을 기초했다.[29]

첫째, 진리관의 차이에 따른 사례 세 가지

먼저 복음에 대한 사전 지식이 있는 사람의 경우이다. 이런 사람은 심리적, 지성적 접근을 필요로 하지 않으며, 곧바로 '예수를 영접하라'고 말할 수 있는 경우이다. 왜냐하면 그는 사전 지식과 자기가 경험한 사건에 기초하여 그러한 대답을 들을 준비가 되어 있기 때문이다. 그는 이전에 전도의 말씀을 들었거나 신비적인 체험을 경험했거나 그리스도인들의 삶에서 감명을 받은 사람이다.

그렇기 때문에 그는 역사 속에서 일하시고, 성도들의 기도에 응

---

29) Francis A. Schaeffer, *Trilogy*, pp. 176~179.

답하시며, 사람들의 생활에 실재하시는 인격적인 하나님의 존재를 깨달을 수 있는 이유들이 있다. 그리고 그는 도덕적인 죄책감에 예민하여 죄와 부도덕에 괴로워한다. 아무도 죄책감이 없는 사람은 없다. 그러나 많은 사람들은 그것을 억누르고 가면(假面)을 쓰고 산다.

그 다음은 정직한 질문을 갖고 씨름하는 사람을 만났을 경우이다. 쉐퍼는 이런 사람은 기본적으로 진리가 존재한다고 믿고 있고, 참과 거짓이 있다고 인정하는 사람을 말한다. 이런 사람은 앞의 사람과는 전혀 다른 필요가 있는 사람이다.

이를테면 그는 정직한 질문을 가진 사람인데, 우주의 기원이나 신의 존재 유무, 인간의 기원과 존엄과 같은 형이상학적 문제와 같은 질문이 있다면, 거기에 대해 적절한 대답을 해주면 된다. 상대방이 정직하게 던지는 질문에 대한 문제를 다루는 것이다. 만약 누가 정직한 질문을 갖고 씨름하고 있다면 그는 '실재의 세계'에 가까이 와 있는 사람이며, 조심스런 대화하기가 필요하다.

또한 진리가 있다는 것을 믿지 않는 사람을 만났을 경우이다. 이런 사람과도 전제적인 대화가 가능하다. 근본주의적인 전제적 변증학은 아마 이런 사람과는 대화를 중단할지 모른다. 그가 기독교적인 전제를 받아들이기까지는 이야기를 계속하는 데는 제한성이 있다고 보기 때문이다.

그러나 참다운 전제적 변증가는 이런 사람과도 이야기한다. 우리는 좀 뒤로 물러나서 그 사람이 처한 문화적 전제에서 그가 필요로 하는 방식으로 이야기를 할 수 있다. 그 사람의 전제의 비일관성을 접촉점으로 삼고 객관적인 진리에 대한 인식으로 인도한다. 지나친 동정이나 준비된 답을 주려고 하면 안된다. 그는 먼저 진리가 있다는 것을 알아야 기독교가 진리라는 것을 받아들일 수 있다.

둘째, 지적 수준의 차이에 따른 사례 세 가지

먼저 문제의식이 없는 사람을 만났을 경우이다. 특별한 질문이 없는 사람에게는 일부러 질문을 만들어서 다룰 필요는 없다. 라브리에서 만나는 히피족이나 실존주의 철학에 심취한 사람들은 종종 문제의식이 없거나 질문을 중단한 사람들이다. 중단한 이유 중에는 자신들의 무관심이나 그들의 정직한 질문을 정직하게 답변해 주는 사람이 없었기 때문이다.

그러나 대부분의 우리 시대 사람들은 문제의식을 가지고 있다. 비록 그들이 대학생이 아니라 부두에서 일하는 노동자들이나 방앗간 일꾼도 지적인 사람과 동일한 질문을 갖고 있다. 그는 단지 문제를 명료하게 표출하지 못할 뿐이고, 표현하더라도 지적인 용어로 조리 있게 표현하지 못할 뿐이다. 적합한 언어 구사와 사랑으로 이야기해야 한다.

그 다음은 세상의 변화를 감지하는 사람을 만났을 경우이다. 이것은 주로 현대 문화 속에 살고 있는 중산층 사람들의 문제이며, 그들은 상대주의의 문제점을 의식한다. 그러나 그 용어와 실체를 분명하게 모르지만 문제는 느낀다. 그는 가까운 사람 중에 잘못된 일을 하는 것을 보고 난 후에야 상대주의의 문제를 제기한다.

그는 가치관이 바뀐 것을 알고 있으며, 왜 그런지는 몰라도 문제가 있다는 것을 느낀다. 그도 동일한 질문을 던지고 있다. 그도 '절망의 선' 아래에 있거나 최소한 모호한 방식으로 그것의 존재를 이해한다. 그가 처해 있는 그곳에서 문제를 풀어 가야 한다.

또한 모든 것은 상대적이라고 믿는 사람을 만났을 경우이다. 모든 것은 상대적이며 진리는 더 이상 없다고 주장하는 사람이다. 현대 문화에 깊이 젖어 있는 사람이며, 가장 어려운 사례이다. 그가 안주하고 있는 문화의 전제를 파악해야 한다. 그가 안주하고 있는 현대 문화와는 반대로 우리는 기독교가 진리라는 것을 믿으며, 신앙에는 '비약'이 요구되지 않는다는 것을 믿는다.

그는 기독교가 종교가 아니라 진리라는 것을 인정하지 않으려고 들며, 기독교는 믿을 만한 충분한 이유가 있다고 보지 않는다. 이런 사람과는 전제에 의한 토론을 통하여 진리가 있다는 것을 먼저 이야기해야 하며, 그것을 믿지 않는 것은 논리적 모순이요, 불순종이요, 죄라는 것을 보여 준다.

셋째, 회심의 차이에 따른 사례 세 가지

사도행전 16장은 변증학의 교과서이다. 누가는 바울과 그 일행이 빌립보성에서 실천한 대표적인 변증학적 유형을 세 가지 소개하고 있다.[30] 그 유형들은 도덕적, 정서적, 지식적인 유형이며, 쉐퍼가 지적했던 세 가지 유형과 매우 유사하며 그것을 정리하면 다음과 같다.

먼저 간수는 도덕적인 고민이 있었던 사람이다. 그는 퇴역 로마병일 것이며, 사회적으로는 중산층 사회의 '보통 사람'일 것이다. 감옥의 간수이지만 직업도 있었고 고정 수입도 있다. 그러나 그는 마음 속에 어떻게 하면 '죄'로부터 구원을 받을 수 있는지 고민이 있던 사람이다.

특히 매일 같이 죄를 지어서 감옥에 들어오는 온갖 죄수들을 보면서, 인간의 도덕적인 죄의식에 대한 심각한 고민이 있는 것 같다. 그의 도덕적 갈등을 보여 주는 구절은 여러 곳에 나타나 있다

---

30) cf. John Stott, *The Spirit, the church, and the world*(IVP, 1990), pp. 261~270.

(25, 27, 29~30). 쉐퍼는 이런 사람에게는 바울처럼 복음을 직접적으로 전하도록 촉구한다.

그 다음은 이름 모를 여종으로 심리적인 갈등이 있었던 사람이다. 그는 당시에 인기 있던 처녀 점쟁이이다. 그가 사로잡힌 귀신은 "점치는 영($\pi\nu\epsilon\mu a\ \pi v\theta\omega\nu a$)"인데, '푸돈'이라는 그리스의 신화에 나오는 귀신이다. 이 귀신은 우리 나라의 무당들이 복화술(腹話術)을 써서 귀신의 말을 전하는 것과 비슷한 것인데, 아폴로 신의 신탁을 전하다가 죽은 용 귀신을 말하는 것이다.

점쟁이야 오늘날에도 신분이 천하게 취급되지만 옛날에도 가장 천한 사람으로 취급되었고, 돈은 버는 대로 주인에게 다 빼앗겼다. 그는 당시에 신분이 가장 천한 종이었으며, 창녀보다도 더 인권이 유린당한 여자이다. 그는 그야말로 자유도 없고, 돈도 없고, 인생도 없는 그런 여자이다. 악령에 사로잡힌 이 여인의 문제는 정서적 문제이다. 자기는 다른 사람의 운세를 점쳐 주고 행운을 빌어 주지만 자신의 운세는 어쩔 수 없는 지독하게 불행한 여자이다. 오늘날의 산업 사회에서는 이러한 정서적, 심리적 상처가 깊은 사람이 많다. 이런 사람에게는 따뜻한 사랑과 인간으로서의 위치가 필요한 것이다.

또한 루디아는 지성적인 문제가 있는 사람이다. 루디아의 직업은 현대식으로 거창하게 말하면 의류 판매 도매상을 운영하는 여사장이다. 그의 특이한 점은 유대교를 통해 하나님을 이미 아는 사람이라는 것이다. 그러나 그는 유대교에서 지적인 만족을 얻지 못한 귀부인이다. 바울이 강가의 기도처에서 설교를 할 때, "주께서 그 마음을 열어 바울의 말을 청종하게 하신지라"고 했는데, 여기의 마음이란 말은 '지성'을 말한다. 즉 '지식과 생각이 확 트였다'는 말이다. '청종한다'는 말도 대충 듣고 흘리는 자세라기보다는 무슨 말을 하는지 이해하려고 '아주 주의 깊게 듣는다'는 말이다.

루디아는 바울과의 대화에서 지적인 고리가 풀려지고 만족을 얻었다는 말이다. 우리 주위에도 지적인 문제를 풀어 주기보다 종교적인 혹은 정서적인 방법으로 접근하다가 오히려 문제를 꼬이게 하는 경우가 많이 있는 것을 본다.

쉐퍼는 이상의 세 가지 유형에 따라서 변증학적 적용 방법이 달라질 필요가 있다고 보았다. 지성적인 문제가 있는 사람에게는 지성적으로 만족할 수 있는 정직한 대답을 주는 것이 필요하다. 그리고 심리적인 갈등으로 고민하는 사람에게는 사랑과 인정(認定)이 무엇보다 필요하다. 그리고 도덕적인 죄로 씨름하는 사람에게는 죄사함의 회개가 우선적이다.

모든 사람을 동일하게 취급해서는 곤란하다. 어떤 사람은 지성적인 문제의 대답에서, 어떤 사람은 심리적인 문제의 해결에서, 어떤 사람은 도덕적인 문제의 회개에서 하나님을 만난다. 먼저 상대방의 문화적 배경과 거기에 따르는 문제를 파악하고 적절한 변증적인 적용 방법과 대답을 찾아보는 것이 지혜롭다. 흔히 사람을 잘못 진단하여 잘못된 방법으로 접근하여 실패를 자초한다. 쉐퍼는 어느 한 가지 방법을 마술사의 '요술 방망이'처럼 남용하지 말 것을 그의 동료들에게 늘 충고했다고 한다.

최종적인 변증학은 기독교인의 삶이다

이제 변증학을 이론이나 말로만 하는 시대는 지나갔다. 불신자들은 우리의 말보다 우리의 생활을 지켜보고 있다. 쉐퍼가 기독교인의 삶이 '최종적인 변증학(final apologetics)'이라고 할 때, 그것은 우리의 일상 생활의 문화 속에서 하나님이 살아 계시고 기독교가 진리라는 것을 과시하고 있느냐 하는 문제를 제기한 것이다. 그는 기독교인의 신앙 생활을 '변증적 삶(apologetic life)'이라고 불렀다.

즉 기독교인으로서 우리들의 믿음의 전제에서 나오는 논리적 결론이 무엇인가를 주의하지 않으면 전도에 열매를 기대할 수 없다는 것이다. 왜냐하면 사람들은 기독교의 교리뿐만 아니라 그 교리가 만들어 내는 삶의 문화를 주시하고 있기 때문이다. 그들은 우리의 삶을 보고 우리의 말과 기독교의 진리를 판단하기 때문이다.

쉐퍼의 의견이다. "여기서 우리는 추상적이거나 스콜라주의적 변증학이나 기독교 학교의 주입식 교육에 관해서 말하고 있는 것이 아니다. 그리스도교 변증학은 기독교는 참된 진리(true truth)에 관해서 말하고 있다는 것을 지성적으로 보여 줄 수 있는 것이라야 된다. 그러나 변증학은 단순한 이론이 아니라는 것을 전시하지 않으면 안된다. 이것은 교회의 양떼들을 방어하기 위해서나 또는 정직한 질문을 가지고 찾아오는 사람들의 마음 속에 접근한다는 적극적인 의미에서도 필요하다. 개인적으로나 공동적으로 관찰 가능한 사실들이 기독교 변증학에 포함되어 있다… 합리적이며 논리적인 복음의 방어와 전달을 갖춘 최종적인 변증학은 기독교인 개인과 기독교인들의 공동체적인 교제에서 가견적으로 이 세상 사람들에게 보여지는 것이다."[31]

이것은 우리가 믿는 진리에 대한 일관된 삶을 유지해야 됨을 말하는 것이다. 진리는 변호되기만 할 뿐 아니라 실천되어야 진리이다. 그러나 안타까운 것은 많은 기독교인들이(개인, 기독교 가정,

---

31) Francis A. Schaeffer, *GWIT*, pp.245~246.

공동체, 교회) 이러한 가견적인 변증의 삶에 실패하고 있다. 불가견적 진리와 가견적 진리 사이에서 우리는 어느 한쪽으로 치우치고 있다. 쉐퍼가 일한 라브리(L'Abri)는 그런 의미에서 변증학의 가장 좋은 실험실이었다.

에디스 쉐퍼의 말은 그의 남편과 함께 라브리가 무엇을 하고자 하는지 잘 보여 준다. "라브리가 세워진 목적은 하나님의 존재를 우리의 생활과 사역 속에서 과시하고자 하는 것이었다. 이 말은 우리는 네 가지 영역(경제, 학생, 동역자, 장래)에서 기도에 기초해서 살기로 결정한 것이다."[32]

라브리는 그런 의미에서 기독교 진리의 '실체와 매력(reality and beauty)'이 만나는 공동체이다. 김북경 목사는 라브리를 '사상의 시장이며, 축소된 인생 도장'[33]이라고 불렀는데 멋진 묘사라고 생각된다. 라브리의 소명은 생활 방식이나 공동체적 조직에 있는 것이 아니라 기독교 진리를 영적으로, 지성적으로 그리고 윤리적으로 실천하는 것이다. 만약 어떤 개인이나 공동체가 이러한 변증적인 삶이 없다면 그것은 공중에 떠다니는 풍선과 같은 이상향이 되고 말 것이다.

그런 의미에서 쉐퍼는 라브리에서 참된 '기독교인의 표시(the mark of Christians)'로서 '사랑과 하나됨'[34]을 강조했고, 그것을 가장 좋은 변증적인 도구로 사용했다. 라브리의 생활 문화 자체가 변증학이었던 것이다. 그들의 화목한 가정 분위기, 뜨거운 부부 관계, 사랑스러운 부모와 자식간의 관계, 열린 식탁 대화, 정직한

---

32) Edith Schaeffer, *L'Abri*(Crossway Books, 1992), p.16.
33) 김북경, 「영적인 오두막 라브리」(빛과소금 1985.6).
34) 요한복음 13:34~35 ; 17:21.

질문에 대한 정직한 대답 등이 이 세상에서는 맛볼 수 없는 하나님 나라의 아름다운 새로운 문화였던 것이다.

이 점을 변증학자 프레임도 높이 평가한다. "가장 강력하고 설득력 있는 논쟁 중에 하나는 사랑이다… 라브리에서의 쉐퍼 가족의 사역은 그런 점에서 우리에게 불후의 사례가 될 것이다. 왜냐하면 그들은 사랑과 존경의 맥락에서 사려 깊은 대답을 제시하는 희생을 했기 때문이다."[35] 말만 많고 삶이 없는 우리 한국 교회에 가장 필요한 것이 있다면 그것은 바로 쉐퍼가 말하는 최종적인 변증학이라고 생각된다.

우리는 지금까지 쉐퍼의 변증학에 대한 평가, 비판, 관찰의 과정을 마쳤다. 다소 조급한 감이 있지만, 결론부터 말하자면 쉐퍼의 변증학은 이 시대의 세계관적 전제에 의한 '문화적 변증학'이라 할 수 있다.

이러한 결론은 라브리의 공식적인 입장도 아니며 아무도 이런 결론을 강요한 사람도 없다. 오히려 쉐퍼의 변증학적 방법론에 대한 이와 같은 결론은 오히려 편협된 감이 든다.

그러나 앞에서 살펴본 바와 같이, 쉐퍼의 변증학의 전도적, 전제적, 인간적, 구체적, 실천적 성격들은 기존의 변증학적 개념을 변형 발전시킨 것이다. 그러나 이 모든 성격은 현대 문화라는 20세기의 시대적 상황을 매개로 해서 통일적으로 전개되는 것이 그 특징이다. 그것을 변증학적 방법론으로 말한다면 '문화적 변증학'이라 부를 수 있는 것이다.

우리가 살펴본 것처럼 쉐퍼의 변증학은 그가 살았던 20세기 말

---

35) John M. Frame, op cit., p.358.

의 문화적 흐름과 무관하지 않다. 복음의 '내용을 변질시키지 않으면서도' 오늘이란 현대 문화 속에 살고 있는 사람들이 '알아들을 수 있는 말로' 복음을 전하는 것이 그의 변증학의 두드러진 탁월성이다. 인간의 문화는 그 시대를 사는 인간들의 종교와 사상 그리고 윤리의 표출이다. 그러므로 복음이 문화 속에서 죄인을 만나야 한다는 것은 어쩌면 당연한 것이다. 이러한 만남을 시도하는 변증학적 방법론을 가장 적절하게 표현할 수 있는 말이 '문화적 변증학'이며, 이 말은 이제 쉐퍼의 변증학을 대변하는 말이 되고 있다. 이것은 변증학의 새로운 영역이라 할 수 있다.

어떤 의미에서는 이 방법론은 쉐퍼의 독창적인 것이다. 그는 인류 문화를 기존의 정치적 접근에서 탈피하고 철학적, 과학적, 종교적 접근을 통하여 살펴보고 문화는 인간의 전제의 산물이라는 결론을 얻는다. 그것은 한 개인에게도 마찬가지인데, 그가 갖고 있는 문화적 전제를 대화의 출발점으로 삼고 토론을 전개하는 것이다. 현대 문화는 현대 인간의 다원주의적인 사상적 산물이다. 첨단의 과학과 온갖 신비주의적 문화 속에서 안주하고 있는 사람들을 주께로 인도하기 위해서는 그 문화의 뿌리인 전제를 파괴해야 한다. 문화적 변증학의 가장 큰 장점은 불신자들과 특히 현대 사회 속에 사는 사람들에게 복음을 전하는 데 유익하다는 것이다.

많은 학자들이 쉐퍼의 변증학의 독특성은 '문화적' 접근이라는 데 동의하고 있다. 특히 쉐퍼가 변증학에 있어서의 문화의 중요성을 일깨운 사람이라는 지적이 있었다. 쉐퍼에 대해 비판적인 피노크도 전체적인 쉐퍼의 변증학을 긍정적으로 평가할 만한 것이 있다면 그것은, "쉐퍼의 강점과 호소력 중에 하나는 복음이 인류의 구원과 회복에 대해 매우 어려운 상황에 와 있는 '문화적'인 분석을 할 수 있는 능력이다… 그리고 그가 오늘날의 신학이 개혁주자들이 설교한 메시지(Text)와 현대 신학자들이 설교한 메시지(Context) 사이의 엄청난 간격에 관련되어 있다는 것을 본 것은 아주 옳았다"고 했다.[36]

그리고 윌리엄 더니스는 쉐퍼가 서구 기독교인들에게 지대한 영향을 미쳤으며 하나님께서 그의 책을 통해 복음을 좀처럼 받아들이지 않는 사람들이 복음을 듣게 해준 것과 기독교인에게 '문화적 상관성'에 대한 시각을 열어준 것을 높이 평가한 적이 있다. "첫째로, 20세기 상황에 적절한 방법으로 복음을 이야기함으로써, 쉐퍼는 그런 방법이 아니었으면 복음을 들으려 하지 않았을 사람들의 주목을 받게 되었다. 많은 사람들은 자신들의 관심사나 추구하는 바와 관련 있는 언어들로 복음이 주어지는 것을 보면서, 복음이 자신들의 삶과 적절한 상관성을 갖는 것을 깨닫고 그리스도께로 돌아왔다. 둘째로, 쉐퍼는 이미 믿었던 기존의 그리스도인들로 하여금 기독교 신앙이 갖는 문화적 차원이 무엇인지를 알도록 해준 것이다. 많은 사람들이 그가 저술한 책들을 읽으면서, 그들이 속한 문화 속에서 빛과 소금으로 살아갈 수 있도록 격려받았다."[37]

누구보다도 올리브 바클리는 결정적인 분석을 제공했다. 그는 최근 미국 IVP에서 출판된 신학 사전에서 쉐퍼의 변증학을 '문화적 변증학'이라고 규명하고 있다. "정통 칼빈주의자로서, 그는 성경의 신빙성과 권위를 특별히 강조하며, 그의 변증학적 접근은 '문화적 변증학'으로 묘사되고 있다. 문화적 변증학은 밴틸과 도예베르트의 변증학보다 일반 은총을 더 강조한다. 그리고 그는 기독교인이 비기독교인과의 논쟁과 그의 세계관의 부적당성을 논술하는

---

36) *Reflections on Francis Schaeffer*, pp.179~184.
37) 윌리엄 더니스, 『현대를 위한 기독교 변증』(한국기독학생출판부, 1988), p.100.

것뿐만 아니라 기독교 교리와 윤리의 객관적 진리를 강화하는 것을 도왔다."[38]

무엇보다도 중요한 것은 쉐퍼 자신이 그의 변증학을 문화적 변증학이라고 불렀다는 것이다. 그의 이 말은 삼부작에서 가장 인상 깊게 남아 있는 말이다. "지금은 문화적 변증학을 몸에 익힌 인재를 교회, 신학교, 선교지로 보내야 할 때이다."

그는 자신의 변증학이 기존의 어떠한 변증학과도 다른 성격을 갖고 있는데 그것은 문화적 접근이라고 말한다. 현대 문화 속에 살고 있는 사람들의 문화적 배경을 접촉점으로 하여 복음의 다리를 놓는 작업이 그것이다. 그러나 이러한 접근은 기독교사에서 전혀 새로운 것이 아니다. 왜냐하면 이 방법은 예수님과 사도 바울의 전도 방법이었고 수많은 구약 선지자들의 변증 방법이고 지혜로운 모든 전도자들의 방법이었던 것이다.

쉐퍼는 변증학을 학문적인 체계로 제시하지는 못했고, 그럴 필요성도 못 느꼈지만 수많은 영혼을 주님께로 인도하는 실천적 변증가였다. 그는 기독교 사상가이며 신학자였지만 그러나 언제나 자신을 '전도자'로 불러 주기를 원했던 전도적 변증가였다. 변증학을 상아탑에서 해방시켜 교회와 기독교인의 손에 돌려 주어 그들 속에 있는 소망에 관한 이유를 묻는 자에게 '대답(변증)'할 말을 항상 예비하도록 깨우쳐 준 사람이었다.

쉐퍼가 일깨워 준 문화적 변증학, 즉 문화를 접촉점으로 하는 전도 방법은 우리가 기대하는 좋은 변증학적 전도 방법론이라고 믿는다. 물론 그에 대한 학문적인 체계를 세우는 일과 한국 교회에

---

38) *New Dictionary of Theology*(IVP, 1991), p.617.

적용하는 일은 우리에게 맡겨진 숙제이다. 특히 깊은 문화적 혼돈 속에서 21세기의 전도를 걱정하고 있는 사람들에게는 문화적 변증학의 개발과 훈련을 부탁하고 싶다. 진리는 방어되기만 할 뿐 아니라 문화 속에서 실험되고 전달되어야 한다.

제4장

엘룰과 쉐퍼

서구 문명에 대한 두 가지 관점 · 데이비드 길(David W. Gill)/김선일 역

"프랜시스 쉐퍼와 자크 엘룰은 모두 서구 역사에 대한 기독교적 해석이라는
노정의 개척자로서 인정받을 만하며, 우리는 그들에게 감사해야 한다.
우리는 자신의 야심찬 저서와 영화 시리즈를 통해서 케네스 클락의
『문명(Civilisation)』에 담대하게 대응했고
복음주의 교회에 지적 르네상스를 창출하기 위해 고군 분투했던
미국의 스위스 선교사이자 지성인인
쉐퍼의 불같은 정신과 그의 비전에 경의를 표해야 한다(David W. Gill)."

서구 문명은 날마다 위기가 고조되고 있다. 그러나 새로운 이야깃거리와 사회 비평 서적들, 그리고 사실상 빈번한 되풀이로 인하여 이러한 위기의 다급함과 중대함에 대한 우리의 민감성은 다소 무뎌질 수 있다.

특별히 오늘날의 상황에 있어서 불길한 징조는 비서구권의 세계가 서구 세계와 깊숙이 얽혀 있다는 것이다. 서구 세계의 위기는 단정적으로 말해서 지구촌의 위기인 것이다. 과거의 시대들과는 달리, 오늘날 우리의 사회가 흔들리고 있는 이 시점에 다른 어떤 사회가 흥할 수 있다는 것은 거의 불가능하다. 생태학적으로나 경제적, 정치적, 군사적, 그리고 특별히 핵심적인 분야에 있어서는 이데올로기적으로 우리의 지구는 여러 개가 아닌 단 하나의 미래만을 갖고 있을 뿐이다.

서구 세계의 위기를 개선하는 데 있어서 가장 심각한 방해물 중의 하나는 미국의 사회 지성사가인 크리스토퍼 라쉬가 그의 최근의 책인 『나르시시즘의 문화』에서 말한 "역사적 시간 감각의 쇠퇴"인 것이다.[1]

"순간을 위해 사는 풍조가 만연되어 가고 있다. 즉, 당신의 조상이나 후손이 아닌 당신 자신을 위해 살라는 것이다. 우리는 역사적 계속성의 감각과 과거에서 비롯되며 미래로 이어진다는 시대 계승의 소속감을 빠르게 상실하고 있다."

---

[1] Christopher Lasch, *The Culture of Narcissism : American Life in An Age of Diminishing Expectations*(New York : W.W.Norton & Co., 1979), p.5.

이와 같은 과거에 대한 거부는 우리의 선조들에 대한 신중하고 광범위한 연구에서 비롯된 것이 아니다. 반대로, 역사에 대한 감상적인 무지는 대학 교육을 받았던 안 받았던 간에 현대 남녀에 전형적인 특징이다. 불행히도 그리스도인들이 이러한 풍조들로부터 면역되어 있다는 것은 입증된 바 없다. (세계사까지는 말하지 않더라도) 교회 지체들의 교회 역사에 대한 전반적인 무지는 인류 역사에 상당한 뿌리를 두고 있는 신앙에 걸림돌이 되는 것이다.

이러한 정황에서 교회 사가들은 결정적인 역할을 할 수 있는 잠재력과 책임감 모두를 지니고 있는 것이다. 역사가로서 그들은 현재로 이어져 온 역사의 내부 구조를 검토한다. 그리고 그렇게 함으로써 우리 시대의 위기를 구성하는 근원과 요인들을 조명하는 것이다. 기독교 역사가로서 그들은 하나님의 능력이 악과 죽음의 능력보다 훨씬 더 강력하다는 인식을 통해 절망감에서 해방되는 것이다. 이러한 인식은 바로 하나님께서 과거에 많은 다른 방법으로 하셨던 것처럼 문제 많은 우리 시대에서도 행동하실 수 있고 행동하실 것이라는 인식이다. 하나님의 백성의 지체로서 그들은 "너희는 내가 사로잡혀 가게 한 그 성읍의 평안하기를 힘쓰고 위하여 여호와께 기도하라. 이는 그 성이 평안함으로 너희도 평안할 것임이니라(렘 29:7)"고 한 하나님의 명령을 기억하고 가르치며 따르고 있는 것이다.

역사가들은 성경학자나 사회학자, 또는 다른 사람들과 마찬가지로 적어도 상당히 좁게 한정된 분야에서 전문가로서의 훈련을 받아야 한다. 이러한 종류의 세분화된 작업이 필수 불가결하다는 것은 명백한 일이며 과거 시대에 대한 우리의 역사적 지식을 한층 진전시켜 놓았다. 그럼에도 불구하고, 세상과 교회를 위하여 '나무'에서 '숲'으로 방향을 돌려야 할 그리스도인 역사가들이 필요했다.

서구의 역사에 대한 광범위하고 학술성의 책임 있는 해석과 서구 역사와 관련된 기독교의 다차원적 관계는 서구에 고통받는 도시의 안녕을 추구하는 그리스도인들에게는 크나큰 도움이 될 수 있었다.

최근에 그러한 과제, 즉 '숲'과 위협적인 불길을 분석하는 일을 수행했던 두 명의 그리스도인들은 바로 자크 엘룰과 프랜시스 쉐퍼였다. 두 사람에게는 둘 다 1912년에 출생했다는 사실로부터 시작해서 흥미로운 유사성들이 있다. 그 두 사람은 모두 담대한 신앙인들이었으며 세상과 교회의 모습을 염려했다. 두 사람은 모두 기독교 신앙이 지나치게 사생활 차원으로 전락되는 것과 교회가 세상에 순응하는 명백한 현상을 통탄해 했다. 두 사람은 모두 성품상 지성적인 모험가들로서 강력한 개인적 판단을 내리거나 다소 과잉 공격적인 수사법을 사용하기를 주저하지 않았다. 두 사람은 모두 자신들의 청중을 적대적인 비평가나 진정한 신자로 나누는 "선지자들"이었다. 두 사람 다 유럽에서 집필했으나 미국에서 가장 강력한 영향을 남겼다.

엘룰과 쉐퍼의 차이점도 마찬가지로 뚜렷하다. 프랜시스 쉐퍼는 스위스 웨이모 마을에 위치한 '라브리' 공동체의 학생들에게 복음 전도적인 변증 사역을 시작하고 이끈 인물이다. 지난 13년간 그는 통틀어서 영어로만 200만 부 이상이 팔린 20여 권의 책과 팜플렛들을 집필했다.[2]

쉐퍼는 1930년대에 웨스트민스터 신학교와 페이스 신학교에서

---

2) Thomas V. Morris, *Francis Schaeffer's Apologetics : A Critique*(Chicago: Moody Press, 1976), p.12.

신학 교육을 받았으며 1953년에 지금은 없어진 학교지만 캘리포니아 글렌데일에 위치한 칼 멕킨타이어의 하이랜드 대학에서 명예 박사 학위를 받았다. 엘룰과 비교해 볼 때 쉐퍼가 바르트와 키에르케고르를 신학과 철학의 역사에서 최고의 문제 인물로 본 점은 주목할 만하다.

자크 엘룰은 불란서 보르도 대학의 법과 경제 과학부의 역사학과 사회제도학 교수이다. 그는 법학과 역사학, 그리고 사회학 분야 등에 학위를 가지고 있으며 1936년에 파리에서 법학 박사 학위를 받았다. 쉐퍼와 마찬가지로, 엘룰도 명예박사 학위를 받았다. 그의 명예박사 학위는 암스테르담 대학에서 수여한 것이다. 엘룰은 제2차 세계대전 막바지 이후로 30권 이상의 책을 집필했다. 그 중 반은 사회학과 역사 분야이고, 나머지 반은 신학과 윤리학에 관한 것이다.[3] 존경받는, 그러나 논쟁적인 평신도 신학자로서 엘룰은 1969년 이후로 《Foi et Vie》라는 잡지의 편집인이었다. 쉐퍼와 총체적으로 비교해 볼 때 엘룰은 바르트와 키에르케고르를 위대한 영웅이자 선지자요 안내자로 보았다.

프랜시스 쉐퍼는 자신의 유명한 두 저서인 『기독교와 현대사상(The God Who Is There)』(생명의 말씀사)과 『이성에서의 도피(Escape From Reason)』(생명의 말씀사)를 통해 서구의 역사가들에게 도전을 던졌다.[4]

---

3) 엘룰에 관한 이차자료 중 가장 권할 만한 것으로는 다음을 보라. Jacques Ellul(ed), *Clifford G. Christians and Jay M. Van Hook : Interpretive Essays* (Champaign, Illinois : University of Illinois Press, 1980) 나는 이 책에 엘룰 자신이 썼거나, 혹은 그에 관해 쓰여진 광범위한 도서목록을 기고했다.

4) Francis A Schaeffer, *The God Who Is There*(Chicago : Inter-Varsity Press, 1968) ; *Escape From Reason*(Chicago : Inter-Varsity Press, 1968).

1976년에 쉐퍼는 40년간의 연구조사 끝에 자신의 가장 광대하고 의욕적인 저서, 『그러면 우리는 어떻게 살 것인가? 서구 사상과 문화의 발흥과 쇠퇴(How Should We Then Live? The Rise and Decline of Western Thought and Culture)』를 내놓았다.[5] 케네스 클락(Kenneth Clark)의 『문명(Civilization)』과 마찬가지로, 쉐퍼의 책은 영화 시리즈와 함께 구성되었다. 이 영화는 북미에 교회와 시민 강당 등지에서 상영되기도 했다. 비록 출판사에서 쉐퍼를 "우리 시대 최전선의 복음주의적 사상가"라고 선언하기를 주저하지 않았지만, 쉐퍼와 그의 작품들에 대한 비판적인 소리들은 다소 부정적이었다.[6]

자크 엘룰은 여러 권의 역사 연구서를 썼는데, 그 중 가장 주목할 만한 것은 다섯 권으로 구성된 『제도의 역사(Histoire des Institutions)』라는 책으로 이는 고대 그리스로부터 제1차 세계대전까지를 포괄한 것이다.[7] 현대 서구 문명에 대한 그의 가장 유명하고 충격적인 연구서는 『기술사회(The Technological Society)』[8]이다. 이 논문의 목적상 엘룰의 종교 사회론인 『새로운 악마(The

---

5) Francis A. Schaeffer, *How Should We Then Live? The Rise and Decline of Western Thought and Culture*(Old Tappan, New Jersey : Fleming H. Revell Co., 1976).

6) 예를 들어 다음 저자들의 서평을 참조하라. Sharon Gallager(Radix, March/April 1977), Jack Rogers(Reformed Journal, May and June 1977), Clark Pinnock(Soujourners, July 1977), George Giacumakis, Jr. & Gerald C. Tiffin(Fides et Historia, IX.2 Spring 1977).

7) Jacques Ellul, Histoire des Institutions, 5 volumes(Paris : Presses Universitaires de France, 1951~1956).

8) Jacques Ellul, The Technoligical Society, trans. by John Wilkinson (Revised American ed.,; New York : Alfred Knopf, 1964).

New Demons)』와 그의 최근 저서인 『서구의 반란(The Betrayal of the West)』, 그리고 『묵시(Apocalypse)』에서 나타난 그의 역사신학 등이 비중 있게 다루어질 것이다.[9] 엘룰은 영화 시리즈를 제작하지는 않았다. 그러나 그는 최근 캐나다 방송국의 라디오 프로그램인 〈사상들〉[10]이라는 5부작의 통찰력 있는 대담 논평에서 주제가 됐었다. 비록 많은 학자들(그리고 출판인들이나 경건한 사람들까지도)이 엘룰을 우리 시대의 프로테스탄트라고 칭송하거나 그와 유사한 찬사를 돌리지만, 그는 또 다른 사람들에 의해서 괴팍하며 그릇된 길로 인도하는 편협한 안목의 선지자라는 비난을 듣기도 했다.

그러한 것은 모든 선지자들의 운명이다. 즉, 사람들에게 영감을 주기도 하지만 사람들을 나누기도 하고, 제자들을 얻으면서도 돌멩이를 피해야 하는 것이다. 잠시 세세한 설명을 보류하더라도, 쉐퍼와 엘룰은 이 논문의 처음부터 끝까지 칭송받아야 할 인물임에 틀림없다. 그들은 적어도 서구의 역사와 현재의 곤경을 해석하는 '토인비식'의 계획을 실시하려는 용기와 이상을 가지고 있었기 때문이다. 그럼에도 불구하고 합법적이든, 비합법적이든 간에, 좋든 나쁘든 간에, 이 두 사람의 선지자는 역사가의 영역을 동분서주했던 것이다. 그리고 그들은 그렇게 평가되어야 마땅하다. 이는 그들이 선생으로서 교회에 다녔기 때문에 더욱이 본질적인 것이다(권

---

9) Jacques Ellul, The New Demons, tr. by C. Edward Hopkin(New York: Seabury Press, 1975); The Betrayal of the West, tr. by Matthew J. O'Connell(New York : Seabury Press, 1978); Apocalypse: The Book of Revelation, tr. by George W. Schreiner (New York: Seabury Press, 1977).

10) Ideas : Jacques Ellul—1979년 9월과 11월에 캐나다 방송국에서 행해진 빌 밴더버크(Bill Vanderberg)와 다른 이들의 엘룰과의 5부작 대담 프로.

위 있는 가르침과 선지자적인 권한을 구분할 수 있도록 준비된 사람은 많지 않다). 그리고 마찬가지로 중요한 것은 그들이 신앙의 이름으로 세상에 선포했다는 것이다.

두 사람을 비교하고 이 논문에 질서를 주기 위해서는 다음과 같은 세 가지의 질문이 독자들에게 안내가 될 것이다. 첫째로, 엘룰과 쉐퍼는 역사적 설명(그리고 인과관계)이라는 쟁점을 어떻게 접근했는가? 즉, 그들의 역사 철학은 무엇이며, 또한 간과할 수 없는 질문으로서 이러한 과정 어디에서 하나님의 모습이 등장하는가? 둘째로, 우리는 '로마의 멸망'과 서구 기독교 사회의 출발의 결정적 시기를 어떻게 이해해야 하는가? 셋째로, 우리는 현대의 '기독교 사회의 멸망'을 어떤 식으로 이해해야 하는가? 이는 단지 형식적이거나 정치적인 의미에서가 아니라, 오늘날의 '후기 기독교' 시대를 전제로 하는 것이다. 오늘날의 기독교 사회의 멸망은 어떤 의미에서 서구의 현 위기와 직결되어 있다고 볼 수 있다. 명확히 말해서, 이 세 가지의 질문들은 오직 서구의 역사를 집필해야 할 도전에 직면한 사람들에 의해서 대답되어질 것들이다. 하지만 이 세 가지 요점을 선택한 것은 자의적으로 한 것이 아니다. 이는 이 질문들이 총체적인 시도에서 결정적인 중요성을 갖고 있기 때문이다.

역사적 설명

어떠한 역사적 연구이든지 간에, 그것은 하나님과 인간 본성, 역사적 인과관계 등과 같은 핵심적인 요소들에 대한 실제적 방법론, 혹은 일단의 가정들을 하나의 측면으로 삼고 있다. 해석의 방법과 역사의 자료 사이에 일종의 상호 영향력이 존재한다는 것은 당연한 일이다. 나는 역사 기술가가 아니기 때문에 이 이상 자세하게 논의를 전개할 생각은 없다.[11] 논의되어야 할 질문은 다음과 같다. 엘룰과 쉐퍼가 그들의 역사적 설명에서 근거하고 있는 해석의 열쇠, 혹은 관점(sighting points)은 무엇인가? 인간 본성과 체험의 어떠한 측면을 그들은 강조하고 있으며 어떤 것을 강조하지 않는가? 그들의 전개에서 하나님이 비중 있게 드러나는 곳은 어디인가?

이러한 질문에 대한 프랜시스 쉐퍼의 대답은 매우 명확하다. "사람들은 내적인 정신생활에 있어서 각기 독특하다. 즉, 그들의 사상세계에서 어떻게 존재하는가가 그들이 어떻게 행동할지를 결정짓는다." "'인간은 생각한다, 고로 그는 존재한다' 라는 말은 정말로 심오한 것이다. 한 개인은 단지 그를 둘러싼 세력들의 산물이 아니다." "내적 사상 세계는 외적인 행동을 결정짓는다."[12] 실제로, 이러한 주장들은『그러면 우리는 어떻게 살 것인가?』의 서두에서 계속해서 되풀이되고 있다. 더욱이, 쉐퍼는 이러한 진술들에 함축된 원리에 따라 일관성 있게 일해 왔다.

분명한 것은 이러한 접근이 쉐퍼에게 새로운 전기가 아니었다는 점이다. 1968년에, 쉐퍼는『이성에서의 도피』에서 동일한 언어를

---

11) D. W. Bebbington, *Patterns in History : A Christian View*(Downers Grove, Illinois : Inter-Varsity Press, 1979) and C.T. McIntire, ed., God, History, and Historians : Modern Christian Views of History(New York : Oxford University Press, 1977). 이 두 권의 책은 지금 다루고 있는 항목의 전반적인 영역에 대한 가장 훌륭한 안내서이다. 이 주제에 대한 내 자신의 관심은 나의 미간행 석사 논문인 *Contemporary Christians Philosophies of History : The Problem of God's Role in Human History*(San Francisco: San Francisco State University, 1971)에 나와 있다.

12) *How Should We Then Live?* p. 19~20.

사용하였다. "사람들은 생각하는 대로 행동한다."[13] 1968년에 발간된 책들에서 쉐퍼는 토마스 아퀴나스(1225~1274)로부터 현재에 이르는 역사적인 '절망의 선'을 전개시킴으로써 '현대인의 기원'을 설명했다. 무엇보다도 그가 강조하는 것은 철학, 특히 인식론의 역사인 것이다. 서구 철학 사상에서 변화와 발전은 다음의 몇 가지 순서를 따라 진행된다. 즉, 아퀴나스의 사상은 르네상스와 종교개혁의 사상으로 발전되고, 이는 또한 칸트의 사상으로, 그리고 칸트는 헤겔로, 헤겔은 키에르케고르의 사상 등으로 발전된다는 것이다. "한 사람이 원을 하나 그려 놓고 이렇게 말한다. '당신은 이 원 안에서 살 수 있다.' 그러면 다른 사람이 와서 앞의 사람이 그린 원을 지우고 다른 원을 그릴 것이다. 또 다른 사람이 와서는 앞의 원을 지우고 자신의 것을 그린다. 이러한 과정이 끝없이 되풀이될 뿐이다."[14] 철학사에서의 이와 같은 연속에다가, "이러한 새로운 사고방식은 세 가지 방향으로 퍼져 나갔다." 이것은 (지성인에서부터 대중에 이르기까지) 지리적인 것과 사회적인 것이었으며, "이것을 각 영역들로 분류하자면 철학, 예술, 음악, 다음에는 문화 일반, 그리고 신학은 맨 마지막인 것이다."[15]

역사 속에서의 하나님의 실체와 역할에 관한 한, 쉐퍼는 "역사적, 성경적 정통성"을 견지한다고 공언해 왔다. 하지만 예수 그리스도가 쉐퍼의 저작에서 언급되는 경우가 드문 것을 볼 때 이는 우리의 죄를 대속하시는 그리스도의 사역에 관련된 것이 보통이다. 물론 "존재하시는 하나님"은 쉐퍼의 접근에서 큰 그림으로 나타난

---

13) *Escape From Reason*, p. 43~44.
14) *The God Who Is There*, p. 17.
15) *Escape From Reason*, p. 43~44.

다. 하나님은 무한하신 동시에 인격적이시다. 그리고 그분은 성경을 주셨고 그리스도인의 세계관에 기초가 되신다. 쉐퍼가 기독교 진리의 생동감 넘치는 과시에 대하여 그 중요성을 상당히 강조할 때, 그가 하나의 사고방식으로서의 기독교에 선험적으로 몰두하고 있었음은 의심의 여지가 없다. "기독교는 사상의 기후를 만들어 낸다…." "기독교는 논의될 수 있는 일단의 사상들로 구성된 하나의 체계이다… 그 시작은 모든 것들의 창조자이신 무한하고 인격적인 하나님의 현존하심이다."[16] 쉐퍼가 자주 언급하는 '기독교적인 기반'은 이러한 일단의 사상들이나 전제들을 말한다. 일상적인 모든 것들에게 생기를 넣어 주는 것은 바로 문화의 지성적인 '기반'이다.

역사 발전에 있어서 사상적 요인들(이성, 사고)의 중요성에 대한 쉐퍼의 일관적인 강조는 중요한 공헌이다. 그는 모든 형태의 행동 사회과학과 역사적 유물론(즉, 쉐퍼의 "당신이 생각하는 바가 바로 당신이다"라는 말에 재미있게 대조시키자면, "당신은 당신이 먹는 바로 그것이다"라고 주장하는 것이다)에 대한 호전적인 반대론자였다. 이러한 접근의 약점은 두 가지 용어로 서술될 수 있을 것이다. 환원주의와 정예주의.[17] 관념적인 환원주의는 유물론자나 실증적 환원주의에 대한 적절한 대답이 아니다. 성경과 상식적인

---

16) Ibid., p.30, 91.
17) 모든 역사가들이 읽어야 할 놀라운 책으로 데이비드 핵켓 피셔(David Hackett Fischer)의 『역사가들의 오류 : 역사 사상의 논리를 향하여』(Historian's Fallacies : New York : Harper & Row Publishers, 1970)가 있다. 피셔는 환원주의자들의 오류(173~175)와 관념주의자들의 오류(195~200), 그리고 정예주의의 오류(230~232)를 재치 있으면서도 통찰력 있게 논하고 있다.

경험 모두는 이러한 종류의 환원주의의 비수용성을 보여 주고 있다. 사상은 중요하다. 그러나 지진과 기근, 전염병, 사회적 조건, 개인적 카리스마 등등도 중요하다. 그러면 하나님은 전제들의 전제, 혹은 심지어 전제들의 제공자로서 설명되는 것이 가장 적절한가? 쉐퍼의 기독론은 이론적으로는 견고한 것처럼 보이지만 실질적으로는 다소 빈약한 면이 있다. 정예주의의 문제는 관념주의적인 환원주의의 문제로부터 파생되는 것이다. 즉, 철학자나 미술가, 작곡가, 지식인, 그리고 신학자 등은 비록 자신들의 영향력이 사람들에게 적절하지 않다 하더라도, 언제나 반드시 역사적 실재에 대한 최상의 지표는 아닌 것이다.

쉐퍼와 마찬가지로 (그 문제에 관한 한 토인비와 다른 거시론적 역사 학자들과 마찬가지로), 자크 엘룰은 역사해석에 있어서 다분히 일관성 있는 주제와 준거점을 견지하였다. 비록 그가 환원주의라는 비난에 지나치게 노출되어 있기는 하지만, 엘룰은 역사의 역동성에 대해 다소 풍부하고, 보다 복잡한 이해를 제공하고 있다. 가장 쉬운 말로 해서, 역사란 필연과 자유의 변증법적 관계로부터 발전되는 것이다. 이에 상응하는 신학적 용어는 '권세들'과 하나님의 말씀이다. 개인은 이러한 적대자들이 투쟁하고 접촉하는 정점인 것이다.

급진적인 자유와 개인의 자율성을 전제로 하는 자연관, 또는 역사관과, 인간의 삶에 대한 총체적인 결정론을 가정하고 있는 대안적 관점, 둘 모두와 구분되게 엘룰은 우리가 살고 있는 '필연의 우주'를 정의한다. 필연성이란 다음과 같은 것을 의미한다.

"여러 가지 세력들이 인간에게 영향을 미치고 있다. 그러나 우리는 그러한 것들이 인간의 우주를 대표한다거나, 직접적으로, 혹은 간접적으로 인간의 전 삶과 일을 조건 지운다고 말할 수는 없다. 나는 인간이나 사회를 기계적으로 보지 않는다. 그러나 나는 우리가 피할 수 없는 필연성이 있다는 사실을 받아들일 수밖에 없다."[18]

따라서, 역사는 자신의 지적 전제들과 조화되는 행동을 하며 의식적으로 반성하는 개인들의 산물일 뿐만 아니라, 자연과 문화, 무의식적인 동기부여, 집단적 소속감 등을 이루는 동인이기도 하다. 뒤에서도 살펴보겠지만 결정론의 인위적인 기교는 사소한 것일 수 없다. 그렇다면 역사는 필연적인 우주 안에서 벌어지는 하나님과 인간의 이야기인 것이다.

신학적인 입장에서, 엘룰은 이러한 필연성의 세력들이 성경이 말하는 '정사와 권세들'로 일컫는 것들을 포함한다고 믿었다.

"성경은 인간을 종속시키는 세력들에 관해 말한다. 이러한 것들은 어떤 의미에서 인간에게 동화되어 있는 육체와는 구분된다. 이는 단지 사악하거나 반역적인 권세가 아니다. 이는 성경이 올바르거나 그릇되이, 혹은 현실적으로나 신비적으로 인격화시킨 권세들이 아닌 것이다…."

"권세들은 자연적, 사회적, 지성적, 경제적 실재를 인간이 저항하거나 통제할 능력을 행사할 수 없는 하나의 세력으로 변형시킨

---

18) Jacques Ellul, *Ethics of Freedom*, tr. by G.W.Bromiley(Grand Rapids : William B. Eerdmans Publishing Co., 1976). p.37~38.

다. 이러한 세력은 인간을 창조 세계의 통치인으로서의 신성한 위치에서 추방시킨다. 그것은 제도와 구조에 생명과 자율성을 부여한다. 그것은 인간 삶의 전체적인 상황에서 활동함으로 인간을 안팎에서 공격한다."[19]

엘룰은 계시록에 대한 최근의 저서에서 오직 어린 양만이 열 수 있는 '봉인된 책(두루마리)'을 다음과 같은 책으로 해석한다.

"그 책은 인간을 위한 하나님의 계획을 담고 있고 벌어지고 있는 일들의 의미와 역사의 의미를 드러낸다. 즉, 역사는 우연이나 자동현상의 앙상블로 인한 결과가 아니라, 하나님의 의지(즉, 하나님의 절대적인 능력이 아닌, 하나님의 사랑)와 인간의 의지, 그리고 상당히 많은 추상적인 세력들간의 상호작용의 결과인 것이다."[20]

여섯 개의 봉인은 역사의 구성 요소들을 제공하며, 이는 나팔 소리를 내며 "궁극적인 비밀"을 가져다 주는 일곱 번째 봉인에 이른다. 처음 네 개의 봉인은 "네 명의 말 탄 이들"을 부르는데, 이들은 "모든 시대와 모든 권좌에 걸쳐서 언제나 유효한 역사에 주요한 네 가지 요소"를 말한다.[21] 간략하게 말해서, 흰 말은 하나님의 말씀을 나타내고, 붉은 말은 국가와 정치권력을 나타낸다. 검은 말은 경제적인 권력을 나타내며, 청황색 말은 사망의 권세를 상징하

---

19) Ibid., p.144, 152~153.
20) *Apocalypse*, p.146.
21) Ibid., p.150.

는 것이다. 이러한 세력들에 다섯 번째 인이 더하여졌다. 이는 하나님의 증인들의 기도를 상징한다. 그리고 지각의 대 변동과 하나님의 백성의 출현을 가져오는 여섯 번째 인이 더하여졌다.[22] 다시 한 번, 엘룰은 이러한 세력들이 자신들을 체계적인 인과관계로서 드러내지는 않았으며, 다만 예수 그리스도께서 이러한 앙상블을 인간 역사의 의미를 집약적으로 이해하는 열쇠로 드러내셨음에 주목한다.

그리스-로마-히브리-기독교로 이어지는 서구 역사에서 이러한 일반적인 관점은 다음과 같이 적용된다.[23] 그리스와 로마가 서구 문명에 물려 준 유산은 어떻게 인생과 세계를 지배하는가를 배우는 데에 있어서 인간의 '권력을 향한 의지'의 발전에 있다. 그리스의 경우에 이는 지성적인 영역에서 발전되었다. 반면, 로마는 정치, 사회적 영역을 비할 데 없는 새로운 고도로 발전시킨 것이다. 이러한 그레코-로마적인 상황으로 기독교의 복음이 전해 들어왔다. 에로스, 즉 권력에의 의지는 아가페, 즉 사랑스러운 종됨에의 의지에 의해 조정되었다. 서구의 역사는 에로스와 아가페의 이러한 갈등으로 생겨나는 복합적인 형태의 결과들이 빚어낸 역사인 것이다.

엘룰에게 있어서 역사에서의 하나님의 역할은 '전적인 타자' (Wholly Other)라는 말로 요약될 수 있다. 하나님은 인간 실존의 결정론과 필연론을 깨뜨리고 자유와 희망을 펼쳐 준다. 역사에서 하나님의 행동에 대한 패러다임은 언제나 예수 그리스도의 성육신인 것이다. 하나님의 말씀이 인간의 육신과 삶의 정황 속으로 들어

---

22) Ibid., p.144~170.
23) *Betrayal of the West*, 특별히 p. 68~81을 보라.

오셨다('전유'—專有, appropriation). 그러자 '모순'이 생겨난 것이다. 즉, 계시의 내용과 특정한 문화의 내용 간에 차이가 명백해진 것이다. 마침내는 '몰수(沒收, expropriation)'가 일어난다. 즉, 문화의 윤곽과 개념은 계시된 의미에 맞추기 위해서 흡수되고 몰수되는 것이다.[24] 엘룰이 이러한 세 단계의 과정을 성경을 풀어가며 제시하였지만, 이러한 과정은 역사 속에 나타나는 하나님의 어떠한 행동에도 적용될 수 있는 것이다.

하나님의 행동이 눈부시게 드러나는 일이 거의 없다 하더라도, 타락하고 필연적인 이 세상과는 철저히 근본적으로 대립되는 것이다. 이러한 개념의 효과는 상당한 것이다. 특별히, 세상에 대한 교회의 순응으로 특징 지울 수 있는 시대에서는 더욱 그렇다. 그럼에도 불구하고, 역사 속에서의 하나님에 대한 엘룰의 견해는 때로 엘룰 스스로가 대립되는 주제에 대해 한결같이 일컫고 있는 전유와 몰수라는 주제를 무시하곤 한다. 그렇기 때문에 혹자는 엘룰이 역사에 대한 하나님의 간섭을 축소(또는, 환원—역주)시키는 일을 했다고 말할 수 있을 것이다.

엘룰의 역사 이론에 대한 질문이 그의 환원주의적인 가능성을 묻는 것이라면, 그의 역사학적 방법과 신학적 방법 간의 관계를 묻는 질문도 제기될 수 있을 것이다. 역사에 대한 엘룰의 성경 신학과 '세속의' 사회학적 연구는 방법과 결론에 있어서 두드러진 유사성을 띠고 있다. 그는 자신이 "두 개의 모자를 쓰고 있다"고 주장한다. 즉, 사회학자이자 역사가로서, 그리고 신학자로서의 자신의 역할을 말한다. 그는 또한 자신이 다른 접근들에 대해 편견을 갖게

---

24) *Ethics of Freedom*, p.164.

하는 접근 방법은 배제한다고 말한다.[25] 하지만 그는 아주 훌륭한 조화를 이루어 내었다. 만일 그가 두 학문 영역의 통합에 관한 이론적이고 실천적인 쟁점들을 설명해 준다면, 엘룰은 언젠가 기독교 역사가들에게 도움을 줄 수 있을 것이다.

로마의 멸망

역사적인 연구와 해석의 본보기로서, 쉐퍼와 엘룰이 로마의 멸망을 어떻게 다루고 있는가를 살펴보자. 앞에서 제시한 대로, 로마의 멸망이라는 사건과 그 사건의 보다 넓은 배경은 서구 역사에 대한 해석에 있어서 특별히 중요한 것이다. 대중 설교가들과 도덕론자들은 자주 현대 서구의 병적 현상을 고대 로마제국의 그것과 비교하곤 한다(약간의 과장이 섞여 있기는 해도). 내 견해로 볼 때, 보다 중요한 것은 역사적으로 로마의 멸망은 위협적인 기독교 문화가 이교 문화를 대치한 것과 연관되어 있다는 사실이다.

로마의 멸망에 대한 쉐퍼의 설명은 아주 단순하다. "인간적 형상을 한 신이 빈약한 토대였기 때문에 로마는 멸망한 것이다." "로마는 야만족들의 침략과 같은 외부적인 세력들로 인해서 멸망한 것이 아니다. 로마는 충분한 내적 기반이 없었던 것이다."[26] 쉐퍼가 인용한 증거는 다음과 같다.[27] (1) 로마의 이교적인 신들은 충분히 위대하지 못했다—그들은 유한한 존재들이 아니었던 것이다.

---

25) 예를 들어 다음의 글을 읽어보라. Jacques Ellul, "Mirror of These Ten Years", *The Christian Century*, 87(1970), p. 200~204.
26) *How Should We Then Live?* p.22~29.
27) Ibid., p.20~29.

(2) 권위주의적이고 신성화된 황제 또한 부적절한 토대였다—아우구스투스(AD 14년에 사망)로부터 시작된다. (3) 펠리니(Fellini)가 영화 〈사타리콘(The Satyricon)〉에서 보여 준 대로, 고대 세계는 "그 세계관에 입각한 결론에 따르면 잔인하면서도 부패하였던" 것이다. 예를 들어, 우리는 그 유명한 폼페이(AD 1세기) 시의 '펠러스 제의(phallus cult)'를 주목해야 한다. (4) 전반적인 차원에서 무감각이 예술가들과 음악인들, 그리고 일반 대중을 제국의 말기 동안 휩쓸고 있었다—이들에게 로마제국은 더욱 권위적이고 억압적인 정부 대응을 하였다.

이러한 시나리오에 있어서 문제점은 (또한 거기에 깔린 방법론의 문제점은) 심각한 것이다.

첫째로, 쉐퍼가 인용한 증거들은 그가 내린 결론과는 전혀 반대의 사항을 말해 줄 뿐이다. 이교의 신전과 권위적인 제국 통치, 그리고 도덕적 부패 등은 로마의 발흥과 함께 한 것이지(심지어는 그 이전부터 존재했다), 로마제국의 멸망과는 거리가 먼 얘기이다.[28] 다른 주장도 제기될 수 있다. 만일 '기독교적 기초'의 부재가 로마제국의 쇠퇴 원인이라면 로마제국이 발흥했던 현상의 '기초'는 무엇이란 말인가? 만일 로마의 멸망이 어떤 의미에서 애석한 일이라면, 우리는 로마를 일으켰던 그 기초를 회복(그리고 중흥)시켜야

---

28) 비교를 위해서 로마에 관한 탁월한 역사학자인 막스 케리(Max Cary)의 비평을 읽어보라. *History of Rome*(2nd ed.; New York : Macmillan & Co., 1965), p.698.

2세기의 평온에 부질없이 안락에 빠진 불안한 만족이라고 오해해서는 안된다. 이 시기에 로마제국이 부패했다고 말하는 것은 어설픈 짓이다. 경제적으로, 로마제국은 그 이상 안정되었을 때가 없었다. 정치적으로도 가장 동요가 없었으며, 마르쿠스 아우렐리우스가 죽었을 때에도 변방은 예전처럼 평온했었다.

하지 않는가?

둘째로, 쉐퍼가 말하는 '로마의 멸망'이란 무엇을 말하는가?[29] 그는 시리안(Scirian) 족의 맹주인 오도아케(Odovacar)가 아우구스툴루스(Augustulus)로 하여금 로마에서 항복하라고 위협했을 때를 말하는 것인가? 이러한 질문에 대한 대답은 반드시 콘스탄티노플에 수도를 내리고 1453년까지 유지되었던 동로마제국에 대해서도 설명을 해야 한다(동방 정교회는 더 우월한 기독교적 '기초'라 할 수 있는 것인가?). 또한 중세에까지 이어져 오고 서구 사회의 유산에 근본적인 일익을 담당하고 있는 로마의 법률과 정치 행정, 그리고 다른 중요한 문화 요소들에 대해서도 분명히 설명해 줘야 한다.

셋째로, 쉐퍼는 가장 흥미롭고 중대한 주제를 다루지 못하고 있다. 그것은 4~5세기경에 기독교와 로마제국의 쇠퇴와의 관계이다. 사실상, 기원후 312년에 콘스탄티누스가 개종한 후에 엄밀히 말해서 쉐퍼가 모색하는 것과 같이 사회를 "기독교적 기초"에 형성하려는 대대적인 시도가 있었다. 콘스탄티누스는 새로이 휘황찬란한 수도를 세우기 위해 콘스탄티노플로 간 것이다. 그곳은 참으로 '기독교적' 도시, 즉 새로운 로마가 될 곳이었다.[30]

가장 인상적인 것은 테오도시우스 1세(Theodosius I)의 노력이었다.

---

29) 이처럼 복잡한 문제에 대한 약간의 이해를 위해서는 다음의 책을 보라. Mortimer Chambers, ed., *The Fall of Rome: Can It Be Explained?*(New York: Holt, Rinehart and Winston, 1963).

30) A. H. M. Jones, *Constantine and the Conversion of Europe*(rev. ed.; New York: Collier Books, 1962), p.192ff.

"콘스탄티누스는 기독교를 활력소와 같이 생각했다. 즉, 허약해진 국민들을 위해 조심스럽게 처방된 약처럼 작용할 수 있다고 본 것이다. 테오도시우스가 시도한 것은 마치 수혈을 해주는 것과 같은 활력소가 아니었다. 그것은 단지 콘스탄티누스 이후 잠시 교회로 이동된 어떤 생동감을 도시에게 회복시켜 줄 수 있는 유일한 방법이었다. 그 점에서 그는 동방 정교회나 삼위일체 기독교에서 정치적 결합의 원리로 여겨질 수밖에 없었던 견고한 신앙으로 지탱한 것이다. 그러한 정치적 결합을 받아들이는 것은 제국에게 세속적 요구들을 맞춰 주는 일을 확실히 종식시켜 주는 것이었다."[31]

후기 로마 제국은 과거 시대와 죽음으로의 무감각한 퇴행이 아닌 거대하고 정력적인 갈등의 현장이었다. 그 결과 쉐퍼가 주장하는 문화적, 사회적 교정 프로그램은 심각한 의문에 놓이게 되는 것이다.

쉐퍼가 간헐적으로 성 어거스틴의 이름을 언급했음에도 불구하고, 그는 어거스틴의 저서인 『하나님의 도성(magnum opus)』을 공부하지 않은 것이 분명하다. 테오도시우스 1세가 죽은 지 몇 년 뒤에, 비난의 소리가 날로 커져 바로 그 당시에 제국을 기독교화시키려는 시도는 제국의 혼란에 대한 책망을 받을 정도였다. 『하나님의 도성』은 어거스틴의 대답이다. 즉, 기독교는 로마 문명의 발흥과 아무런 관계도 없다는 것이다. 왕국들은 다양한 이유들로 인해서 발흥하고 멸망한다. 로마제국은 지도자들이 기꺼이 "숭배를 사

---

31) Charles Norris Cochrane, *Christianity and Classical Culture*(rev. ed.; New York: Oxford University Press, 1944), p. 336. 카레인(Cochrane)의 책은 서구 역사의 전반적인 상황에 대해 우리가 필요로 하는 종류의 연구로서는 현대의 고전이자 모범적인 저서이다.

랑함(the love of praise)이라는 한 가지 잘못을 위하여 돈에 대한 욕심과 그들의 다른 많은 잘못들을 억누름으로써" 발흥한 것이다.[32] 섭리는 신비스러운 방식으로 무대 뒤에서 역사한다. "그러므로 내 형제들이여, 낙심하지 맙시다. 이 세상 모든 왕국들에게는 종말이 임할 것입니다."[33] 여기서 어거스틴을 인용하는 것은, 즉 단순히 쉐퍼식으로 사물들에 접근하는 것('기독교적인 기초'를 통한 접근)은 단지 역사적으로 오류가 있을 뿐만 아니라, 변증학적인 전술로서도 우리에게 역효과가 있을 수 있다는 것을 지적하기 위함이다.

로마의 쇠퇴와 중세 기독교 세계의 시작에 관한 자크 엘룰의 논의는 쉐퍼보다 훨씬 더 복잡하다. 쉐퍼의 작업에 대한 앞선 논의에서도 명시된 바와 같이 로마제국의 쇠퇴와 멸망으로부터 "배우려는" 여타의 시도는 반드시 로마의 발흥에서도 역시 기꺼이 배우려는 자세를 가져야 한다. 간략히 말하자면, "로마 문명의 위대함과 은폐된 핵심"은 정치적, 사회적 영역의 용어로 말하자면 "권력에의 의지(에로스)"를 표현하는 데 있다고 볼 수 있다.[34]

"로마인들은 확실히 정치적, 사법적, 행정적인 면에 있어서 천재였다. 이전에 그 어느 누구도 그렇게 조화시키지는 못했다… 정치적, 행정적, 사법적 영역에서 발설되고 실행될 수 있는 것은 모

---

32) St. Augustine, *The City of God*, tr. by Henry Bettenson, ed. by David Knowles (Baltimore : Penguin Books, 1972), p.202.

33) St. Augustine, *Sermons*, LV, 9-13; quoted in Henry Paolucci, ed., *The Political Writings of St. Augustine*, Gateway edition(Chicago: Henry Regnery Co., 1962), p.49.

34) *Betrayal of the West*, pp.68~72와 *Technological Society*, p.29~32를 보라.

두 로마제국에서 발설되고 실행되었다. 즉, 미묘한 균형과 구체적으로 적용되고 정치적 정의를 질서와 충분히 공존할 수 있도록 해주는 사법 제도의 창안, 새로운 것을 부조리하게 양산함으로써가 아니라 새로운 상황에 맞게 과거의 것들을 개발함으로써 이루어지는 지속적인 제도의 갱신, 국가(서구 사회의 정치적 운명을 결정했던 창작품)에 대한 총체적인 개념의 창안, 대중적인 의지로의 광범위한 참여, 그리고 통치자의 의지에 대한 법의 우위성 확립 등이다."[35]

특별히, "로마 사회에 있는 것은 모두 공적이든, 사적이든 간에 다양한 형식으로 로마법과 관련되어 있다."[36] 로마가 번영했던 시기(BC 2세기부터 AD 2세기까지) 동안에, 이와 같은 법적인 기술은 네 가지의 중요한 특징들을 명시해 준다. (1) 그것은 사회의 구체적인 상황과 관련해 엄격하게 공식화되었다. (2) 로마의 조직은 기술적인 요인과 인간적인 요인 간의 균형을 추구했다. (3) 로마의 기술이 추구했던 본래의 목표는 사회의 내적 응집력과 결합이었다. (4) 계속적으로 변화하는 환경에 적응하면서도, 로마의 사법 제도의 발달은 시대에 따른 일관적인 연속성을 유지했다.

분명히 로마문명의 발흥에는 다른 요소들이 많이 있다. 그러나 엘룰은 특별히 그의 책, 『제도의 역사(Histoire des Institutions)』에서 이러한 점들을 간과하지 않는다. 또한 로마제국의 쇠퇴에 대해서도 그는 "동로마제국은 내외적인 원인들로 인해 쇠퇴하였다(L'Empire romain d'Occident s'est desagrege pour

---

35) *Betrayal of the West*, pp. 70~71; *Histoire des Institutions*, II: pp. 217~605 등은 로마의 정치적, 사회적 제도들에 관한 광범위한 연구결과를 제공해 준다.
36) *Reflections on Francis Scheffer*, pp. 178~184.

des raisons internes et pour raisons externes)고 말한다."[37] 이러한 문제들 가운데는 생산성의 둔화, 4세기 동안 노동력의 부족과 불안정을 야기시킨 수많은 노예들의 급격한 축소 등을 포함한 일련의 경제적인 어려움들이 있었다. 제국 내에 강도 떼들의 문제가 점점 심각해지고 야만족 부대가 국경을 위협하는 것도 역시 로마의 멸망에 있어서 커다란 원인이 된다.

그럼에도 불구하고, 로마의 멸망에 대한 원시적 설명은 종종 상호 연관되어 있는 두 가지의 발전과 관련되어 있다. 하나는 국가의 발전이고, 다른 하나는 교회의 발전이다. 306년에서부터 476년까지의 시기를 엘룰은 '제도의 경직화(La Sclerose des institutions)'라고 정의한다.[38] 사회, 정치, 법률적 기술에 관한 로마의 천재성은 붕괴되기 시작했고 그 대신에 국가가 보다 권위주의적이고 중앙집권적이며 전체주의적으로 되었다. 국가는 경제적인 위기 때에는 보다 깊숙이 개입한다. 하지만 국가가 해결하는 만큼이나 많은 문제가 새로이 생겨났다. 이러한 정황에서 제국은 야심적이고 의욕적인 황제들(콘스탄티누스와 테오도시우스)의 통치 중에 통합되게 마련이다. 그러나 다른 황제들 하에서는 분열과 혼란만이 늘어날 뿐이다.

(로마의 멸망은 기독교적인 이유로 비롯된 것이 아니라고 주장하는) 쉐퍼와 (그리스도인들은 로마에 아무런 해로운 영향을 주지 않는 선한 시민들이라고 주장하는) 어거스틴과는 대조적으로, 엘

---

37) *Histoire des Institutions*, III: p.5. "서로마제국은 내외적인 원인들로 인해서 붕괴되었다": 엘룰은 III: pp.5~11에서 이 점에 관해 논의한다.
38) '제도의 경직'은 *Histoire des Institutions*, II: pp.512~577에서 논의되고 있다.

룰은 "기독교가 부흥하면서 로마가 쇠퇴한 것은 우연의 일이 아니다"라고 주장한다.[39] 이는 노예제도와 군사 장비에 대한 기독교의 부정적인 영향과도 관계가 있다. 또한, 교회가 세력이 강해지자 정치적 지도력의 위기가 증가한 것이다.[40]

일반적인 차원에서도 사람들은 자신들의 관심을 국가와 실제적 행동에 집중하는 경향이 줄어들었다. 그들이 그러한 실제적 문제들에 관심을 보이게 되면, 그리스도인들은 그들을 도덕적으로 판단하기 십상이다. '그것이 의로운가?' 라는 질문은 모든 노력을 기울여 조직 생산의 형태를 바꾸려는 것이다. 무엇인가가 인간에게 유용하고 유익할 수 있다는 사실이 그것을 옳다거나, 혹은 정당하다고 만들어주는 게 아니다."[41]

따라서, 엘룰의 해석에 있어서 로마의 쇠퇴와 멸망, 그리고 중세 세계의 발전은 무엇보다도 기독교의 아가페와 그리스-로마적인 에로스와의 냉엄한 투쟁의 특별한 한 장을 보여 주는 것이다. 여기서 전자는 다소 치명적인 상처를 안고 있던 것이다. 그렇다면 후자는 어떤가? 확실히 교회가 더 이상 박해받는 소수인이 아니라는 것은 이익이 된다. 약자에 대한 관심을 통해서, 노예제도의 폐지를 위하여, '정당한 대가'를 위하여, 고리대금의 철폐를 위하여, 그리고 다른 많은 방식으로 승리한 교회는 광범위한 차원에서 아가페를 표현할 수 있었다. 그럼에도 불구하고, 교회의 입지가 불가피하

---

39) *Technological Society*, p.34.
40) *Histoire des Institutions*, III: p.8 "예를 들어, 신학에 대한 열정적인 관심으로 인해 지성인들은 법에는 관심을 보다 덜 기울이게 되었다. 그들은 국가의 공직에 들어서기를 서서히 마다했다. 그들은 교회의 직분 등을 맡기를 더 선호했다. 이러한 식으로 국가 관료 체제에서는 확실히 엘리트의 위기가 일어나기 시작한 것이다."
41) *Technological Society*, p.37.

게 되었고 예수 그리스도의 주 되심을 확장하려는 교회의 동기가 갸륵하다 할지라도, 콘스탄티누스의 교회는 투쟁과 그 투쟁을 해결하는 가운데 스스로 상처를 입고 말았다.

당시 교회에 미친 결과들로는 다양한 모습의 성스럽고 종교적이며 마술적인 요소들이 기독교에 동화되는 현상과 형식화된 대중기독교가 개인화된 신앙을 대치하고, 교회가 권위주의적이고 전체주의적인 국가 체제에 적응하며, 이단자들과 분파주의자들 뿐만이 아니라 그리스도인들에게까지도 양심의 자유가 억압되고, 수많은 불신자들이 단지 박해를 피하기 위해 기독교에 입회하며, 그리고 그리스도의 이름으로 칼을 빼어 드는 행위에 대한 양심의 실종과 같은 일들이 벌어진 것이다. 간략하게 말해서, 승리와 사회적 책임의 대가는 교회로 하여금 대대적으로 세상에 적응하게 한 것이다.[42]

로마 제국의 멸망과 기독교 세계의 시작에 관한 엘룰의 논의는 아주 유력하며 자극적이다. 서구에 대한 적절한 기독교적 해석을 추구하는 우리의 입장에서 볼 때, 주된 문제점은 그의 해석이 자신의 저작에 나타나 있는 몇 가지 다른 입장을 바탕으로 풀어지고 있는 것이 분명하다는 사실이다. 그것들 중 일부는 기독교적인 독자들에게는 그리 잘 받아들여지지 않는다. 엘룰의 다양한 분석들이 기독교 역사가들에 의해서 논쟁에 오를 수도 있겠지만, 특별히 엘룰 자신이 부각시킨 주제인 기독교와 문화와 국가의 관련성과 같은 곤란한 문제들에 대한 그의 접근은 폭넓고 다양한 역사적 자료

---

42) 세상으로의 적응이라는 문제에 대해서는, 『새로운 악마(*The New Demons*)』(두레 시대 근간), pp.1~17과 *Betrayal of the West*, pp.72~77, 그리고 *Histoire des Institutions*, II: pp.516~524를 보라.

들을 두루 통찰한 것이다. 그리고 그는 그러한 쟁점들에 대하여 역사가이면서 동시에 그리스도인으로서 창조적인 작업을 하였다. 쉐퍼와 대조적으로 엘룰은 우리에게 파괴하는 일을 부추기기보다는 '엘룰 자신을 극복하고' 더 나아갈 것을 촉구한다.

오늘날 서구의 위기

현재의 상황으로 우리의 관심을 돌려보면, 쉐퍼는 자신에게 특별한 관심을 끄는 몇 가지 현상들을 열거한다. "대다수의 사람들은 두 개의 빈곤한 가치들을 채택하고 있다. 즉, 개인적 평안과 풍요가 그것이다." 교육과 일은 의미 없고 추한 것이 되었다. 도피주의적인 마약과 섹스, 희망 없는 무관심이 현대의 젊은이들을 휘어잡고 있다. 상대주의적인 법률과 윤리는 태어나지 않은 생명들과 노인들을 위협하고 있다. '침묵하는 대다수'의 무관심이 일부 엘리트들로 하여금 전체주의적인 통치를 자의적으로 행사할 수 있는 길을 열어 주고 있다. 경제적 위기, 핵 전쟁의 위협, 국가 내에서와 국가간에 점증하는 폭력, 그리고 개인적 자유의 상실, 이 모든 것들이 지평선 위에 어른거리고 있다.[43]

쉐퍼가 던진 이러한 도전들은 그 자체로도 아주 심각한 것이다. 그러나 쉐퍼는 이 모든 것들에 깔려 있는 근본적인 문제는 서구 사회의 '기독교적 기반'의 상실이라고 주장한다. 철학과 과학, 예술, 음악, 그리고 신학 등의 역사적인 발전상을 살펴봄으로써, 쉐퍼는 이러한 기독교적 세계관이 상실된 근원을 추적하며 오늘날 서구

---

43) *How Should We Then Live?* pp.205~254.

사회의 반역적인 기반이 된 세계관을 설명한다. 본질적으로, 이러한 현대의 세계관은 두 개의 '층'으로 구성되어 있다. '하층부'는 이성과 논리와 과학의 영역이다. 이 하층부를 지배하는 합리주의적인 인본주의는 기술 공학이 거둔 모든 승리에도 불구하고 의미나 도덕적 절대 가치를 산출할 수 없다. 인생에 대한 비관주의와 윤리적 상대주의는 현대의 인본주의적이며 과학적인 합리주의의 함축물인 것이다. 인류가 의미 없이 삶을 지탱할 수 없으면서도 현대적인 형태의 이성과 과학으로는 의미를 발견할 수 없었기 때문에, 인류는 비합리적이고 비논리적인 '상층부'에서 의미를 찾고자 한 것이다. 마약과 신비주의, 초자연적인 종교경험(occult religious experience), 부조리 미술과 음악, 그리고 실존주의적인 '대면' 등은 상층부 현상의 본보기들인 것이다.[44]

서구 사회를 도덕적으로, 그리고 정신적으로 표류하게 한 것은 바로 이 두 층의 분리이다. 개인적, 혹은 사회적 삶을 안내할 절대적인 가치가 존재하지 않게 된 것이다. 이성과 신앙, 은총과 자연, 과학과 도덕, 일과 의미 등등을 통합하는 세계관을 제공하는 것은 바로 엄밀히 말해서 성경적 기독교라고 할 수 있다. 따라서, 서구의 위기에 대한 해결책은 단 한 가지가 있다고 볼 수 있다. 즉, 그것은 "우리의 사회가 최초의 단계에서 혼돈 없는 자유를 주었던 그 기반을 재확립하는 것이다. 이는 성경에 있고 그리스도를 통해서 드러난 하나님의 계시이다."[45] 이것은 "개개인이 이러한 기반을 가질 수 있는 곳으로 와서 합의를 만들어 내는 것"을 의미한다. 그러한 그리스도인들은 사회에 영향력을 미치기 위해서 반드시 다수가

---

44) Ibid., 167ff.; *The God Who Is There*, pp.13~84.
45) *How Should We Then Live?* p.252.

되어야 할 필요는 없다.[46]

그리스도인들은 단지 '바른 기독교 세계관'을 알아야 할 뿐 아니라, 그것에 근거해서 행동함으로 우리가 할 수 있는 한 개인적으로나 집단적으로 '모든 것을 두루 망라하여' 사회에 영향을 주어야 한다. 그것은 바로 단지 권위주의적인 정부에 대항하는 것뿐만 아니라 인종차별과 경제적 부정의에 대항해서 말하며 행동하는 것을 의미한다.[47] 쉐퍼의 사역의 핵심은 다음과 같은 전략에 놓여 있었다. (1) 올바른 세계관(전제와 사상)은 설득력 있는 방식으로 구성되고 전달되어야 한다. 그러면 경쟁 대상의 부적합한 세계관은 만족스럽지 못하고 위험한 것으로 드러날 것이다. 이는 본질적으로 기독교 지성인들의 과제인 것이다. (2) 그리스도인들은 그들의 소수적 영향력을 문화 속에서 확대시키기 위한 적절한 복음 전도와 변증학에 몰두하여야 한다. (3) 그리스도인들은 건전하게 자리잡은 그들의 세계관을 미술과 음악, 노동, 인간관계, 생활 방식 등의 모든 삶의 영역에서 표현해야 한다. (4) 그리스도인들은 정치적 차원에서나 입법부 차원에서 법과 공공 정책을 성경의 절대적 가치 기준에 따라 개혁하는 데 적극적이어야 한다.

쉐퍼의 분석과 처방에는 훌륭한 것이 많이 있다. 확실히 합리주의나 비합리주의는 모두 현대인과 현대 사회를 위해서는 소멸된 목표인 것이다. 확실히 권위주의적인 정부와 도덕적 혼란, 그리고 선동적인 뉴스 방송에는 강력한 대응이 필요하다. 확실히 기독교 지성인들은 삶 전체를 조명해 줄 수 있는 방식으로 우리 세대를 위한 성경적 진리를 다시금 언표해 주어야 한다. 특히 그리스도인들

---

46) Ibid., 쉐퍼가 강조한 부분.
47) Ibid., p.256.

은 자신들의 지나친 정적주의(quietism)에서 벗어나 하나님과 이웃에 대한 사랑으로 공적인 영역에서 행동해야 한다. 쉐퍼는 그리스도인들에 의해서 너무도 오랫동안 경시되어 온 밭을 간 것이다. 만일 다른 사람들이 그 밭에 들어가 쉐퍼의 과제를 맡는다면, 쉐퍼는 가장 중요한 차원에서 성공을 거둘 것이고 수많은 시행착오들은 잊혀지게 될 것이다.

그러나 사실과 해석에 있어서의 수많은 오류들은 여전히 남아 있다. 로마 제국의 멸망에 대한 그의 해석에 내려진 평가는 그의 다른 작업에 대한 평가와 피차일반이다. 사실에 대한 오류는 실망스러우리만큼 빈번하고 일부 사소한 것들과 일부 중대한 것들로 가득 차 있다. 해석의 오류도 대동소이하다. 주로 두 개의 의혹이 계속해서 일어나게 된다. 첫째로, 쉐퍼의 철학적 신학적 접근은 본인의 제한적 사용과 부인에도 불구하고 심히 합리주의적이라는 것이다. 둘째로, 그의 개혁 프로그램은 위험천만하게도 콘스탄티누스적이며 테오도시우스적이고 제네바적이다.

문제는 "어떻게 사회를 기독교적인 기반으로 되돌려 놓을 수 있는가?"가 아니라 "어떻게 교회를 진정한 기독교적 기반에 올려놓을 수 있는가?"이다. 그렇게 함으로서 개인적으로나 집단적으로 우리는 땅의 소금으로서, 세상의 빛으로서, 그리고 이리떼 중의 양으로서 신실하게 현존하게 될 것이다. 우리는 설령 가능하다 할지라도 (가능성도 없지만) 테오도시우스의 오류를 반복해서는 안된다. 기독교 세계는 지나갔다. 그리고 그것은 적어도 승리만큼의 실패를 기록했다. 우리가 살고 있는 세속적이고 당당하며 다원적인 사회를 위해서 싸우는 것이 재침례파와 다른 소수 종파들을 금지하고 화형시켰던 제네바 장로회의보다는 훨씬 낫다.

쉐퍼와 마찬가지로, 자크 엘룰은 현대 서구 사회의 수많은 시험과 환난들을 언급했다. 그리고 쉐퍼와 마찬가지로, 그는 대양 표면의 '파도' 밑으로 파고들어 보다 결정적인 '주요 흐름'을 추적하길 원했다.[48] 엘룰에게 있어서 (이제 기독교 세계를 축출하고) 지금 서구 사회라는 가옥에서 거주하고 있는 쌍둥이 악마는 기술과 민족국가이다. 이러한 악마들은 서구 사회에서 절대적이고 무제한적인 새로운 '신성'인 것이다.[49] 이러한 것들은 바로 권력에의 의지, 즉 에로스의 현재적 형태들이다. 에로스와 아가페 간의 충돌은 지난 두 세기에 걸쳐서 새로운 국면에 접어들었다. "그리스-로마적인 에로스는 적어도 우리 시대에는 합리성의 일반적 적용과 정치의 보편화를 통해서 승리한 것이다."[50]

The Technological Society의 불어판 부제가 지적하듯이, 기술(la technique)이란 금세기의 버팀목(the stake of the century)인 것이다. 기술은 "인간 행위의 모든 영역에서 (주어진 발전 단계 동안에) 합리적으로 도달하며 절대적인 효율성을 갖고 있는 방법의 총체성"으로 정의된다.[51] "기술은 단지 수단이며 수단의 앙상블일 뿐이다… 우리의 문명은 최초로, 또한 최고도로 수단의 문명화인 것이다."[52] 모든 문명은 다양한 목적을 이루기 위한 '기술들'을 갖고 있다. 오늘날 중요하면서도 불길한 것은 기술 그

---

48) *Hope In Time of Abandonment*, tr. by C. Edward Hopkin(New York: Seabury Press, 1973), p.274~282. 엘룰은 이 책에서 자신이 추구하는 (그리고 권장하는) '현실주의'에 대해서 간결하면서도 놀랍게 서술한다.

49) 특별히 *The New Demons*, p.70~87을 보라. 또한 *Technological Society*와 *The Political Illusion*, tr. by Konrad Kellen(New York: Alfred Knopf, 1967)을 보라.

50) *Betrayal of the West*, p.78.

51) *Technological Society*, xxv.

52) Ibid., p.19.

자체(합리성, 인위성, 효율성)가 보편적이며 자율적이고 자기 자동적이 되었다는 것이다. "우리의 기술 사회는 서구 사회의 참된 표현이 아니라, 배반이다… 사회가 명확히 해주는 것은 이성이 아니라 다변화되고 있는 합리주의다."[53] 기술, 안하무인격의 합리주의는 심미적이고 영적이며 관계성의 과정을 제거한다. 그것은 질적인 것을 수량화시키려 하고 오직 측정될 수 있는 것만을 인정한다. 이러한 기술 사회의 미래는 소름끼치는 것이다.

"그것은 우주적인 집단 수용소가 되지는 않을 것이다. 이는 잔학성이 없는 까닭에 떳떳할 수 없기 때문이다. 그것은 허무맹랑하게 보이지도 않을 것이다. 모든 것이 질서정연하게 자리잡혀 있고 인간적인 열정의 오점들은 크롬 빛 속에서 자취를 감출 것이다. 우리는 더 잃을 것도, 더 얻을 것도 없게 될 것이다. 우리의 가장 내면에 자리잡은 본능과 우리의 가장 비밀한 열정들은 분석될 것이고, 공적으로 드러날 것이며, 고갈될 것이다. 우리는 우리의 마음이 염원하는 모든 것들로 보상받게 될 것이다. 그리고 기술공학적 필연성이 보여 주는 최대의 화려함은 무익한 반항과 침묵하는 미소에 보너스를 제공하는 일이 될 것이다."[54]

위 인용구의 마지막 문장에서 제안한 것처럼, 오늘날의 다양한 반항들은 그것들이 정치적이든, 성적이든, 반문화적이든, 그 어떤 것들이든 간에 엘룰의 견해에서 볼 때는 기술공학적 사회 안에 포함되어 있고, 또한 포함 가능한 것이다. 비합리성은 우리 사회라는

---

53) Betrayal of the West. p.63.
54) *Technological Society*. p.427.

"모자의 화려한 깃인 것이다. 오늘날 우리가 주변에서 볼 수 있는 것은 아주 거대한 혼돈이 아니다. 오히려 아주 진정한 혼돈이라 할 수 있다. 이는 사회가 무자비한 체계화와 관료주의화, 합리주의화 등등을 진행하면서 결정적인 문제 제기를 한다는 점에서 그렇다."[55]

기술의 범죄에 있어서 동반자는 오늘날 신성의 다른 한 극단인 초강력의 민족 국가이다. 우리의 시대는 강력한 양극화가 일어나고 있다. 국가는 더욱 커지고 있으며, 관료들과 기관들을 양산시키고, 시민들의 전체 생활을 보다 더 통제하려 한다. 이에 상응하여 시민 개인들은 정부로부터 더 많은 것을 요구한다. 보다 많은 문제들이 정치적인 문제들로 다루어지고 있으며 정치적인 열의와 참여는 사람들을 휘어잡고 있다. 그러나 정치적인 결정과 행동의 전통적인 개념들이 대중의 마음 속에서 유지되는 한편, 진정한 의사 결정은 정부 관료들 내에서 냉혹한 기술 과정을 통해 만들어지고 있다.

이러한 상황에서 서구 사회의 위대함이었던 "자유와 이성, 자기 통제, 그리고 일관성 있는 행동의 화려한 상호작용"은 끝을 맺고 말았다.[56] 이성과 역사는 합리주의자들과 기술자들에 의해서 배반을 당했다. 개인은 얼굴 없는 '질서'와 관용이라는 종교재판소장(the Grand Inquisitor)에 의해서 배반을 당했다. 심지어 전적 타자인 하나님도 그러한 제도를 후원해 주는 이로 전락되는 배반을 당했다.

---

55) Jacques Ellul, "Between Chaos and Paralysis," *The Christian Century* 85(1968. 6. 5) : pp.747~750.

56) *Betrayal of the West*, p.49.

서구 사회가 온갖 소름끼치는 일들(식민정책, 제국주의, 인종차별 등등)을 자행했음에도 불구하고, 서구는 무시무시한 희생을 치르며 상실하고 있는 어떤 위대함을 가지고 있다. 서구의 이러한 위대함은 이전에 '기독교적 기반'을 가졌기 때문에 생겨난 것이 아니다. 오히려 서구 사회가 창조적인 변증법과 에로스와 아가페의 갈등을 지녀 왔기 때문이다. 간단하게 말해서, 가장 근본적인 문화 수준에서 '긴장의 갱신,' 혹은 '갈등의 창조'가 엘룰이 오늘날 제시하는 혁명의 중심인 것이다. 엘룰은 자신의 동료 지성인들과 사회학자, 학술인들에게 말할 때 서구 사회를 배반한 책임을 놓고 좌익에 대해서 가장 혹독한 비판을 가한다. 무엇보다도 그들은 세상에서 진정으로 가난한 자들의 명분을 배반했다는 것이다.[57] "만일 혁명이 일어나야 한다면, 오늘날의 좌익에게서는 매우 심각하게 결여된 이성과 개성, 그리고 자유를 지닐 수 있는 좌익이 있어야만 할 것이다."[58] 하지만 흑암 속에는 단지 미세한 빛만이 남겨져 있을 뿐이다.

전반적인 운동이자 제도적인 의미로서, 기독교 교회는 세상에 대한 극단적인 순응으로 말미암아 허약해졌다고 엘룰은 주장한다. 이러한 상태에서, 교회는 위대한 자유의 모범으로 서구 사회에 제시되기란 힘든 것이다. 왜냐하면 교회는 상당한 정도로 기술화되어 있고 정치화되어 있기 때문이다. 교회의 구성원들은 문제를 일으키기보다는 서구 사회의 높은 생활 수준을 즐기는 데에 보다 관심이 있다. 하지만 "오직 그리스도 안에서, 그리고 그리스도인들을

---

57) Ibid., p.144.
58) Ibid., p.144.

통하여 진정하고 뒤틀리지 않은 자유가 생겨나며, 모양을 갖추게 되고, 세상에 전해지는 것이다."[59]

궁극적으로 한 번 더 세상을 '열어 펼칠 수' 있는 것은 하얀 말, 즉 하나님의 말씀과 신실한 증인들의 기도가 효력을 발휘함으로써이다. 오직 아가페만이 에로스의 위협에 적절히 대응할 수 있다.

그러므로 엘룰의 처방은 기도의 갱신이며 예수 그리스도와 성경의 확고부동한 선포, 그리고 이 세상의 중심에서 살지만 도래하는 하나님 나라에 속해 있는 그리스도인들의 결단력이라 할 수 있다.[60] 이는 우리 시대에 있어서 현대 사회를 형성하는 물질적인 요인들뿐만 아니라 진정한 영성의 '자각'을 증진시켜야 함을 함축한다. 그것은 서구 사회의 '새로운 악마들'을 비신화화시키고 비신성화 시키는 끈기 있는 작업을 함축하는 것이다. 그것은 개인과 자유에게는 파괴적인 모든 이데올로기들을 급진적으로 거부하는 것을 함축한다. 그것은 국가의 권력과 기술의 이데올로기에 근본적인 도전을 제기하는 것을 의미한다.

기껏해야 이 시대에 자크 엘룰처럼 치밀하고도 강력하게 현대 문명에 대한 비판을 발전시킨 기독교 지성인들은 거의 없다고 볼 수 있다. 아무도 엘룰처럼 그렇게 광범위한 충격을 준 인물은 없다. 역사적, 사회학적 자료들에 대한 엘룰의 면밀함은 서구 사회의 성격을 가늠하는 문제에 있어서 쉐퍼보다 훨씬 더 뛰어난 능력을 가지고 있음을 보여 주는 것이다. 마찬가지로, 그의 신학적, 성경적 해석은 하나님의 말씀의 능력과 생명력을 더 잘 깨달을 수 있게

---

59) *Ethics of Freedom*, p.90.
60) 엘룰 초기의 고전 작품인 *The Presence of the Kingdom*, tr. by Olive Wyon(New York: Seabury, 1967)은 엘룰주의자들의 최고의 결작으로 기억되고 있다.

했고, 훨씬 더 풍부하게 음미할 수 있게 했으며 교회와 세상을 위한 혁신적인 함축 사항들을 적은 교훈들을 제대로 파악할 수 있게 해주었다.

그래도 세상과 말씀에 대한 엘룰의 해석학적 윤곽은 치밀하건, 아니건 간에 나름대로의 약점을 가지고 있다. 때때로, 엘룰은 자료들을 자신의 윤곽에 끼워 맞추려는 경향이 있다. 또는 잘 맞지 않을 경우에는 그 중요성을 치부하는 것처럼 보인다. 전적인 타자의 독특성을 고집하는 그의 주장은 때로 스스로를 '평범한 것들' 속에서 화육하시고 행동하시는 하나님의 가능성을 보지 못하게 하는 경우도 있다. 만일 쉐퍼가 키에르케고르나 바르트의 논의를 파괴한 것이라면, 엘룰은 빌리 그레이엄과 하비 콕스에게 같은 식으로 행했다 볼 수 있다(비록 그들의 논의가 근본적으로 허위 진술이라기 보다는 허풍이라고 볼 수 있지만). 만일 쉐퍼가 테오도시우스적인 열정에서 심혈을 기울였다면, 엘룰은 종종 현실주의라는 이름으로 비관주의와 패배주의를 유포했다고 볼 수 있다(비록 그가 자신은 단지 우리로 하여금 현실주의적으로 무언가를 할 수 있기에 충분하게 흥분시키려 한 것이라 말할지라도). 만일 쉐퍼가 끝없이 반복되는 약간의 증거자료들을 가지고 빈약한 집필을 했고 자신의 경우에 근거해서 부적절하게 뒷받침되고 있는 결론을 내렸다면, 엘룰은 어쩌면 너무도 많은 집필을 했고 우리들을 수천 페이지의 자료와 논쟁 속에 묻어 버린 것이다. 그리고 그는 어떤 구체적인 방향으로 사물들을 조화시키는 데에는 사실 실패한 것이다.

끝마침과 시작

프랜시스 쉐퍼와 자크 엘룰은 모두 서구 역사에 대한 기독교적 해석이라는 노정의 개척자로서 인정받을 만하며, 우리는 그들에게 감사하여야 한다. 우리는 자신의 야심찬 저서와 영화 시리즈를 통해서 케네스 클락의 『문명(Civilisation)』에 담대하게 대응했고 복음주의 교회에 지적 르네상스를 창출하기 위해 고군 분투했던 미국의 스위스 선교사이자 지성인인 쉐퍼의 불같은 정신과 그의 비전에 경의를 표해야 한다. 마찬가지로, 지성인들을 향한 보르도의 선지자인 엘룰은 사회학과 역사, 신학, 그리고 윤리학에서 거대한 결실을 이루어 냄으로써 우리의 칭송을 받아 왔다. 그가 이룬 결실은 학문의 폭과 열정적인 신앙, 세속 세계에 미친 영향력, 그리고 각양각색의 그리스도인들에게 던진 도전에 있어서 가능한 최상의 기준을 마련해 놓았다.

 그러나 쉐퍼나 엘룰이 모든 것을 충분하게 다 이룬 것은 아니다. 교회와 세상에게 서구 역사에 대한 적절한 기독교적 해석을 부여하는 과제는 다른 많은 사람들이 떠맡아야 한다. 이 과제에 대한 세 가지 점을 주목하면서 결론을 맺도록 하자. 첫째로, 해석은 학문적이어야 하며, 또한 '목회적인' 책임성을 가져야 한다. 즉, 해석의 작업은 직접적으로 동시대의 가장 탁월한 역사적 연구와 조우할 수 있는 방식으로 이뤄져야 한다. 이는 쉐퍼의 작업에서 나타난 것처럼 그와 같은 책임을 회피하는 차원에서가 아니다. 하지만 그러한 작업은 또한 어떤 단계에서는 목회적인 책임을 지녀야 한다. 즉, 교회 안팎에 사려 깊은 사람들에게 접근할 수 있으며 도움을 줄 수 있는 차원이 되어야 한다는 것이다. 특히, 엘룰의 작품들은 대부분의 사람들에게는 난해한 것들이다. 케네스 클락이나 프랜시스 쉐퍼, 존 케네스 갈브레이스, 밀턴 프리드만, 자코브 브로노프스키 및 다른 사람들이 준비한 책과 영화 시리즈들은 그러한 필요에 부응하는 것이다.

둘째로, 비록 해석의 작업이 우선적으로 한 개인에 의해서 실행되다 할지라도, 그것은 반드시 동료들로부터의 실제적이고 지속적인 도움을 통해서 완성되어야 한다. 따라서, 앞에서 한 나의 비유를 다시 언급하자면, 숲은 나무들로 구성되어 있다는 것이다! 전문가들(specialists)은 대중 사상가들(generalists : 이는 각론적인 분야에 치중하기보다는 전반적인 분야에 걸쳐 방향을 제시하는 집필과 사역을 하는 사람들을 의미한다—역주). 쉐퍼와 엘룰이 범한 대부분의 실수와 과장된 주장들은 다양한 분야의 전문가들이 쉽게 감지할 수 있는 것들이다. 그리고 그들의 작업은 그러한 조언에 힘입어 근본적으로 강화될 수 있을 것이다. 더불어 그리스도의 몸의 지체인 그리스도인들은 가장 먼저 '고독한 주인공(lone-ranger)'의 길을 거부해야 한다고 말할 필요가 없는 것이다.

셋째로, 해석의 작업은 교회와 사회에 관한 질문, 즉 역사적으로 변천해 온 "그리스도와 문화"의 상호관계에 대해 중심적인 위치를 제공해야 한다. 이것은 쉐퍼와 엘룰 모두의 작품에서 가장 실망스러운 공백이다. 케네스 클락의 『Civilisation』과 윌리엄 맥닐의 『The Rise of the West』의 최근 서구 역사에 대한 연구들은 확실히 이러한 주제에 관련해서는 적절하다고 볼 수 없다. 사회학자들과 인류학자들은 종교의 중요성을 강조한다. 학자들이 연구하는 어느 지역에서나 종교는 사회와 도덕과 밀접하게 연관되어 있다. 서구 사회의 과거와 현재를 이해하기 위해서는, 미술과 음악, 궁중의 음모 등이 아무리 중요하다 할지라도 그 대가로 종교와 종교 제도들을 소홀히 다루어서는 안된다. 역사가들은 엘리트 근성의 오류를 경계해야 한다. 즉, 이는 우리에게 자신들이 만들어 놓은 과거의 상세한 기록들을 심혈을 기울여 전해 준 심원한 예술가들과 허망한 정치 지도자들, 그리고 그 밖의 다른 사람들의 역사가 그들이 살았던 사회의 역사인 것처럼 생각하는 것이다. 우리는 사람들의 역사를, 그들의 종교까지 포함해서 보다 깊이 있게 파헤치고 발견하여야 한다.

그리스도인들은 언제나 세계가 필요로 하는 것은 그리스도라고 확신한다. 따라서 문제는 어떻게 하면 가장 좋은 방법으로 그리스도를 세상에 전하느냐에 관한 것이다. 즉, 복음을 어떻게 말로 표현하며, 어떻게 사업과 가정 생활에서 복음을 구체화시킬 것이고, 어떻게 하면 복음으로 사회 질서와 일반 문화에 영향을 줄 것인가의 문제이다. 만일 지금도 "몸의 모든 지체들이 필요한 존재"라는 것이 진리로 받아들여진다면, 그것은 아마도 우리에 앞선 지체들까지도 포함하는 것이리라. 그러므로, 서구 역사에 대한 기독교적 해석의 중심적인 부분으로서, 즉 해답을 찾는 우리들의 염원에 대한 일종의 도움으로서 그리스도인들이 자신들이 살았던 주변 문화에 관련을 맺는 다양한 방식들에게로 관심이 돌려져야 할 것이다. 잃은 것과 얻은 것들이 공정하고 정확하게 밝혀져야 한다. 우리 자신의 상황은 그리스도와 문화에 관한 질문들에 대한 갖가지 대안들을 신중히 살펴봄으로써 조명될 것이다. 첫째로는, 초기 콘스탄티누스 이전의 교회에 의한 것이며, 둘째로는 콘스탄티누스와 테오도시우스, 그리고 어거스틴적인 접근에 의한 것이고, 셋째로는 비잔틴 동방 정교회의 접근이며, 넷째로는 중세의 종파주의와 수도원 운동이고, 다섯째로는 샤를마뉴 왕조와 카롤링거 왕조의 문화에 의해서이고, 여섯째로는 독일과 스칸디나비아 지역에서의 루터교회의 접근이다. 그리고 일곱 번째로는 제네바와 네델란드, 스코틀랜드, 크롬웰의 영국, 그리고 매사추세츠 만에서의 종교개혁의 실험이다. 마지막으로는 재침례파와 후스파, 그리고 퀘이커 교도들의 신성한 실험 등등이다.

교회의 역사뿐 아니라, 서구의 역사에는 언제나 구성 요소들이 있다. 그리고 그것들은 현대의 교회가 특별히 우리의 서구 사회에서 신실하게 현존하기 위한 나름대로의 비망록을 집전하는 데 있어서 반드시 주목해야 할 요소들인 것이다.

※ 이 글은 《Fides et Historia》란 역사 잡지에 실린 "J.Ellul & F.Schaeffer by David Gill"을 한국 라브리가 판권을 허락받아 번역한 것이다.

제5장

밴틸과 쉐퍼

20세기 변증학의 대가들 · 윌리엄 에드가(William Edgar)/김종철, 박진숙 역

"이 두 기독교 전사들은 어째서 서로에게 배우지 못했는가?
그들은 여러 번 같이 앉아서 진지하게 의논할 기회가 있었지만
정작 그렇게 한 것은 불과 몇 번뿐이었다.
그것도 마지 못해서 한 것에 불과했다. 얼마나 부끄러운 일인가?
사실상 그들은 서로에게 무척이나 할 말이 많았었다.
그들이 진지하게 대화를 했었더라면
교회를 위해서 더 큰 유익이 되었을 것이다"(W.Edgar).

프랜시스 쉐퍼가 세상을 떠난 지 3년 후인 1987년에 코넬리우스 밴틸도 생을 마쳤다. 20세기 변증학에 있어서 이 두 인물이 남긴 업적을 살펴보는 일이 아직은 시기 상조일지도 모른다. 밴틸은 자신의 생애의 대부분을 웨스트민스터 신학교에서 학생들을 가르치면서 보낸 반면, 쉐퍼는 목회자로서 그리고 라브리 공동체를 배경으로 복음 전도자로서의 인생을 살았다.[1]

밴틸은 신학, 철학과 관련된 여러 주제들과 씨름하며 매우 방대한 분량의 저서를 남긴 반면, 쉐퍼는 무엇보다도 설교가요 연설가로서의 일에 집중했다. 그도 여러 방면에 관한 많은 책을 썼지만 그것은 그에게 부차적인 일이었다(그러나 쉐퍼의 책들은 그의 명성과, 대중성으로 인해 복음주의 사회에서는 밴틸보다 더 큰 영향력을 가지고 있다).

그들은 모두 개혁주의 신학에 깊은 영향을 받았다. 그러나 자신의 모든 이론을 개혁주의 체계에 맞추어 수미일관되게 전개시킨 사람은 밴틸이었다. 쉐퍼도 개혁주의의 입장을 취한 것은 사실이지만 밴틸만큼 철저하지는 못했다. 이렇듯 서로 다른 두 사람을 비교함으로써 우리는 무엇을 배울 수 있을 것인가?

많은 것을 배울 수 있다. 첫째로, 비평가들이나 지지자들 모두 이 두 사상가들을 제대로 이해하지 못했다. 따라서 이제 이 두 사람을 비교하는 일은 그들의 사상을 분명히 이해하는 데에 도움이

---

1) 쉐퍼에 관한 여러 전기(傳記)들이 있다. 다소 분량이 많은 에디스 쉐퍼의 글 외에도 Louis G. Parkhurst의 *Francis A Schaeffer : The man and His Message*(Wheaton, IL: Tyndale House, 1985)라는 간략한 글도 있다. J.I.Packer가 *Reflections on Francis Schaeffer*(ed. Ronald W. Ruegsegger ; Grand Rapid : Zondervan, 1986, pp. 7~17)에 기고한 "No Little People"이라는 글도 참고하라.

될 것이다. 비교해 가는 과정을 통해 그들이 펼쳐 보였던 변증학적 방법이 어떠했는가를 선명하게 이해할 수 있을 것이다. 변증학적 방법론과 관련된 본질적인 논점들뿐 아니라 변증학의 내용, 스타일, 심지어는 어조상의 차이까지도 분명히 알 수 있을 것이다.

둘째로, 밴틸은 변증학의 수많은 기본적인 문제들에 관해 쉐퍼와 의견을 달리했었다. 다른 복음주의자들의 이론이 자신의 것과 별다른 차이가 없을 때조차도 공격해대는 그의 태도를 모든 사람이 정당하다고 평가하지는 않겠지만 밴틸은 자신이 철저한 개혁주의자로서의 올바른 사역을 감당하고 있다고 생각했다. 쉐퍼 역시 그에게 비판의 대상이 되었으며, 이 글은 밴틸의 쉐퍼에 대한 비판에 기초를 두고 쓰여졌다.

그러나 실제로 쉐퍼는 자신이 세운 라브리 공동체에서 밴틸의 것과 매우 유사한 변증 방법을 사용하여 사회의 여러 분야에 종사하는 다양한 사람들에게 복음을 전했다. 그렇다면 도대체 쉐퍼에 대한 밴틸의 비판은 무엇이었단 말인가? 그가 실수한 것은 아닌가? 우리는 여기서 밴틸의 비판이 정말 유익하고 적절했는가? 또한 쉐퍼는 그 비판에 대해 올바르게 반응했는가?에 대해 알아볼 것이다.

어떤 면에서 보면, 이 두 사람을 비교하는 일은 단순해 보일는지 모른다. 그 둘은 모두 많은 양의 저서를 남겼고 몇 가지 주제에 관해서는 상호 논쟁이 개진된 적도 있었다. 그러한 논쟁에 있어서 밴틸은 대부분 글로써 자신의 주장을 전개시켰지만[2] 쉐퍼는 다소

---

2) 많은 대화 내용들과 편지들이 있지만 두 가지 가장 중요한 자료는 "A Letter to Francis Schaeffer", (1969. 3. 11. copy in WTS Library)와 "The Apologetic Methodology of Schaeffer", (1974. 3. 22. copy in WTS Library)가 있다.

비공식적인 방법들을 통해 밴틸의 비판에 반박하였다. 이처럼 이 두 사람을 비교하는 것을 용이하게 만드는 기초 자료가 있다는 것은 사실이다.

그러나 다른 면에서 보면, 두 사람을 비교하는 일이란 겉보기와는 달리 쉽지가 않다. 가장 큰 어려움 중에 하나는 두 사람을 올바르게 평가, 비교할 수 있는 하나의 공통된 싸움터가 없다는 점이다. 즉 두 사람을 공정하게 비교하기 위해서는 우선 두 사상가가 사용한 용어와 표현들을 상호 동질화시켜야 하며 그들이 다룬 주제의 배후에 있는 더 근본적인 논점들을 파헤치지 않으면 안된다.

또한 한 사람에 대해 가지게 되는 서로 상반된 인상들을 어떻게 이해해야 하는가 하는 문제도 쉽지 않다. 예를 들어 사람들은 쉐퍼가 학자가 아니라서 그가 사용한 용어들도 학술적이지 못하다는 인상을 가지고 있다. 캘리포니아 아나하임(Anaheim)의 세미나에서 쉐퍼는 자신이 전제주의자(presuppositionalist)인지 증거주의자(evidentialist)인지를 묻는 질문에 대해 이렇게 대답하였다. "나는 전제주의자도 증거주의자도 아닙니다. 여러분들은 나를 신학적 변증학자의 범주에 집어넣으려 하지만 나는 정말 변증학자가 아닙니다." 다음에 이어질 말에 주목할 필요가 있다. "나의 관심은 오직 복음을 전하는 일입니다."[3]

위의 내용을 통해 우리는 쉐퍼가 학자가 아닌 복음 전도자라는 인상을 받는다. 그러나 문제는 그리 단순하지 않다. 표면적으로 주어지는 인상들은 오해를 빚어내기 쉽기 때문이다.

실제로 쉐퍼는 자신이 주장한 것처럼 그렇게 학문적인

---

3) Jack Rogers, "Francis Schaeffer : The Promise and the problem", *Reformed Journal* 27호, 1977, pp. 12~13.

(academic) 것과 거리가 먼 사람이 아니었다. 그는 당시 위대한 사상가나 예술가들과 교류하고 있는 자신을 드러내었다. 그는 거리낌없이 아퀴나스, 키에르케고르, 하이데거, 사르트르를 거론하였다. 실제로 라브리에 갔었던 많은 사람들은 쉐퍼가 철학 세미나를 하고 있는 듯한 인상을 받았다.

쉐퍼에 대해 가질 수 있는 또 다른 인상은 그가 전제주의(presuppositionalism)를 부인한다는 점이다. 라브리 사역 초기에 쉐퍼는 '기독교 변증학'이라는 강의를 한 적이 있는데, 거기에서 그는 증거들(evidences)을 무시하는 밴틸을 비판하면서 올리버 버스웰(J. Oliver Buswell)의 입장을 취하였다.[4] 이러한 사실은 변증학에 있어서 그의 입장이 어떤 것인가를 알게 해준다.

그러나 전술한 바와 같이 쉐퍼도 라브리에서 밴틸과 매우 유사한 전제적인 접근(presuppositional approach) 방법을 가지고 사역했다. 그는 (비기독교인들과의) 논쟁에 있어서 상대방이 내세우는 전제가 무엇인지를 인식해야 한다고 주장해 왔다. 이러한 주장은 그의 저서에서 반복적으로 제시된다. 예를 들어 쉐퍼의 저서 『살아 계신 하나님』은 가장 기본이 되는 책으로서 나머지 책들의 근간을 이루는 책이라고 할 수 있는데,[5] 이 책은 전제(presup-

---

[4] Parkhurst의 *Francis Schaeffer*의 230페이지에 나와 있는 라브리 카세트 목록 중에서 "Christian Apolpgetics" Tape No. 13.2이다. 이러한 내용은 쉐퍼가 자신의 사역 초기에 *A Review of a Review*(The Bible Today 42/1, Oct, 1948)에 기고한 글에서 볼 수 있다.

[5] 쉐퍼는 *Escape from Reason*(Downers Grove, IL : IVP, 1968), *The God Who Is there*(Downers Grove, IL : IVP, 1968), *He is There and He is Not silent*(Wheaton IL : Tyndal, 1962) 이 세 권의 책을 자신의 변증학의 기초라고 말하였다. 이 세 권의 책은 *The Francis A. Schaeffer Triology: The Three Essential Books in One Volume*(Whetchester, IL : Crossway, 1990)라는 한 권의 책으로 묶

position)에 관한 논의로 시작된다.

　심지어 그는 "오늘을 사는 우리에게는, 과거의 어느 때보다 전제적인 변증학이 필수적이다"라고까지 말한다.[6] 『살아 계신 하나님』의 네 번째 장에서 쉐퍼는 비기독교인들이 내세우는 전제들을 인식하는 방법을 제시하면서 쉐퍼는 비기독교인들은 자신의 전제와 일관되게 사고할 수도, 살 수도 없다는 점을 지적한다.[7]

　다음의 예화는 최소한 몇 가지 점에서는 쉐퍼도 실제적으로 밴틸과 유사한 점을 지니고 있음을 보여 준다. 쉐퍼는 웨스트민스터 신학교를 꽤 여러 번 방문했었는데, 그때마다 에드먼드 클로우니(Edmond Clowney) 학장은 밴틸과 쉐퍼를 동석(同席)시켜 대화를 통해 서로간의 차이점들을 해결해 보도록 하였다.

　다음은 클로우니 학장이 회상한 내용을 기초로 한 것이다. 쉐퍼와 밴틸은 함께 앉아 있었고 밴틸이 먼저 다양한 방법으로 논의를 시작하였다. 밴틸이 어떤 주장을 할 때마다 쉐퍼는 계속해서 "동감입니다"라고 반응하자, 약간 실망한 밴틸은 결국 50분 분량의 강의―평소에 하던 식으로 학생들에게 매우 익숙한 예화를 들어가면서 아담과 이브로부터 시작해서 자신의 기본적인 신조들에 이르는 일련의 강의―를 시작하였다.

　강의가 끝난 뒤 쉐퍼는 감동을 받았는지, "이제까지 들어본 변증학 강의 중에서 가장 훌륭한 강의였습니다. 녹음을 해서 라브리

여 출판되었다. 그러나 그와의 개인적인 만남이나 세미나 또는 카세트 테이프가 책보다 사람들에게 더 큰 영향력을 끼쳤다.

6) Schaeffer, *The God Who Is There*, p.15.
7) Ibid., p.121.

간사들에게 들려 줄 수 있다면 좋겠군요"라고 말했다. 웬만해서는 다른 신학자들을 칭찬하지 않는 쉐퍼로서는 의외의 반응이었다.[8]

밴틸도 쉐퍼에게 진정으로 동감하고 지지했음을 보여 주는 몇 가지 증거들이 있다. 쉐퍼를 비판하는 글 중에 그답지 않게 찬사의 뉘앙스를 풍기는 점을 보아도 그렇고, 여러 번 공식적으로 라브리의 사역을 칭찬한 점을 보아도 그렇다. 다음의 예화는 그러한 사실들을 알 수 있게 해준다.

60년대 말 지금은 매사추세츠(미국 사우스보루 라브리)에서 라브리 간사로 사역하고 있는 리처드 카이즈(Richard Keyes)는 쉐퍼의 입장에 서서 밴틸을 다소 비판하는 글을 썼다. 이에 대해 밴틸은 자신의 방법론은 라브리에서 주장하는 변증 방법과는 거리가 있다는 답장을 써 보냈다.

그런 일이 있은 후 10여 년이 지난 뒤 그 둘 사이에 우호적인 사건이 발생했다. 라브리 간사들이 쉐퍼가 제작한 영화를 상영하면서 그것에 대한 질문과 답변을 가지는 수양회를 하고 있을 때였다. 전국을 순회하던 중에 필라델피아에서도 수양회를 개최하게 되었는데, 그때 주 강사가 바로 카이즈였다. 밴틸이 관중석에 앉아 있는 것을 본 카이즈는 그가 혹시 무슨 반박을 하지는 않을까 하고 약간 불안해 하고 있었다. 그러나 의외로 밴틸은 카이즈를 난처하게 하기는커녕 끝까지 강의를 경청하고 있다가 다가가서는 그의 손을 붙잡고, "굉장하군요. 주님을 위해 이 사역을 계속해 주세요!"라고 하였다.

그렇다면 우리는 이 상반되는 자료들을 어떻게 해석해야 할 것

---

8) 이 에피소드는 에드먼드 크라우니와의 개인적인 대화에서 인용한 것이다.

인가? 네 단계로 나누어 자세히 살펴보기로 하자.

첫번째로 서로 의견이 일치하거나 상호 보완적인 영역들을 먼저 고찰할 것이다. 두 번째로 두 가지 예비적인 문제들을 논의하고, 세 번째로 본질적인 차이점들을 살펴보고, 마지막으로 두 사람의 어조(tone)에 관해 언급할 것이다. 본론으로 들어가기 전에 다음의 사실을 꼭 언급하고 넘어가야 할 것 같다.

나는 라브리에서 프랜시스 쉐퍼와의 대화를 통해 회심하였고 그와 절친한 친구가 되었다. 또한 밴틸은 나의 스승이었다. 나는 3년 동안 밴틸 밑에서 공부하였고 그러는 동안 그를 잘 알게 되었다. 밴틸의 변증학은 내게 많은 영향을 끼쳤다. 내가 웨스트민스터 신학교에 있을 때의 일이다. 그 당시 학생들 간에는 쉐퍼와 밴틸을 놓고 열띤 논쟁을 하고 있었는데, 나 역시 여러 학생들과 함께 그 논쟁에 참여하고 있었다.

나는 라브리에서 공부할 시절의 편지와 자료들을 뒤져냈고, 그것들이 실제로 몇몇 문제들을 해결하기도 했다. 나는 지금 이 순간도 쉐퍼와 밴틸의 비교는 중요한 주제라고 생각한다. 그 이유는, 내 개인적으로 일생에 커다란 영향을 끼쳤던 두 사람 사이의 논쟁이 해결되기를 바라는 마음이 있기 때문이고, 또한 둘 사이의 논쟁을 해결하는 것이 교회 차원에서도 유익하기 때문이다.

의견이 일치하는 영역들

변증학과 직접적인 관련이 없는 영역이 아니라 하더라도 두 사람의 의견이 일치하는 많은 영역이 있다는 사실은 부인할 수 없을 것이다. 예를 들어, 밴틸과 쉐퍼는 장로교인이었고, 둘 다 성경적인 진리를 가장 잘 표현하는 것은 개혁주의 신앙고백이라고 믿었

다.[9] 또한 그들은 모두 자유주의로부터 분리되어 나온 교회의 목사이기도 했다.[10]

사실, 기독교인의 삶과 기독교 교리에 대한 쉐퍼의 설교와 저서를 볼 때 그에게는 정통 개혁주의와는 다른 요소들이 있음을 부인할 수 없지만,[11] 쉐퍼는 자신을 개혁주의자라고 칭하기를 좋아했고, 공식적으로 자신은 개혁주의자라고 말하기도 했다.

서로 일치하는 또 다른 영역은 '전제(presupposition)들에 대한 강조'이다. 그의 저서나 비그리스도인들과의 대화 내용을 살펴보면, 전체에 흐르는 전제들에 대한 반복적인 강조가 있음을 알 수 있다. 『살아 계신 하나님』과 관련지어서 앞에서 잠깐 언급한 바와 같이, 그의 저서 대부분이 전제를 강조하고 있어서 클라크 피노크(Clark Pinnock)나 토마스 모리스(Thomas Morris) 같은 사람들은 쉐퍼의 변증 방법을 전제주의(presuppositionalism)라고 비판하였다.[12]

---

9) 밴틸은 쉐퍼보다 유럽적인 전통을 더 많이 가지고 있었고 교리문답에 익숙한 사람이었던 반면 쉐퍼는 개혁주의 신학과 관련해 하지(Hodge)를 자주 언급하는데, 이는 그가 (우리가 앞으로 보겠지만) 하지의 스코틀랜드적 실재주의 요소를 가지고 있었기 때문이었다. 쉐퍼는 또한 미국 근본주의에 치우치는 경향이 있었다. 그 두 사람 모두 장로교인이었고 분리주의자였다.

10) 쉐퍼는 밴틸보다 더 과격한 분리주의자였다. 그는 웨스트민스터 신학교에서 나와 버스웰, 맥레이(MacRae), 맥킨타이어를 따라 타이어 신학교와 성경 장로교회를 세우는 일에 앞장섰다. 그는 나중에 맥킨타이어와 개혁 장로교회를 설립, 지금은 미국 장로교회로 흡수된 복음주의 종교회의 설립에 동참했다.

11) 성화에 대한 그의 접근은 근본적으로는 개혁주의적이지만 Keswic 운동과 같은 전통적인 삶에 있어서 하나님의 주권을 충분히 강조하지 않는 것 같다. *True Spirituality*(Wheaton, IL : Tyndal, 1971, p.102)을 보라.

12) Clark H. Pinnock의 "Schaeffer on Modern Theology", *Reflections on Francis Schaeffer*, p.177와 Thomas V. Morris의 *Francis Schaeffer's Apologtics : A Critique*(Chicago : Moody Press, 1976), p.21.

더욱이 쉐퍼는 세계관적 사고의 개념을 매우 중요시하였다. 사람들은 라브리 공동체의 독특한 성격과 특이한 공부 방법으로 인해서 쉐퍼가 가진 카이퍼리안(Kuyperian)적 요소를 간과해 버리기 쉽다. 쉐퍼를 다룬 전기(傳記)에서조차 그가 암스테르담 자유대학의 미술사학 교수인 한스 로크마커와 함께 일했던 사실들을 그리 대수롭게 여기지 않는 것 같다.

그러나 로크마커 교수는 쉐퍼가 현대 문화와 세계관을 이해하는 틀을 형성하는 데에 지대한 영향력을 끼친 사람이었다.[13]

이런 카이퍼리안적인 요소로 인해 세계관적인 사고는 쉐퍼 변증학의 핵심이 되었다. 기본적으로 그는 밴틸리안적인 방법으로 그 개념을 사용했지만, 강조점은 비그리스도인과 그리스도인 사이의 세계관적 관련성에 두었다.[14]

쉐퍼는 현대 인식론의 방법론들과 경건주의(pietism)적 방법론들은 이 세상에 대한 종합적인 그림을 제시할 수 없다 하여 모두 비판하였다. 그는 또한 세계관과 관련하여 예술, 과학, 정부(政府) 등, 삶의 여러 분야들을 연구하였다.

쉐퍼 사상의 근간은 코넬리우스 밴틸의 사상과 우주법적 이념

---

13) 로크마커, 쉐퍼와 같이 사역하면서 네덜란드 라브리(지금도 계속 사역하고 있다)를 세웠다. 쉐퍼는 언젠가 나에게 자신의 생각과 로크마커의 생각이 너무나 비슷하다고 말한 적이 있다.

14) 쉐퍼가 세계관들은 단지 몇 개(궁극적으로는 기독교적인 세계관과 비기독교적 세계관)밖에 없다고 하면서 단순화한 것은 비판가들을 당황하게 만든다. Jack Rogers는 인류학자들은 이 세계에는 수천개의 세계관이 있다는 것을 발견했고 책임감이 있는 선교사라면 이러한 서로 다른 세계관을 가진 사람들에게 복음을 전하기 위해 훈련을 받아야 한다고 말하면서 쉐퍼를 비판하였다. *Francis Schaeffer : The Promise and the Problem*, p.15.

철학이라고 말한 블룸버그(D. G. Bloomberg)의 발언은 과장된 면이 없지 않다.[15] 그러나 쉐퍼가 현대 문화를 이해하는 데 있어서 위의 두 사상에 영향을 받은 것은 분명하다. 예를 들어 쉐퍼가 "현대의 사고체계가 변증법적이다"라고 진단한 것이 그러하다.

그는 비그리스도인의 인식론을 설명하기 위해서 "상층부와 하층부, 자연이 은총을 삼킨다, 상층부로의 비약" 등의 생생한 표현들을 사용했다. 그의 이러한 표현들은 서구 사상의 동인(動因)이 되어왔던 변증법적 특징을 "형상(form)-재료(matter), 자연(nature)-은총(grace), 자연(nature)-자유(freedom)" 등으로 분석한 방식과 유사하다.

사실, 쉐퍼는 『이성에서의 도피』라는 책에서 이와 동일한 용어들을 사용하였다.[16] 위에서 살펴본 바와 같이 비기독교적 인식론은 필연적으로 변증법적이다. 밴틸도 현대의 세속 사상을 쉐퍼와 마찬가지로 진단하였다. 각 시대별로 약간의 특이성은 있었지만 근본적으로 파르메니데스(Parmenides)부터 현재까지 세속사상은 변증법적이라고 보았다. 이러한 변증법적 사고에 대해 밴틸은, "그것은 합리주의적인 동시에 비합리주의적이다"라는 말을 자주 사용하였다.

때때로 그는 이것을 '순전한 우발성(contingency)과 우연성(chance)'이라고 부르기도 했으며[17] '공중 위의 고속도로' 또는

---

15) D.G. Blomberg. "Apologetic Education : Francis Schaeffer and L'bri". *Journal of Christian Education* 54호, 1975, pp.5~6.

16) Francis A. Schaeffer, *Escape from Reason*(Leicester : IVP, 1968) ; Herman Dooyeweerd, *Roots of Western Culture*(Toroto : Wedge, 1979), p.15.

17) Cornelius Van Til, *A Christian Theology of Knowledge*(Phllipsburg, NJ: Presbyterian and Reformed, 1969), p.49 ; *The Intellectual Challenge of*

'꿰어지지 않은 진주알들'이라고 표현했다. 그 두 가지 면(합리주의적인 면과 비합리주의적인 면) 중에서 쉐퍼는 비합리주의적인 면을 더 강조하는 경향이 있었고 밴틸은 그런 쉐퍼를 비판했다.[18]

그런 반면 밴틸은 쉐퍼가 가졌던 의도들이 문제의 핵심에 적중했다는 사실을 인정했다. "나는 당신이 반대하는 것이 무엇인지 알고 있습니다. 당신은 기독교가, 철학적이든 신학적이든 간에 어떤 종류의 비합리주의에도 찬성하지 않는다는 점과 어떤 종류의 합리주의와도 관계하지 않는다는 점을 보여 주고자 했습니다."[19]

인식론에 있어서 두 사람의 의견이 일치하는 부분은 지식이 어떻게 가능한가 하는 문제이다. 쉐퍼에 따르면, 우리는 하나님의 계시로 인해서 세상에 관한 지식과 하나님에 관한 지식을 가질 수 있다고 한다. 밴틸은 하나님의 지식과 인간의 지식이 같아질 수 있다는 이상주의에 대한 반박으로, 우리가 하나님을 혹은 세상을 완벽하게 알 수는 없고 다만 참되게 알 수는 있다는 점을 강조하였다. 그것은 우리가 하나님과 동일한 방법으로 사고할 수 있음을 뜻하는 것이 아니라 우리가 하나님께서 생각하는 바를 좇아 생각할 수 있음을 말하는 것이다. 이에 대해 쉐퍼도 표현은 다르지만 동일한 견해를 가지고 있었다. 그는 말하기를 "(세상과 하나님에 대해서) 우리는 '남김없이(exhaustively)' 다 알 수는 없지만 '참되게(truly)' 알 수는 있다"라고 하였다. 쉐퍼의 인식론을 깊이 연구해 본다면, 그가 부분적으로 스코틀랜드적 실재주의의 영향을 받았음을 알 수 있다.

---

18) *Apoologetic Methodology*, p.29.
19) Ibid., p.22.

그는 인간이 하나님의 형상으로 지음받았다는 사실로 인해 우리가 얼마만큼은 세상에 대한 본질적인 정의(natural judgement)를 내릴 수 있는 필요충분 조건을 갖추고 있다고 믿었다. 쉐퍼는 인간의 지식 범위와 관련해 하나님과 많은 공통점을 지니고 있다고 주장하며 밴틸과 논쟁한 바 있는 고든 클라크(Gordon Clark)를 지지하였다.

쉐퍼는 "하나님은 무한하시고 인격적이시다"라는 말을 즐겨했다. 하나님께서 무한성을 지니고 계시다는 측면에서는 인간과 하나님 사이에 넓은 골이 있는 반면, 인격성의 측면에서는 인간이 하나님과 많은 공통점을 지니고 있다고 하였다. 존 미첼(John Mitchell)과 같은 비평가는 그 같은 쉐퍼의 생각이, 인간은 하나님과 동일한 방식으로 지식을 얻기는 하지만 하나님의 지식에 비해 양적으로 부족한 지식을 갖는다는 합리주의 인식론을 따른 것이라고 비판하였다.[20]

그러한 비판은 전체적으로 볼 때 정확한 것은 못 된다. 쉐퍼가 인간과 하나님을 모두 인격적이라는 성품으로 묶어 놓으면서 의도했던 바는 둘 사이의 지식이 동일함을 보이려 했던 것이 아니었다. 그는 오히려 회의주의를 공격할 의도에서 그렇게 했던 것이다. 밴틸의 경우는 어떠했는가? 그는 인간이 지식을 얻음에 있어서 하나님께서 생각하시는 방식을 좇아서(analogy) 생각한다는 기독교적인 방법과, 하나님과 동일하게(univocal) 생각한다거나 혹은 전혀 다르게(equivocal) 생각한다는 비기독교적인 방법을 매우 조심스럽게 설명하였다.

---

20) John Mitchell의 *A Critique of Schaeffer's The God Who Is There*, pp.5~6라는 출판되지 않았던 글을 Knudsen은 제공해 주었다.

동시에 그 역시 쉐퍼와 마찬가지로 인간이 지식을 얻을 수 있는 가능성을 인간의 인격성 배후에 있는 '하나님의 절대적인 인격성'에 두었다.[21] (더욱이 합리성과 합리주의를 구분한 쉐퍼는 하나님은 합리적인 분이시므로 우리는 그분이 창조한 합리적인 우주에서 살면서 하나님께서 생각하시는 바를 좇아 생각할 수 있다고 믿었다.)

두 사람의 견해가 일치하는 또 다른 영역은, 타락의 도덕적 본질에 대한 강조이다. 쉐퍼와 밴틸은 둘 다, 불신자들은 인간의 문제를 하나님에 대한 인간의 도덕적 반역에 두지 않고 인간의 유한함이나 무력함에 둔다고 생각했다. 쉐퍼는 이것을 '도덕의 문제'와 대조적으로 '규모(scale)의 문제'라고 하였다. 그는 인간을 처음부터 타락한 존재로 보는 많은 현대 신학자들을 비판했다.

밴틸도 그와 동일한 견해를 가지고 있었다. 실제로 밴틸과 쉐퍼 모두 인간이 도덕적인 피조물이라는 것을 믿었다. 밴틸의 다음과 같은 표현은 쉐퍼의 견해와 너무나 흡사하다. "인간의 지식에 대한 이상(ideal)이 깨지자 그들은 인간의 유한함을 탓하였다. 인간은 죄와 유한함을 혼동한 것이다. 또한 그들은 실재에 관한 도덕적인 면과 존재론적인 면을 뒤섞어 버렸다.[22]

인간은 하나님의 창조물이기 때문에 결코 하나님으로부터 독립해서 존재할 수 없다. 인간이 이렇게 하나님께 전적으로 의존적인 존재라는 바로 그 사실 때문에 하나님과 인간 사이의 철저한 도덕

---

21) Cornelius Van Til, *The Defense of the Faith*(Philadelphia : Presbyterian and Reformed, 1976), p.42.

22) Cornelius Van Til, *Christian Apologetic*(Phillipsburg, NJ: Presbyterian and Reformed, 1976), p.16.

적 분리가 일어날 수 있었던 것이고, 또 같은 이유로 해서 그 도덕적 분리는 완전히 제거될 수 있다."[23] 쉐퍼는 자신의 독특한 용어들을 사용하였지만 본질적으로는 밴틸과 같은 말을 하고 있다.

"기독교가 말하는 인간의 '인격적 기원'으로 시작한다면 도덕의 문제와 존재의 문제는 분리해서 생각할 수 있다. 이 말은 혹 간단하게 들릴는지도 모르겠으나 실은 매우 심오한 것이다. 비인격적 기원으로부터 출발한 사상은 도덕적 문제와 존재의 문제를 뒤섞어 버리지만 인격적 기원에 바탕을 두면, 그 문제를 분리해서 생각할 수 있게 된다."[24] 계속해서 그는 "인간은 자신의 존재론적 한계 때문이 아니라, 도덕적 죄로 인해 '충분한 준거점'이 되시는 창조자와 분리되어 비정상적이 되어버린 존재이다"라고 말한다.[25]

밴틸과 쉐퍼가 일치하는 또 다른 영역은 '간접적 방법론'이다. 밴틸은 말하기를, "기독교인과 비기독교인들 사이의 쟁점들은 사실들이나 법칙들에 직접적으로 호소해서는 해결할 수 없다. 그 이유는 사실들과 법칙들이 의미하는 바를 판단할 기준이 서로 다르기 때문이다. 따라서 기독교 변증학자들은 우선은 오로지 그 사람과의 논의를 시작할 목적으로 상대방의 입장에 서서 대화를 해나가면서 서서히 그 사람이 주장하는 '사실들'이나 '법칙들'이 그릇된 것임을 증명해 내야 한다"고 했다.[26]

쉐퍼도 전제주의(presuppositionalism)를 고수하면서, 궁극적

---

23) Cornelius Van Til, *A Survey of Christian Epistemology*(Philadelphia : Den Dulk Foundation, 1969), p.197.
24) Francis A. Schaeffer, *He is There and He is Not Silent*, p.27.
25) Francis A. Schaeffer, *The God Who Is There*, p.104.
26) Cornelius Van Til, *The Defense of the Faith*, p.100.

으로는 비그리스도인들에게 예수 없는 세상이 얼마나 어두운지를 보여 주고자, 그들이 가지고 있는 전제들이 어떤 것인가를 생각해 보게 하고 또 전제에 일관되게 살 수 있는가 시험해 보도록 밀어붙인다. 이러한 방법을 그는 '지붕 벗기기'라고 불렀다.

쉐퍼는 비기독교적인 전제들을 가지고 일관되게 살 수 있는 사람은 아무도 없다고 생각했고, 이러한 사실을 인정하도록 이끌므로써 사람들이 복음을 받아들이는 계기를 만들 수 있다고 믿었다.[27] 이러한 쉐퍼의 견해는, "논의를 시작하기 위해서 상대방의 입장에 서라"라는 밴틸의 견해와 똑같지는 않지만 매우 유사하다. 실제로 밴틸도, "철가면을 벗겨야 한다"는 표현을 쓰기도 하였다.[28]

쉐퍼는 "기독교인들은 사랑과 안타까움을 가지고 비기독교인들의 머리를 덮고 있는 지붕(비기독교적 전제)을 벗겨 외부 세계의 진리와 인간이 어떤 존재인가에 대한 진리가 그들의 머리 위에 떨어지도록 해야 한다"고 하였다.[29]

두 사람 다 '사상과 삶의 비일관성'이라는 방법을 사용하였다. 단지 차이가 있다면, 표현상 밴틸이 다소 철학적인 반면 쉐퍼는 설명적이라는 것뿐이다. 그러나 쉐퍼가 이러한 방법을 비기독교인들의 의식 속에 있는 다양한 긴장(tension)들을 파헤치기 위한 심리적 무기로 사용했다는 점에서 밴틸보다는 한 걸음 앞서 있지 않았나 싶다.

역사의 중요성을 강조하는 면에 있어서도 쉐퍼와 밴틸은 공통점

---

27) Francis A Schaeffer, *The God Who Is There*, p.119~136.
28) Cornelius Van Til, *The Defense of the Faith*, p.101.
29) Francis A. Schaeffer, *The God Who Is There*, p. 129.

을 가지고 있었다. 쉐퍼는 굳이 일반은총이라는 용어를 쓰지는 않았지만 그러한 개념에 동의하고 있었다. 즉, 모든 것이 하나님의 뜻에 따라 예정되어 있다 하더라도 역사는 그 자체로 의미가 있는 것이며, 예정되어 있지 않은 사람에게라도 복음을 전해야 한다고 생각했던 것이다.

하나님께서 모든 것을 정해 놓으셨지만 인간의 선택이 역사에 영향을 미칠 수 있다고 그들은 보았다. 따라서 예정론은 결정론이 아닌 것이다. 얼핏 보기에는 모순처럼 보이는 위와 같은 문제들에 대한 합리적이고 명확한 설명을 얻기에는 인간이 역부족이다. 그렇다고 해서 이 세상 전체가 비합리적이라고 말할 수는 없다. 쉐퍼는 이 모순처럼 보이는 난제를 '기독교 신앙의 절대적 한계'라고 불렀다.[30]

이렇듯 많은 부분에서 쉐퍼는 핵심 사상뿐 아니라 이를 바탕으로 한 이론의 구성에 있어서까지도 밴틸과 매우 유사한 입장을 취했다. 물론 우리가 이제까지 언급했던 부분 외에도 두 사람이 일치를 보는 영역은 많이 있을 것이다. 그러나 그런 영역들에 대한 논의는 여기에서 마치고, 이제 우리는 그들의 차이점들은 무엇인지를 살펴볼 것이다.

두 가지 예비적인 문제들

우리는 세 단계로 나누어 차이점들을 살펴볼 것이다. 첫번째는 근본적인 문제들을 다루기에 앞서 약간 가벼운 문제들, 하지만 여

---

30) Francis A. Schaeffer, *The Church at The End of the 21th Century*(Downers, Grove, IL: IVP, 1971), p.83 이하.

전히 중요한 두 가지 예비적인 문제들을 다룰 것이다. 그리고 이후로는 중요한 차이점들과 어조(tone)의 문제를 다룰 것이다.

이제 밴틸 자신이 직접 문제시하였던 두 영역을 살펴보기로 하자. 그 첫번째는 접촉점에 관한 문제이다. 이 문제는 칼 바르트(Karl Barth)가 자연인(natural man—회심하기 이전의 타락한 인간)과 하나님의 계시 사이에는 아무런 공유점이 없다는 주장을 한 것을 계기로 해서 오늘날 중요하게 다루어지게 되었다.
에밀 부르너(Emil Brunner)와의 유명한 논쟁에서 바르트는 하나님과 인간 간의 유일한 '접촉점(point of connection)'은 신적 계시 그 내부 자체에만 있을 뿐이므로 교의학(dogmatics)은 인류학이나 변증학적 고찰에 의해서 방해받지 않고 독자적으로 수행되어야 한다고 하였다.[31]

그러나 밴틸은 실제로 신과 인간 간에는 접촉점이 존재한다고 주장했는데, 그것은 인간의 기준을 인정해 버리는 신과 인간의 공유점으로서의 접촉점이 아니라 모든 인간 내부에 존재하는 계시로서의 접촉점을 의미하는 것이었다. 또한 밴틸은 칼빈이 말한 것처럼, 하나님을 아는 것은 다른 모든 지식의 필수적인 기초가 된다는 것을 보여 주었다.[32]

하나님에 대한 여타의 자연적 지식을 거부한 바르트와, 자연인

---

31) Karl Barth, *Church Dogmetics* 1/1, 2d ed. ; Edinburgh : T and T. Clart, 1975, 3장.
32) Cornelius Van Til, *The Defense of the Faith*, p.38.

내부에 진리를 판단할 능력이 있다고 주장한 가톨릭(여기에는 몇몇 복음주의자들도 속해 있다) 양자에 모두 반대하면서, 밴틸은 끊임없이 하나님을 깨달아 가는 과정에 있는 인간의 의식에 접촉점을 두었다. 앞에서 말한 바와 같이 인간은 하나님을 참되게 알 수 있다. 그러나 그것은 삼위일체가 계시기 때문에, 즉 하나님께서 먼저 자신을 인간에게 내보이시기 때문에 가능한 것이다. 따라서 지식의 기원을 거슬러 올라간다면, 진리를 판단할 기준도 사실은 인간의 의식 속에 있는 것이 아니라 그분 안에 있는 것이다.

이를 바탕으로 하여, 밴틸은 비기독교인들도 이성을 올바르게 사용할 수 있다고 주장한 찰스 하지(Charles Hodge)를 비판한다.[33]

밴틸은 접촉점에 대한 자신의 이론을 매우 조심스럽게, 그리고 개혁주의 신학의 제요소들과 일치하게끔 전개시켰다. 한편에서 보면, 인간은 죄로 말미암아 하나님에 대해 완전히 무지할 수밖에 없다. 그러므로 접촉점은 인간의 이성이나 성품에 있을 수 없다. 그러나 다른 한편으로 보면, 하나님의 계시는 언제나 그러한 이성이나 성품을 뚫고 들어간다. 따라서 "오직 그러한 이유로 인해 인간의 이성적이고 도덕적인 능력이 계시를 수용할 수 있게 된다."[34]

밴틸은 쉐퍼의 이론에서 두 개의 큰 줄기를 구별해서 이해하고 있다. 그 중 하나는 자신의 접촉점에 관한 견해와 양립할 수 있다고 보았다. 그것은 기독교가 유일한 해답이며, 하나님께서는 모든 이들에게 분명한 계시를 주시므로 "하나님의 형상을 닮은 인간은

---

33) Ibid., p.83.
34) Ibid., p.91.

누구나 마음 깊은 곳까지 파고들어가 보면 하나님이 창조자임을 알고 있다"는 견해이다.[35]

그러나 쉐퍼의 나머지 하나의 줄기에 대해서는, 하나님의 계시를 불완전하게 만든다는 이유로 반대하였다. 그는 쉐퍼가, '우주와 인간에 관한 해석에 있어서 비기독교인들과 공유하는 영역'을 그들과의 접촉점으로 봄으로써 그리스도께서 하실 일을 쉐퍼 자신이 해버렸다고 비판했다.[36] 밴틸은 특히 '찢어진 책'이라는 쉐퍼의 유명한 예화에 대해 매우 깊은 우려를 드러냈다. 그 예화의 내용은 다음과 같다.

어떤 사람이 각 페이지마다 3센티미터 정도만 남겨져 있고 나머지는 찢겨져 나가 있는 책을 발견하는데, 이는 일반 계시에 비유된 것이다. 책을 발견한 사람은 그 책을 보면서 일부는 이해할 수 있지만 전체적으로는 무슨 이야기를 하고 있는지 이해할 수가 없다. 그러던 어느 날, 그는 다시 벽장에서 또 다른 찢어진 책을 발견한다. 자신이 가지고 있는 부분과 맞추어 본 후에 그는 그것이 자신이 갖고 있던 책의 나머지 부분임을 알게 된다. 물론 여기서 비유되고 있는 책은 '성경'이다.

밴틸은 이 예화에 문제가 있다고 지적했다. 밴틸은 일반 계시가 비록 범위의 차이는 있을지언정 모든 면에서 특별 계시만큼이나 분명하다는 견해가 성경적이라고 주장한다. 만일 두 계시가 불분명하다면 그것은 인간의 마음 때문이지 계시에 문제가 있기 때문이 아니라는 것이다. 로마서 1장에서도 말하듯이, 일반 계시는 우리가 하나님을 알 수 있게 해준다.

---

35) Cornelius Van Til, *Apologetic Methodology*, p. 24.
36) Ibid., p. 25.

다만 문제가 되는 것은 진리를 억눌러, 보지 못하게 하는 우리의 불의인 것이다. 밴틸의 말을 빌리자면, 쉐퍼는 인간이 가질 수 있는 하나님에 대한 지식이 충분하기는 하지만 완전하지는 않다는 자연 신학을 인정했다고 한다. 또한 쉐퍼가 자연 상태의 인간에게 성경이 일반 계시를 보충해 줄 수 있는지의 여부를 결정할 권리를 부여했다고 밴틸은 말한다.

내 생각에 밴틸의 비판은 약간 지나친 감이 있기는 하지만 적절한 지적이었다. 반면, 쉐퍼는 자신이 든 예화가 모호한 면이 있다는 것을 알고 여러 부분에서 자신의 의도를 분명히 하고자 하는 시도를 했는데, 그 중 한 부분을 살펴보면 다음과 같다. 『인간 그 존엄한 생명(Whatever Happened to the human race?)』에서 쉐퍼는 다음과 같이 말한다.

"'찢어진 책'이라는 예화는 두 가지 점에서 중요하다. 첫째로 인간을 자율적인 존재로 상정하는 인본주의자들이 자신을 출발점으로 삼는 것과는 달리, 우리 자신이 출발점이 될 수 없음을 강조한다. 다시 말해서, 그 찢어진 책의 나머지는 하나님께서 우리에게 주신 것임을 말하고자 하는 것이다.

둘째로, 위의 사실은 인간의 이성을 올바르게 자리매김할 수 있게 해준다. 우주의 법칙들은 과학자들이 만들어 내는 것이 아니라 다만 인식하는 데에 불과한 것같이, 인간의 이성도 자신이 스스로 해답을 만들어 내는 것이 아니라 주어진 해답을 단순히 인식하는 것이다.

물론 이 말은 이성이 그 해답을 필연적으로 '받아들인다'는 의미는 아니다. 각 사람은 해답을 인식한 연후에 그것을 하나님의 진리로 받아들일 것인지 아닌지를 결정해야 한다. 그러나 받아들이

느냐의 여부에 관계없이 하나님의 진리는 분명한 것이다."[37]

위에서 제시된 쉐퍼의 보충 설명이 밴틸이 제기한 비판에 대한 완벽한 해명이 될 수는 없지만, 이로써 우리는 쉐퍼가 자율적 이성이나 자연 상태의 인간이 계시를 판단할 수 있다는 것을 부인하고 있다는 것을 알 수 있다. 그러나 쉐퍼가 '인식하는 것'과 '진리로 받아들이는 것'을 구분한 것은 약간 설득력이 부족한 면이 있다.

왜냐하면 성경은 인간이 거듭나기 전에는 '하나님의 법칙'을 이해할 수조차 없다고 가르치기 때문이다. 거듭나지 않은 이성으로는 자신이 인식한 것을 판단할 수조차 없다. 그러나 쉐퍼는 이미 진리는 너무나 자명한 것이기 때문에 문제는 그 진리를 우리가 받아들이느냐 그렇지 않느냐에 있다고 말한다.[38]

『인간 그 존엄한 생명』의 인용 부분과 비교해 볼 때, 위의 사실은 우리들에게 밴틸의 다음과 같은 비판은 너무나 과장된 것이었음을 알 수 있다. "쉐퍼는 타락 이후의 인간이 최초에 하나님이 주었던 계시의 일부만 가지고 있어서 인간에 대한 하나님의 요구는 줄어든 것처럼 말하므로써 인간에게 변명할 여지를 주고 있다."

쉐퍼의 설교에 익숙한 사람이라면, 그가 인간은 어떠한 이유에서든지 하나님께 변명할 수 없다는 점을 얼마나 강조하는지 잘 알 것이다. 특히 그의 책 『도시의 죽음(Death in the City)』 중에서 인간은 변명할 수 없다고 역설하는 쉐퍼의 메시지는 아직도 내 귀에 생생하다.[39]

---

37) Francis A. Schaeffer / C. Everett Koop, *Whatever Happened to the Human Race?*(Old Tappan, NJ : Fleming Revell, 1979), p.152.
38) Ibid.

접촉점에 관한 논의에서 한 가지 더 짚고 넘어가야 할 점이 있다. 쉐퍼의 접촉점에 관한 설명은 접촉점 그 자체에 대한 이론이라기보다는 오히려 밴틸의 방법론 쪽에 더 가까운 것이었다. 실제로 쉐퍼는 접촉점이라는 용어보다는 '의사소통점'이라는 말을 즐겨 사용했다. 그것을 간단히 설명해 보자면, 비기독교인들이 가지고 있는 세계관과 실제 세상 사이에는 그 불일치로 인한 긴장이 존재하는데 바로 그 영역이 비그리스도인과의 의사소통이 시작될 수 있는 '의사소통점'이라는 것이다.

만일 당신이 복음을 전하고자 하는 사람이 자신의 비기독교적인 전제들과 일관된 삶을 살고 있다면, 당신은 그에게서 아무런 의사소통점을 찾아낼 수 없을 것이다…. 그러나 '실제로는' 아무도 자기 자신과 실제 세상에 직면해서 자신의 비기독교적인 전제들에 철저히 일관되게 살 수 있는 사람은 없다. 이러한 이유로 당신은 그와 대화를 시작할 수 있는 영역을 발견할 수 있게 되는 것이다.[40]

그러나 밴틸은 타락한 인간의 그러한 비일관성이 우리로 하여금 대화할 수 있는 계기를 마련해 준다는 쉐퍼의 견해를 못마땅하게 생각한다. 그의 견해로는, 자연 상태의 인간에게서 볼 수 있는 비일관성이 심리적인 상태를 보여 주거나 토론할 수 있는 기회를 마련해 줄 수는 있어도 변증학에서 말하는 접촉점을 제공할 수는 없다는 것이다.[41]

---

39) Francis A. Schaeffer, *Death in the City*(Downers Grove, IL : IVP, 1969).

40) Francis A. Schaeffer, *The God Who Is There*, p.126.

41) 리처드 카이즈가 밴틸에게 제출했던 리포트인 "Christian Apologetics"의 여백에 쓴 밴틸의 글(저자의 개인 자료 목록 Apologetics 4111, Nov. 31, 1967), pp.51~52.

이는 흥미있는 비판이다. 쉐퍼는 이론적으로는 기독교인들과 비기독교인들 사이의 의사소통이 절대로 불가능하지만, '실제에 있어서는' 가능하다는 주장을 했다. 그의 말을 직접 인용해 보면 다음과 같다. "실제적으로 자신의 비기독교적인 전제들을 가지고 일관되게 살 수 있는 사람은 아무도 없다. 왜냐하면 사람들이 실제 세상과 자기 자신을 정직하게 바라보고 난 후에는, 자신이 내세웠던 전제가 옳지 않다는 것과 자신은 절대로 그 전제대로 살 수 없다는 것을 알게 되기 때문이다. 따라서 우리는 '실제적으로' 그들과 대화할 수 있는 '의사소통점'을 갖게 된다."[42]

위의 인용문에서 쉐퍼가 '실제 세상'이라는 표현을 통해 말하고자 하는 바가 무엇인지 생각해 볼 필요가 있다. 쉐퍼가 이 세상은 창조된 방식으로 인해 그리스도인과 비그리스도인 사이에는 공유할 수 있는 공통점이 많다고 하는 스코틀랜드적 실재주의 요소를 일부 가지고 있던 것은 분명한 것 같다. 그러나 쉐퍼는 의사소통점에 관한 논의를 함에 있어서 궁극적으로 자신이 찾고자 하는 바는 비기독교인들과 대화를 시작할 수 있는 창구(窓口)이지 그들과의 중립지대(中立地帶) 같은 것이 아니었다는 사실을 조심스럽게 덧붙인다.[43]

이러한 해명이 있음에도 불구하고, 아직까지 밴틸에게 쉐퍼는 염려스러운 존재이다. 밴틸은 모호함을 피하기 위해 '대화의 계기'와 '논증의 출발점'을 구별한 후에, 쉐퍼가 말하는 '실제 세상'은 대화의 계기는 될 수 있어도 논증의 출발점은 될 수 없다고 하였다.[44]

---

42) Francis A. Schaeffer, *The God Who Is There*, p.126.
43) Ibid.
44) 리처드 카이즈의 "Christian Apologetics"에 적힌 밴틸의 글, p.52.

내 견해로는, 쉐퍼가 자신의 이론에 자연신학적인 요소를 끌어왔기 때문에 밴틸과의 차이점을 유발시켰다고 본다. 하지만, 그 차이점이라고 하는 것은 사실 내용상의 차이라기보다는 용어의 차이에 불과하다. 밴틸은 몇 가지 이유로, 접촉점에 관한 자신과 쉐퍼의 주목할 만한 유사성을 간과해 버렸다. 예를 들어, 밴틸은 『The Defense of the Faith』에서 다음과 같이 말한다.

"인간의 판단이 가능한 이유는 성경이 가르치는 바 대로 세상과 인간이 서로에게 적합하게 창조되었고 그리스도의 구속으로 말미암아 자신들의 목적에 맞게 조정되었기 때문이다. 따라서 우리가 성경적인 전제들에 충실하기만 하다면 비기독교인들과의 변론은 가능하기만 할 뿐 아니라 유익하기까지 하다.

즉 우리가 이러한 성경적 전제들에 충실하다면 우리는 오로지 비그리스도인들과 논의하기 위해서 그들이 내세우는 전제들을 빌려서 그들과 함께 이야기할 수 있고, 그러한 과정을 통해서 결국에는 비기독교인들도 기독교적인 전제에 수긍할 수밖에 없다는 사실을 보여 줄 수 있다. 왜냐하면 기독교적인 견해에 반대하기 위해서는 기독교의 진리를 자기 주장의 전제로 삼아야 하기 때문이다."[45]

우리는 앞에서 밴틸과 쉐퍼 모두 '간접적인' 방법을 사용한다는 것을 알았다. 그 중에서도 밴틸은 더 치밀하게 그 방법을 적용한다. 그는 기독교가 진리인 까닭에 우리가 비기독교인과 대화할 수 있다고 주장한다. 이러한 주장을 통해서 그는 접촉점에 관한 이야기를 하고 있는 것이 아니라 기독교인들이 자신의 전제를 그대로 드러내놓고 비기독교인들의 입장에 서서 논쟁하는 방법론에 관하

---

45) Cornelius Van Til, *The Defense of the Faith*, p.180.

여 말하고 있는 것이다.

그러나 나는 그러한 그의 주장이 쉐퍼의 그것과 별다를 바가 없다고 생각한다. 밴틸은 기독교인뿐 아니라 비기독교인도 그 마음 깊숙이에는 기독교적인 메시지를 알고 있다고 말한다.[46] 쉐퍼는 밴틸의 이러한 주장을, "비기독교인들이 실제 세상을 직면하면서 그 배후에 있는 하나님과 접촉하고 있다"는 말로 표현한다. 그러나 그것을 세상이 주는 '압력(pressure)'이라고 표현하든지 아니면 신에 대한 인지로 표현하든지 그것은 중요하지가 않다. 중요한 것은, 어떤 경우에 있어서도 비기독교인들에게 자신을 드러내시는 분은 하나님이시라는 사실인 것이다.

앞에서 쉐퍼의 이론에는 자연신학(natural theology)적인 요소가 있다고 언급했었다. '긴장점(point of tension)'에 관한 이론을 전개하면서 쉐퍼는 약간 의외의 말을 한다. "우리가 처음에 받아들인 진리는 교리로 표현된 성경의 진리가 아니라 인간이 어떤 존재인가에 대한 진리와 외부 세상에 관한 진리였다."[47] 그가 이 말을 통해서 의도했던 바는 단순히 신앙지상주의(fideism)를 방어하고자 함이었다.

그러나 용어를 사용함에 있어서 그는 현명하지 못했다. 또한 스코틀랜드적 실재주의와 관련하여 쉐퍼는 비기독교인들과 논쟁에서 사용할 수 있는 이상적인 법칙같은 것을 믿은 듯 싶다. 이에 반해 밴틸은 자연주의 신학을 끌어들이지 않고도 비기독교인들과 의사 소통할 수 있는 가능성이 있다고 주장한다. 그는 말하기를, "접촉

---

46) Cornelius Van Til, "Christian Apologetic", p.58.
47) Francis A. Schaeffer, *The God Who Is There*, p.129.

점을 자의식(self-consciousness) 속에 깔려 있는 인간의 신에 대한 인지에서 찾는다면, 성경을 벗어나지 않고서도 자연인과 효과적으로 변론할 수 있다"고 한다.[48] 위에서 살펴보았듯이 접촉점에 관해서는 쉐퍼와 밴틸이 차이를 보인다. 그런데 쉐퍼의 경우, 이 점에 있어서 자연신학을 적절하게 방어하지 못했던 것 같다.

밴틸과 쉐퍼 사이의 예비적인 문제 중 두 번째는 '역사관'에 관한 것이다. 쉐퍼는 문명의 '흥망' 이론을 믿었다.[49] 그는 19세기에 철학은 물론 모든 서양 문화가 '절망의 선(line of despair)'을 넘었다고 가르쳤다. 절망의 선 이전의 사람들은 '절대'라는 것을 받아들였다. 다시 말해 그들은 'A는 非A가 아니다'라는 명제를 믿었던 사람들이었다.

그러나, 절망의 선을 넘어선 사람들은 이러한 반정립(反定立, antithesis)을 부인하고 허무주의, 신비주의, 비합리주의를 받아들였다. 이 모든 것들은 '믿음의 비약(the leap of Faith)'[50]이라는 말로 집약된다. 쉐퍼에 의하면, 절망의 선을 넘도록 유도한 두 사람은 철학자인 헤겔과 키에르케고르라고 한다.

이렇듯 철학에서 시작한 '비약'은 곧 이어서 미술, 음악, 일반 문화, 그리고 마지막으로 신학에서도 일어났다. 이 경향을 따라서 일어난 신정통주의(新正統主義, neo-orthodox theology)는 '어떠한 증명도 있을 수 없으며, 다만 중요한 것은 의사소통이 불가능한

---

48) Cornelius Van Til, "Christian Apologetic", p.58.
49) 쉐퍼는 *The God Who is There*의 첫장에서 논의를 구체화시키고 *The Church at the End of the Twentieth Century*에서 구체화시켰다. 또한 이것은 *How shoud we then Live?*(11개의 에피소드로 구성된 책과 비디오)의 중심 주제였다.
50) Francis A. Schaeffer, *The God Who Is There*, p.44.

최종 경험일 뿐이다'라고 말한다.[51]

위와 같은 쉐퍼의 분석은 시, 음악, 정치, 과학에서 찾아낸 수많은 증거들로 뒷받침되어 있다. 그는 또한 근대 과학이 르네상스와 종교개혁과 동시대(同時代)에 성립되었으며, 당시에는 과학과 기독교가 양립할 수 있었다는 이론을 전재시킨다.[52] 그는 프랜시스 베이컨(Francis Bacon)과 화이트헤드(A. N. Whitehead)가 "합리적인 하나님이 계시다고 믿는 기독교는 근대 과학의 어머니이다"라고 한 말을 즐겨 인용한다.

보일에서 뉴턴, 아인슈타인에 이르기까지의 여러 인물들과 그들의 사상을 훑어내려가면서, 쉐퍼는 과학이 합리성을 추구할 때만 하더라도 과학은 신앙과 양립할 수 있었음을 보여 주고 있다. 그러나 과학이 인간의 이성을 자율적인 것으로 규정함에 따라서 근대 과학은 하나님을 내몰아 버리고 폐쇄체계(closed system)를 기본으로 하는 '현대 과학'의 시대가 개막되었다. 이는 결정론(modern determinism)과 행동주의 심리학(behaviorism)을 낳았고 결국에 가서는 과학과 가치를 분리시키는 결과를 낳았다.[53]

이러한 쉐퍼의 이론에 대해서 밴틸은 문제를 제기했다.[54] 그는 쉐퍼와 달리, 인간이 타락한 이후, 불신앙의 형태에는 아무런 근본적인 차이가 없다고 강력히 주장한다. 과거에서 현재에 이르기까지 모든 철학은 파르메니데스(Parmenides)와 헤라클레이토스(Heracleitos)의 딜레마(변화의 문제와 지식의 원천과 관련해 파

---

51) Ibid., p.53.
52) Francis A. Schaeffer, *How Should We Then Live*, p.130 이하.
53) Ibid., p.166.; *The Church at the End of the Twentieth Century*, p.13.
54) Cornelius Van Til, *Apologetic Methodology*, p.39 이하.

르메니데스는 이 세상의 것들은 아무것도 변하지 않으며 지식의 원천은 이성이라고 한 반면, 헤라클레이토스는 모든 것은 변하며 감각적 인식이 지식의 원천이라고 하였다—역주)에서 벗어나지 못하고 있다고 주장한다.

따라서 그는 쉐퍼가 오늘날의 문제는 과거의 그것과는 질적으로 다르다는 인상을 주고 있다고 비판한다. 이러한 밴틸의 비판은 타당하다. 사실 어떤 의미에서 보면, 근본적인 면에서 그리스 사람들과 현대인들 간의 실제적인 차이점이란 존재하지 않는다. 그러나 밴틸도 임마누엘 칸트가 분수령이 되어 18세기에 중대한 변화가 일어났다는 도예베르트(Dooyeweerd)의 주장은 받아들인다. 쉐퍼에 대한 밴틸의 공격은 그 자체로는 정당한 것이었으나, 쉐퍼 자신도 근본적인 면에서는 모든 불신앙은 같은 모양이라는 점을 인정했다는 사실로 미루어 볼 때, 밴틸이 짐짓 쉐퍼의 견해를 왜곡한 점이 없지 않다.

이에 대해, 로버트 크누센(Robert D. Knudsen)의 비판이 밴틸의 것보다 더 타당하다고 생각한다. 밴틸을 기념하기 위한 논문집에 실린 그의 논문에서 크누센은, 칸트와 헤겔이 분수령을 이루었다는 견해나 '절망의 선'이라는 개념은 모두 적절하지 못하다고 보았다. 그러나 그는 쉐퍼의 역사서술(historiography) 내에서 몇 가지 장점을 찾아내었다.

"오늘날 진리의 개념이 변했다는 쉐퍼의 주장은 타당한 것으로 받아들여져야만 한다. 우리도 모르는 사이에 모순율(antinomy)을 부정하는 변증법적 사고가 우리 내부에 스며들어왔다. 키에르케고르가 헤겔의 반정합(both-and, synthesis)에 반대했다는 점에 대해서는 쉐퍼가 왜 그렇게 무관심했는지는 알 수 없지만, 케에르케고르에 대해서 깊이 연구해 본다면 그 역시 일상적인 법칙은 무시하고, 실존적인 진리란 모순적인 것이라고 생각한 사람이었다.

19세기 사상가들로부터 현재에 이르기까지 이어지고 있는 이러한 비합리주의가 현대 문화의 각 영역에 어떠한 영향을 끼쳤는지를 알아보는 일은 어렵지 않다. 그러나 다른 것과 마찬가지로 이번에도 쉐퍼는 어째서 변증법을 취하는 철학들이 이전의 것보다 더 나은지에 대해서는 아무런 언급도 하지 않는다."[55]

이 점에 대해 크누센이, 쉐퍼가 과거와 현대 사이의 통일성을 놓친 이유는 논리의 한계에 대한 올바른 이해가 부족했기 때문이며 또한 모든 사람이 공유하는 법칙에도 성경적인 기초가 필요하다는 점을 간과했기 때문이라고 지적한 것은 주목할 만하다. 크누센은 쉐퍼가 지닌 합리주의적 요소에 대해서는 심한 비판을 했지만 쉐퍼의 사상이 풍기는 뉘앙스를 이해하는 데 있어서는 밴틸보다 더 공정했다.

중요한 차이점들

이제 이 두 사상가를 근본적으로 구별되게 만드는 것들을 살펴볼 차례이다. 여기서도 역시 밴틸의 견해가 좀 더 타당하다는 것을

---

55) Robert D. Knudsen, "Progressive and Regressive Tendencies in Chrirtian Apologetics" in Jerusalem and Athens : Critical Discussions on the Theology and Apologetics of Cornelius Van Til, ed. E. R Geehan ; Nuttey, NJ : Presbyterian and Reformed, 1971, pp. 289~290.

알게 될 것이다. 그러나 쉐퍼에 대한 그의 비판은 과장된 면이 없지 않았다.

내 생각에 가장 중요한 논쟁점은 합리주의에 관한 문제이다. 쉐퍼는 자신의 모든 사역을 통해서 진리를 보여 주려고 애썼다. 때문에 그는 자신의 책에서 진리에 관해 수없이 언급하였으며, 그의 사역에 있어서 핵심을 이루는 부분도 세상으로 하여금 진리에 관해 숙고해 보도록 하는 것이었다. 그가 사용한 '진리' 라는 단어의 의미를 올바로 이해하는 일은 쉽지가 않다. 하지만 그의 저서나 사역을 두루 종합해 보면 그 의미를 파악할 수 있을 것이다. 바로 그 진리의 핵심적인 의미는 '절대' 라는 개념이다.

쉐퍼는 이 절대라는 개념을 적어도 세 가지 의미로 사용했는데, 첫번째는 존재론적 절대이다. 풀어 말하면, 하나의 절대적인 실재가 있다는 뜻이다. 즉, 문화나 인간의 심리 또는 환경 같은 요인들에 의해서 영향을 받지 않는 완전하고 불변하는 실재를 의미한다.[56]

두 번째는 '인식론적' 절대이다. 쉐퍼는 'A는 非A가 아니다' 라는 반정립을 부인하는 '실존주의적 방법론' 에 대해서 매우 비판적이었다. 사실, 반정립에 대한 개념은 쉐퍼의 진리관과 변증 방법의 핵심을 이룬다. "복음주의 기독교의 공통적인 특징은 진리에 대해서 반정립을 강조한다는 사실이다. 이 사실은 반정립적인 진리의 개념이란 생각할 수도 없다고 여기는 오늘날에 있어서는 더욱 중요하다."[57]

---

56) Francis A. Schaeffer, *Escape from Reason*, p.62.
57) Francis A. Schaeffer, *The God Who Is There*, p.169.

세 번째는 도덕론적 절대의 개념이다. 쉐퍼는 절대의 개념 중 이 세 번째 것을 가장 강조했다. 도덕적 절대는 존재론적, 인식론적 개념으로부터 나온다고 쉐퍼는 설명한다. 그는 또한 기독교는 신학적인 면에서 뿐만 아니라 실천적인 면에서도 복음적이어야 한다고 믿었다. 따라서 그는 자신의 여러 책에서 교리와 삶의 일치에 관해 역설한다. 그의 도덕 체계의 핵심을 이루고 있는 것은 바로 절대에 대한 개념이다. 『쉐퍼의 명설교』에서 그는, 과거가 잘못된 도덕적 기준들이 만연한 시대였다면 현대는 도덕적 기준을 상실한 시대라고 말한다.[58]

쉐퍼에게 있어서 진리란 '절대'라는 의미뿐만 아니라 '일치'라는 뜻도 포함하고 있다. 이 말은 진리를 확증함에 있어서 일치, 불일치의 여부가 그 기준이 된다는 것을 의미한다. 쉐퍼는 기독교는 믿고 있는 바를 실제로 검증해 볼 수 있는 유일한 종교임을 강조한다.

예를 들어, 우리는 복음이 보여 주는 시, 공간적인 증거들을 통해 그리스도께서 죽음에서 부활하셨다는 사실이 진리인지의 여부를 판단할 수 있다. 쉐퍼는 진리를 검증하는 세 가지 기준을 두 문장으로 보여 준다. "A. 그 이론은 내적으로 모순 없이 일치해야 하며 우리가 직면하는 여러 현상들에 대한 해답을 제시해야 한다. B. 우리는 그 이론에 부합하는 삶을 살 수 있어야 한다."[59] 여기에서 우리는 쉐퍼에게 있어서 '일치'가 진리의 개념에 있어서 얼마나 중요한 의미를 갖는지를 알 수 있다.

---

58) *No Little People*(Downers Grove, IL : IVP, 1974), pp.79~80.
59) Francis A. Schaeffer, *The God Who Is There*, p.109.

진리를 검증하는 쉐퍼의 세 가지 기준을 다시 요약해 보면 다음과 같다. (1) 내적으로 '일치'하는가의 여부. (2) 실재와 '일치'하는지의 여부. (3) 이론에 '일치'하는 삶이 가능한지의 여부. 진리에 대한 이러한 '일치'의 이론이 많은 지지를 얻었던 것은 사실이다. 그러나 오늘날 이 이론은 위기를 맞이하고 있다.

쉐퍼는 진리에 관한 자신의 이론을 '진리의 필연성'이라는 상당히 극단적인 이론으로 변형시켰다. 예를 들면, 복음을 전하기에 앞서 기독교인들은 비기독교인들에게 '진리'를 먼저 제시해야 한다는 예비 전도를 만들어 낸 것이 한 예이다.

한 사람이 그리스도인이 되기 위해서는, 자신이 가지고 있는 진리의 개념에 대한 이론적 분석이 있건 없건 간에 우선 진리에 관한 올바른 이해를 가지고 있어야 한다. 모든 사람들은 자신이 인식을 하건 그렇지 못하건 간에 일정한 진리관을 기초로 살아간다. 따라서 그 사람이 어떠한 진리관을 가지고 있느냐에 따라 거듭남의 의미도 완전히 달라진다. 이런 이유 때문에 우리는 진리의 내용만큼이나 그 개념도 중요시해야 한다.[60]

쉐퍼는 진리를 성경과 완전히 동일시하지 않았다. 그 이유로, 그는 진리는 궁극적으로 성경이 아니라 하나님과 관련을 맺고 있으며 하나님 자신은 성경의 '배후'에 계시는 분이시므로 진리는 성경 자체와 동일시될 수 없다고 말한다.[61]

(진리는 성경보다 더 큰 개념이다라는 의미이다—역주).

바로 이 부분이 밴틸이 크게 문제삼았던 부분이다. 흥미롭게도

---

60) Ibid., p.143.
61) Ibid., pp.145~146.

밴틸은 쉐퍼의 견해가 한 사람의 불신자도 회심시키지 못하지는 않을까 염려했다. 밴틸은 쉐퍼의 합리주의적 요소를 비판하기보다, 실제로 그의 이론이 불신자들에게 설득력이 있을 것인가에 초점을 맞춘다.

"쉐퍼는, 인간이 자율적이라는 전제를 가지고는 어떠한 출발점을 가질 수도 없으며 올바른 질문을 할 수 있는 기준도 얻을 수 없고, 우주의 여러 현상에 대해서 어떠한 답도 찾아낼 수 없다는 점을 인정하라고 불신자들을 설득하지 않는다.

그는 단지 비기독교인과의 '논쟁을 위해서' 그들의 입장에 서는 것이 아니라, '실제로' 그들의 입장에 서서 그들이 처한 공통의 문제를 성경이 해결할 수 있는지 함께 찾아보려고 한다. 그는 비기독교인에게 그들 자신이 가지고 있는 전제가 완전한 내적 일치를 이루고 있다고 하더라도 결국 아무런 해결책을 얻을 수 없다는 사실을 보여 주려 하지 않는다."[62]

여기서 밴틸이 지적하고 있는 것은 비기독교인들과의 대화에 있어서 쉐퍼가 철저하지 못했다는 점이다. 그의 말을 빌리자면, 쉐퍼는 '일치'라는 판단 기준을 분별없이 받아들였고 그 기준으로 기독교 신앙을 판단했다고 한다. 결국 쉐퍼의 체계는 우리에게 기독교가 그 자체로 확증적이라고 가르치기보다는 자연신학에 기독교를 맡겨버린 결과를 낳고 말았다고 말한다.

밴틸의 비판은 옳다. 쉐퍼 사상의 저변에는 합리주의적인 요소가 깔려 있어서, 엄격한 의미에서 진리가 성경과 동일한 것이 아니라 하나님은 단지 '뒷배경'이라는 추상적인 진리관을 낳았다. 더욱

---

[62] Cornelius Van Til, *Apologetic Methodology*, p.26.

이 쉐퍼는 창조자와 피조물을 분명히 구분하지 않은 채, '실재(reality)' 또는 '존재하는 것(what is)'에 부합하는 기독교라는 표현을 자주 사용했다.

또한 쉐퍼는 복음이 비합리적이지 않다는 것을 보여 주는 데에 너무 신경을 쓴 나머지 자신도 모르게 극단적인 실재론 같은 것에 빠져들고 있다는 사실을 몰랐다. 앞에서도 언급한 바와 같이, 그는 프랜시스 베이컨과 서양의 초기 과학자들을 칭송했는데, 그 이유 역시 그 과학자들이 우주는 합리적인 하나님에 의해서 창조된 것이기 때문에 인간의 이성으로 우주를 연구하는 것이 가능하다는 믿음을 가지고 있었기 때문이었다.[63]

그러나, 쉐퍼는 자신이 그렇게도 비판을 가했던 이원론적 요소가 이 사람들에게도 있었다는 사실을 찾아내지 못했다. 그는 17세기 과학의 기본 전제 — 자연은 책과 같아서 이성이라는 도구를 사용해서 읽어낼 수 있다 — 를 무비판적으로 받아들였다. 그래서 그는 하나님을 배제해 버린 과학, 즉 '현대 과학'의 유일한 문제점은 오로지 그것이 폐쇄적인 우주를 전제로 한다는 점이라고 보았던 것이다.

쉐퍼의 이론에 합리주의적인 요소가 있다는 것은 부인할 수 없

---

[63] *Escape from Reason* p.15에서 쉐퍼는 Organum Scietiarum에서의 유명한 말 "인간은 타락으로 인해 죄인이 되었고 동시에 자연에 대한 지배권도 잃었다. 그러나 전자는 종교와 믿음으로 후자는 과학과 예술로 현재상황에서 부분적으로 회복할 수 있다"는 말을 인용하였다. 벤틸은 Instauratio를 언급하면서 베이컨은 진리의 발견에 있어서 귀납적인 방법론을 철저히 고수한 사람이었다고 말한다. 그러나 벤틸은 베이컨의 이론에 있는 '자율적인 인간'에 관해서만 강조하였고 그의 기독교에서 빌려온 이론들에 대해서는 아무런 언급도 하지 않았다. 베이컨의 이론 속에 있는 기독교적 영향에 관해서는 Charles Webster의 *The Great Instauration : Science, Medicine and Reform, 1626~1660,* (New York: Holmes and Metter, 1975)를 보라.

다. 그러나 밴틸의 비판에도 문제는 있다. 그의 비판은 그 자체로만 보아서는 타당하지만, 실망스럽게도 그는 쉐퍼가 제시한 부수적인 자료들이 단지 전체 체계에 설득력을 부여해 주는 보조자료라는 점을 고려하지 않았다. 밴틸은 궁극적인 출발점이라는 틀을 고수하면서 쉐퍼의 저서들을 읽고 그 내용을 왜곡해서 해석하였다.

그렇기 때문에 밴틸의 눈에는 쉐퍼의 변증학이 단지 타협의 산물로 비춰졌다. 그는 쉐퍼가 거의 모든 면에서, 기독교와 다른 사상이 상호배타적이라는 것을 제대로 보여 주지 못했다고 말했다. 그러나 쉐퍼의 이러한 합리주의적 요소는 결코 그의 철학적인 입장이 아니었다. 그의 관심은 오직 하나님이 주신 인간의 지혜를 사용하여 복음을 전하는 데에 있었다.

쉐퍼는 사실상 밴틸 역시 관심을 두고 있던 교리―비기독교인에게도 동일하게 일반 은총적 지혜가 주어진다는 교리―를 유용하게 만들려고 하였다. 쉐퍼가 마치 자연인도 올바른 지식을 가질 수 있다고 말하는 것처럼 보이는 이유는 모든 인간에게 주어진 일반은총적 지식을 그가 너무도 소중히 여겼기 때문이다. 사실 쉐퍼도 비기독교인들이 참된 지식을 얻을 수 있는 유일한 통로는 하나님의 일반은총이라는 점을 인정한다.

여기에 대해 밴틸은, 쉐퍼가 인간은 비록 타락했지만 여전히 고귀한 존재이고, 따라서 역사에 영향을 줄 수 있는 존재라고 가르친다고 비난한다. 그러면서 밴틸은, "그것은 인간이 고귀한 존재이기 때문이 아니라 하나님의 뜻이 역사를 이끌기 때문에 가능한 일이다"[64]라고 주장한다. 그러나 이것은 쉐퍼의 견해와 다르지 않다.

---

64) Cornelius Van Til, *Apologetic Methodology*, p.31.

내가 웨스트민스터 신학교에서 공부하던 시절의 일이다.

그때, 나는 스위스에 살고 있었으므로 두 사람의 의견을 동시에 들을 수 있었다. 먼저 밴틸의 이론을 배운 뒤에, 쉐퍼에게 가서 웨스트민스터 신학교에서 벌어지고 있는 여러 논의들에 대해서 어떻게 생각하느냐고 물으면, 쉐퍼는 대부분 전적으로 찬성한다고 대답했다. 그는 웨스트민스터 신학에 대해 관심을 가지고 있었지만 때로는 신앙지상주의적인 경향을 보이는 것을 염려했다.

전반적으로 고려해 볼 때, 나는 쉐퍼의 합리주의적 요소에 대한 밴틸의 공격이 타당하기도 했지만 밴틸이 쉐퍼의 의도를 오해한 부분이 많았다는 결론에 이르게 되었다. 앞에서도 말했듯이 쉐퍼의 유일한 목적은 복음을 전하기 위해 일반계시를 개발하려는 것이었으나, 밴틸은 쉐퍼가 '자율성'을 인정했다는 점에만 초점을 두었다. 밴틸은 쉐퍼가 다른 사상가들의 견해를 인용할 때, 쉐퍼가 그 사상가들의 입장을 따라서 그렇게 한 것이 아니라 전략적인 차원에서 한 행동이었다는 점을 이해하려 들지 않았다.

두 번째로 중요한 밴틸과 쉐퍼 사이의 차이점은 두 사람 각자가 사용한 '전제(presupposition)'의 개념이다. 밴틸은 쉐퍼 역시 전제라는 개념을 사용하기는 하지만 인간의 이성과 경험, 직관을 초월한 개념으로 사용한 것은 아니라고 생각했다. 여기에서부터 차이점이 발생한다.

밴틸은 우리가 삼위일체와 그리스도, 그리고 성경을 전제로 삼지 않고는 어떠한 지식도 얻을 수 없다고 주장한다. 따라서 창조자의 권위는 모든 피조물에게 스며들어 있으며 피조물은 단지 하나님이 생각하시는 바를 따라 생각할 수 있을 뿐이다. 비기독교 사상에 밴틸이 접근하는 태도는 다분히 대결적인 경향을 띠고 있으며,

그는 항상 기독교의 전제들이 선험적인 것임을 강조했다.

여기서 선험적이라는 것은 중요한 개념이다. 철저하게 성경적이 되기 위해서 기독교적 전제는 그 자체의 의미와 존재를 설명한다는 점에서 뿐만 아니라 기독교적 전제가 도전하고 공격하고자 하는 비기독교 사상의 본질을 설명한다는 점에서도 선험적이 되어야 한다는 것이 밴틸의 주장이다. 이처럼 밴틸에게 있어서 하나님은 자족적(self-contained)이신 분이시므로 그 어느 누구도 하나님의 진리를 판단할 수 없다.

하나님은 또한 자명(self-defining)하신 분이시기 때문에, 우리가 그분을 알지 못한다면 이 세상의 어떤 것도 인식할 수 없다. 왜냐하면 오직 하나님만이 자신이 주권적으로 창조한 피조물들을 정의할 수 있기 때문이다. 단, 비기독교인들이 부분적이나마 지식을 얻을 수 있는 것은 하나님의 일반은총이 있기에 가능한 것이다.

사실이 이렇기 때문에 그들과의 논쟁을 진전시키기 위해서 우리가 가진 기반을 흔들리게 해서는 안된다. 우리의 세계관은 그들의 것과는 전혀 양립될 수 없는 것이다. 비기독교인 친구와 석양에 지는 노을을 바라보고 있을 때에도 우리는 결코 그들이 보는 것과 동일한 노을을 바라보고 있다고 할 수 없다.

우리의 지식은 하나님께 준거하고 있는 것이지만, 비기독교인 친구들은 그렇지 않기 때문이다. 따라서 비기독교인들과 변론할 때에 세상이 일반적으로 인정하는 기준에 우리가 호소해서는 안된다. 오히려 우리는 상대방에게 그의 세계관이 비일관된 것임을 보여 주든지, 아니면 우리가 가지고 있는 세계관이 진리라는 것을 설득하든지 해야 한다.

그런 측면에서 볼 때, 궁극적인 문제들에 대한 변증은 순환적이다. 그러나 순환적이라고 해서 변론이 불가능하다는 의미의 '악순환'은 아니다. 여기서의 순환은 하나님 스스로 자신의 성품과 피조물의 성격을 정의한다는 기독교 세계관적인 의미의 '총체적 순환'이다.

쉐퍼도 밴틸의 이러한 접근에 대부분 동의하였으나 기초 설정 단계에서 다소 차이점을 보였다. 즉, 전제라는 용어를 둘은 서로 다르게 정의하고 논의를 시작한다. 쉐퍼도 전제를 중요시하여, 현대에는 전제 없이 변증학을 논할 수 없다고 했지만 그 이유는, 기독교인들과 절망의 선을 넘은 사람들이 공유하는 공통된 전제가 없다고 보았기 때문이었다.

쉐퍼는 전제를 '논리를 전개하는 데에 있어서 다음 단계로 넘어가기 전에 우리가 지니고 있어야 할 이론, 또는 믿음'으로 보았다. 이런 전제는 무의식적으로 때로는 의식적으로 한 사람이 사유하는 방식에 영향을 끼친다고 했다.[65] 밴틸은 그런 쉐퍼의 주장은 단지 '가정(hypothesis)이나 출발점(start point)'일 뿐이지 변증학에서 말하는 전제는 아니라고 한다.[66]

옳은 지적이다.

비록 쉐퍼의 방법론 중에서 가장 중심으로 내세우는 이론―이 세상에 존재하는 단 두 가지 전제, 즉 기독교적인 전제와 비기독교적인 전제 중에 단 한 전제만이 '실재와 부합한다'―을 볼 때 그도 '전제'를 말하지만 그것은 진리를 판단하는 데에 있어서 '실재'에 호소해야 한다는 사실을 보여 주는 것뿐이지, 그가 내세우는 변증학의 전제가 밴틸의 것과 같다는 의미는 아니다.[67]

---

65) Francis A. Schaeffer, *The God Who Is There*, p.179.
66) Cornelius Van Til, *Apologetic Methodology*, pp.36, 53.

사실, 전제를 상정함에 있어서 쉐퍼는 애초부터 전제의 개념이 선험적인 의미를 담지 못하도록 했다. 오히려 그는 변증적인 논증에 있어서의 여러 전통적인 방법과 유사한 개념으로 전제라는 말을 사용하였다. 그 중에 하나가 부정(negation)의 방법이다. 얼핏 보면 이것은 밴틸의 "사상과 삶의 비일관성"이라는 방법과 유사한 것처럼 생각되나 사실 다른 것이다.

예를 들어 쉐퍼는 우주의 기원에 대한 물음에 '가능한 비기독교적 대답'은 오직 네 가지뿐이라고 상정하고 그 대답들을 하나씩 부정(否定)해 나간다. 1) 우연과 시간과 비인격을 합한 결과 인격적인 인간이 나왔다는 대답. 이 대답은 '인간이 가진 모든 경험에 배치되기 때문에' 불가능하다. 2) 인간에게 인격이란 없다. 인간은 죽어 있는 존재라는 대답. 그러나 실제적으로, 인간은 생명이 없는 기계처럼 살 수 없다. 따라서 이 대답도 불가능하다. 3) 지금은 해답을 찾을 수 없지만 미래에는 찾을 수 있을 것이라는 대답. 이것도 불가능하다. 왜냐하면 과학이 이미 종말을 맞이했는데 미래에 주어질 답변을 기다리면서 그때까지 숨도 안 쉬고 기다릴 수 있는 사람은 아무도 없기 때문이다. 4) 상대성 이론(relativity)이 인간의 삶에 대한 해결을 줄 것이라는 대답. 그러나 검증되지 않은 과학이론을 인간의 삶에까지 적용시킬 수 없을 뿐더러 상대성 이론 자체가 빛의 속도가 일정하다는 데에 근거를 두고 설정된 것인데 이미 그에 대한 반증이 나왔으므로 이 대답 역시 불가능하다.[68]

---

67) *He is there and He is Not silent* p.17에서 쉐퍼는 "기독교 진리는 만물에 부합한다"라고 말한다.

68) Francis A. Schaeffer, *The God Who Is There*, pp.110~111; *He is There and He is Not silent*, pp.5~20.

위의 네 가지 구분에서 문제가 되는 것은, 쉐퍼가 무엇에 근거해서 이런 주장을 했는가이다. 그는 어떤 기준으로 네 가지 답변을 구분했는가? 어째서 우주의 기원에 관한 대답이 네 개뿐이란 말인가?

위의 논증이 보여 주는 것이란 고작 기독교는 비합리적이고 상호모순되는 교리들을 받아들일 수 없다는 일반 가정뿐이다. 위와 같은 쉐퍼의 논증에 대해 밴틸은 다음과 같이 말한다. "쉐퍼는 a) 인간의 자율성, b) 내적 일치성과 외적 부합성, c) 합리성에 대한 추상적인 원리 같은 것들이, 세상이 짜놓은 틀 속에서 기독교가 진리라는 사실을 저절로 밝혀 줄 것이라고 착각한다."[69]

앞에서 제시한 세 가지 원리들은 과거에 버틀러(Butler)나 아퀴나스(Aquinas)가 사용한 방법들에 해당한다. 내 생각에는 오히려 쉐퍼가 버틀러나 아퀴나스가 사용한 방법들을 그대로 차용했다기보다는, 고든 클락(Gordon Clark)이나 카넬(E.J. Carnell)이 사용한 소위 '검증(verification)' 방법을 응용한 것이 아닌가 하고 생각하지만 밴틸은 둘을 구분해서 보지 않는다.[70]

밴틸이 카이퍼(Kuiper)적인 배경을 가지고 있다는 것을 알고 있던 사람들은, 밴틸이 쉐퍼가 내세운 전제에 관한 견해가 너무 관념적이라는 점을 지적해 줬으면 하고 바랐지만 밴틸은 그 점에 대해서는 아무 언급도 하지 않았다. 사실 쉐퍼는 "생각이 인간을 좌

---

69) Cornelius Van Til, *Apologetic Methodology*, p.53.
70) Gordon Lewis는 쉐퍼의 변증학에 대해 "전제에 대한 강조는 밴틸의 것과 같이 들리지만 실상 그 내용에 있어서는 카넬의 가정(hypothesis)과 더 가깝다. 왜냐하면 쉐퍼에 있어서 전제란 실험적인 것이 아니었기 때문이다〔*Testing Christian's Truth Claims*(Chicago: Moody, 1976), p.298〕 카넬은 고든 루이스의 이러한 비교를 무시했다. E.J. Carnell, *A Semi-Defense of Francis Schaeffer*(Christian Scholar's Review II, 1982), pp.148~149.

우한다"라는 말을 자주했다. 더 나아가 그는 문화, 역사, 심지어는 미술에 이르기까지 '사상이 먼저 있고 난 후에야 현상이 뒤따른다'는 점을 보여 주었다.

이처럼 쉐퍼는 인간의 생활 양식을 사상으로 축소해 버리는 경향이 있는데,[71] 이것은 성경의 무오성을 주장하는 태도에서도 나타났다. 쉐퍼는 성경적 계시를 '명제적 진리'로 표현하였고 성경에서 제시된 사실들은 모두 '냉엄한 사실들(brute facts)'이라고 하였다.[72] 그러나 선험적인 변증학적 접근에 있어서 전제는 사상과 명제를 포함하고 있지만 이것들에 국한되지 않는 종교적인 헌신을 의미한다.

전제는 영적인 총체이다. 이 점에 있어서 나는 밴틸의 이론에 찬성한다. 그러나, 밴틸의 문제점은 변증학에서 증거들을 어떻게 다룰 것인가라는 어려운 문제들에 대해서는 논의를 회피했다는 것이다. 또한 쉐퍼를 비판하는 데 있어서도 필요 이상으로 과도한 면을 보였다. 그 중에서도 특히 쉐퍼가 전제와 양립가능한 증거들을 어떻게 유용하게 사용할 수 있을까 고심한 사실을 밴틸은 전혀 고려하지 않았다.

어조(tone)의 문제

마지막에서는 밴틸과 쉐퍼에 대한 평가가 다소 주관적으로 내려

---

71) *He is There and He is Not silent* p.65에서 그는 말하기를 "우리는 전제를 선택할 수 있다"라고 하였고 밴틸보다 더 카이퍼적 영향 아래 있었다. 로크마커도 이러한 견해에 동의했다. *Modern Art and the Death of a Culture* (Downers Grove, IL: IVP, 1970)을 보라.

72) *No Final Conflict*, p.44.

질 것이다. 잘 알다시피 신학적인 논쟁은 그것이 다루고 있는 문제 자체는 물론 당사자의 인격과도 연관되는 경우가 많다. 쉐퍼와 밴틸은 서로의 독특한 신학만큼이나 독특한 인격의 소유자들이었으며 그들 역시 약점을 가지고 있었다.

우리는 앞에서 밴틸이 쉐퍼에게 너무 과민반응했다는 점을 지적했었다. 어떤 때에는 너무 사소한 문제여서 논란의 대상이 될 수 없는 것까지도 밴틸은 문제삼곤 했다. 쉐퍼가 어떤 사람을 인용하려고 하면 밴틸은 어김 없이 인용하는 목적이 무엇인가를 평가하려고 했다.

예를 들어, 앞에서 언급한 것과 같이, 과학사에 관한 논의에서 쉐퍼는 "합리적인 하나님을 상정하는 기독교 세계관이 근대 과학의 모체이다"라고 말한 화이트헤드를 인용했다. 쉐퍼는 화이트헤드가 비록 기독교인은 아니지만 이 점에 대해서는 올바른 지적을 했다고 말했다.[73]

여기에서 밴틸은 쉐퍼가 화이트헤드가 취하는 그리스적 이성관(理性觀)과 그와는 현격히 다른 성경적 이성관을 제대로 구별하지 않고 있다고 비판하였다.[74]

이 비판은 과연 정당한가? 쉐퍼가 화이트헤드를 인용한 것은 단순히 합리적이신 하나님이 계시기에 창조된 세상을 연구하는 것이 가능하다는 자신의 이론을 좀 더 설득력 있게 하기 위한 보조수단으로 사용한 것일 뿐이다.[75]

---

73) *Pollution and the Death of Man*(Wheaton : Tyndal, 1970), p.47.
74) Cornelius Van Til, *Apologetic Methodology*, p.38.
75) 예를 들어, *God and Nature*(ed. D.C Lindberg and R.L Numbers; Berkeley : University of Californian Press, 1986)을 보라.

화이트헤드 같은 세상의 학자들이 그러한 사실(합리적인 하나님이 계시기에 과학이 가능하다는 사실)을 알았다고 해서 그 사실이 평가절하되는 것인가?

또 다른 예로, 밴틸은 쉐퍼가 요한복음 17장 21절을 통해서, 교회에게 화합을 이루도록 권면하면서 그렇게 하지 못하게 되면 불신자들은 그런 우리를 보고 하나님은 없다고 판단해 버릴 것이라고 한 말을 호되게 비난했다. 쉐퍼의 말대로 하자면 우리는 기독교를 판단할 권리를 불신자들에게 줘버린 꼴이라는 것이 비난의 이유였다.

그는 쉐퍼가 교회를 위해서 다소 비유적인 설교를 한 것이라는 점을 애써 외면한 채 그 해석을 추상화시켜 버렸다.[76)]

쉐퍼의 표현이 다소 과장된 면이 있다는 것은 인정하지만 분명한 것은 쉐퍼가 아퀴나스적인 변증학을 정당화시키기 위해서 그런 해석을 내놓은 것이 결코 아니라는 점이다!

그 외에도 밴틸은 쉐퍼가 『진정한 영적 생활』에서 우리는 '초자연적인' 세상에 살고 있다는 사실을 잊어버려서는 안된다라고 한 말에도 과민반응을 보였다. 거기서 쉐퍼가 의도한 바는 단지 '우리의 싸움은 혈과 육의 싸움이 아니다'라는 사실을 강조하기 위한 것이었다. 그런데 밴틸은 쉐퍼가 아퀴나스의 견해를 따라 우주의 '초자연적인' 영역과 '자연적인' 영역을 대립시키고 있다고 하면서 쉐퍼의 의도를 왜곡시켜 버렸다.

쉐퍼가 저지른 몇 가지 오류를 밴틸이 제대로 집어낸 것은 사실

---

76) Cornelius Van Til, *Apologetic Methodology*, p.47 이하.

이나 밴틸은 쉐퍼를 자신의 틀에 맞추어 이해했기 때문에 상대방을 올바로 알 수가 없었다. 다음의 '우주와 두 의자'라는 쉐퍼의 비유에 관한 밴틸의 반응은 그러한 사실을 잘 보여 준다.[77]

폐쇄된 방에 두 사람이 각각 의자에 앉아 있다. 그 방이 세상에 있는 전부이기 때문에 두 사람은 비교적 짧은 시간 안에 그 방을 연구해서 몇 가지 이론들을 도출할 수 있다. 두 사람 중 한 사람은 유물론자이고 나머지 한 사람은 기독교인이다. 유물론자가 화학, 생물학, 물리학 등의 현대 학문을 사용해서 방을 연구한 뒤 자신의 결론을 상대방인 기독교인에게 말하자 그는 유물론자의 발견이 매우 불완전하다고 말한다.

유물론자가 성경을 빠뜨렸기 때문이다. 성경이 없기 때문에 그의 연구는 우주(방)의 기원, 보이지 않는 세상의 실재, 역사의 참된 의미 같은 것들을 담지 못했다. 쉐퍼는 이 비유를 통해 사람들은 신앙의 의자에 앉을 수도 불신앙의 의자에 앉을 수도 있다는 점을 설명하고 있다.

그러나 밴틸은 여기에서 불신자들도 조금이나마 우주에 대한 통찰력을 얻을 수 있다는 점을 쉐퍼가 인정했다고 비판한다.[78] 사실상 성경이 불신자들은 부분적으로 옳다라고 말하지 않고 근본적으로 그르다고 말하고 있다는 점을 고려해 볼 때, 밴틸의 비판은 옳은 면이 있다. 불신자들은 성경이 없이는 올바른 판단을 할 수 없다.

그런데 쉐퍼는 어느 정도 불신자들이 참된 지식을 얻을 수 있다

---

77) Francis A. Schaeffer, *Death in the City*, pp. 127~143.
78) Cornelius Van Til, *Apologetic Methodology*, p. 35.

고 인정하려는 경향이 있다. 이는 쉐퍼의 합리주의적인 요소 중에 하나이다. 그러나 문제는 밴틸이 쉐퍼를 공정하게 다루지 않았다는 점이다.

그는 쉐퍼가 일반은총을 염두에 두고 위와 같은 비유를 사용하고 있다는 사실을 도외시했다. 밴틸 자신도 불신자들이 하나님의 일반은총으로 많은 지식을 소유할 수 있다는 점을 인정하지 않았는가? 더욱이 밴틸은 한꺼번에 묶어서 이해해야 하는 쉐퍼의 이론들을 분리시켜 놓았다. 한 예로 밴틸이 '두 의자' 비유 중 일부만을 가지고 비판했다는 사실은 그 비유의 나머지 부분을 볼 때 자명해진다.

"이 두 사람의 견해는 결코 종합될 수 없다. 그들의 견해는 철저하게 상호 배타적인 것이다. 즉 한 사람의 견해는 옳고 다른 사람의 견해는 틀린 것이다. 만일 당신이 이러한 입장을 취하지 않는다면 기독교를 단지 효과 좋은 아스피린 정도로 치부해 버리고 있는 것이다.

그렇다고 해서 기독교가 유물론자들이 발견한 것에서는 아무것도 얻을 것이 없다고 말하지는 않는다. 다만 분명한 것은 우주에 대한 전반적인 이해에 관한 한 종합이란 있을 수 없다는 점이다. 이 사람이 옳고 저 사람이 틀렸든지, 아니면 반대로 저 사람이 옳고 이 사람이 틀렸든지 둘 중에 하나다. 즉, 완전한 반정립만이 있을 뿐이다."[79]

이와 같이 쉐퍼가 '두 의자' 예화의 뒷 부분에 언급한 내용을 밴틸은 전혀 고려하지 않았다. 밴틸은 쉐퍼의 주장이 무엇인지를 분

---

79) Francis A. Schaeffer, *Death in the City*, p.131.

명히 알지 못했다면 비판을 자제했어야 했다. 그런데도 그는 오히려 다음과 같이 정반대의 입장을 보였다.

"쉐퍼는 인간과 우주와 하나님에 관한 기독교적 입장은 어떤 영역에서건 올바른 판단을 하는 데 필요한 전제 조건이라는 사실을 말한 적이 없다. 그는 어느 책에서도 20세기 사람들에게 완전한 성경적 진단을 내려 준 적이 없다."[80]

이러한 밴틸의 발언은 충격적이지 않을 수 없다. 나는 우리가 이제껏 논의했던 주제들을 담고 있는 쉐퍼의 책들을 정독했고, 그런 과정에서 쉐퍼가 성경에서 나타난 하나님을 전제로 삼는 것이 올바른 판단을 하기 위한 필수 요건임을 밝혀 놓았다는 점과, 쉐퍼의 책은 타락한 인류가 빚어 낸 20세기의 절망적인 현실에 대한 성경적인 진단으로 가득 차 있다는 점을 발견했다.

쉐퍼에 대한 밴틸의 비판은 너무나도 그릇된 것이어서 나로 하여금 밴틸의 문제점이 어디 있는가를 묻게 만든다. 왜 그는 자신의 제자를 우스꽝스럽게 만들려고 했는가? 부분적인 비일관성이 쉐퍼의 전체 이론을 못쓰게 만들었는가? 모든 것을 똑바로 바로잡으려는 밴틸의 욕망이 이론적으로 그 자신만큼 철저하지 못했던 사람들의 진실한 주장까지도 무시하도록 만든 것인가? 그것도 아니면 완벽한 변증학이 아니면 용서할 수 없다는 강박관념 때문이었던가?

쉐퍼에 대한 밴틸의 처사가 부당했다는 점에 대해 내가 갖는 불만은 약간 특이하다. 밴틸의 비판은 다분히 옳았고 나는 이 점을 경홀히 여기고 싶지 않다. 그런데 나는 쉐퍼가 지닌 문화 전반에

---

80) Cornelius Van Til, *Apologetic Methodology*, p. 35.

대한 깊고 탁월한 통찰력에 대해서는 밴틸이 너무 무심하지 않았나 생각한다.

쉐퍼의 여러 사역에 대해 밴틸도 찬사를 한 적이 있기는 하지만 현대 미술, 생태학, 컴퓨터, 그리고 그 밖에 많은 영역에서 쉐퍼가 보여 주었던 통찰력에는 전혀 주의를 기울이지 않았다. 나는 여기서 우리도 쉐퍼처럼 모든 영역에 관심을 가져야 한다고 말하는 것이 아니다.

문제는 쉐퍼가 역사와 음악, 미술을 사랑하고 그 분야에 기독교 세계관적인 분석을 시도했기 때문에 이상하게도 밴틸은 문화에 대한 논의를 기피했다는 점을 지적하려는 것이다.

쉐퍼의 어조에도 문제가 없지는 않았다. 하나의 예로, 그는 신학이라는 학문의 영역을 무시하는 경향이 있었다. 나는 쉐퍼가 밴틸의 비판을 들을 때마다 그를 '교실 변증학자'라고 하면서 무시했던 것을 기억한다. 그는 라브리에서 실제적인 삶의 문제들로 찾아온 사람들을 상대로 사역하였고 그것은 마치 불신자와의 참혹한 전쟁과도 같은 것이었다.

때문에 그의 방법론이 밴틸의 것보다 더 유용한 것인지도 모른다. 쉐퍼의 방법론은(쉐퍼는 극구 부인하겠지만) 이론보다 실천이 더 실제적이라는 마르크스주의를 연상케 한다. 이것은 미국 복음주의자들의 공통적인 특성이기도 하다. 그러나 이는 진정한 정신적인 싸움을 간과하기 쉽다. 사실 쉐퍼같은 훌륭한 변증학자들을 철저하게 분석해 내는 일은 밴틸 같은 학자들이 해야 할 책임이고 의무이다.

아이러니한 것은 쉐퍼도 무척이나 학계에서 인정받기를 원했지만 학계에 잘 적응하지 못했다는 사실이다. 또한 쉐퍼는 밴틸 역시 자신과 마찬가지로 세상과 힘든 싸움을 하고 있다는 사실을 잘 몰랐다. 쉐퍼는 스승인 밴틸이 이웃을 찾아다니며 복음 전하기를 좋아하고 설교하는 일을 소중히 여기는 사람임을 알지 못했다.

1978년 가을, 밴틸이 뉴욕에 갔을 때 월 스트리트(Wall Street)에서 수많은 군중들에게 복음을 전한 사실은 잘 알려지지 않은 일이다. 쉐퍼는 자주 사랑을 강조하면서 분리주의 교회에는 사랑이 없다고 질타하였다. 그러나 밴틸에게는 그런 비난을 할 수 없을 것이다. 언젠가 한 친구가 밴틸의 수업 시간에 세미나를 했던 날 있었던 일을 나는 아직도 또렷이 기억한다.

그날 친구가 준비한 세미나는 아주 훌륭한 수준이었으나 교리적인 면에서 몇 가지 심각한 결함이 있었다. 수업이 끝난 후 밴틸은 나를 비롯한 몇몇의 학생들을 자기 방으로 데려가서는 그날 발표한 학생들의 영적 상태가 어떤지를 물었다. 그리고 우리는 같이 그 학생들을 위해 기도하였다.

이 두 기독교 전사들은 어째서 서로에게 배우지 못했는가? 그들은 여러 번 같이 앉아서 진지하게 의논할 기회가 있었지만 정작 그렇게 한 것은 불과 몇 번뿐이었다. 그것도 마지 못해서 한 것에 불과했다. 얼마나 부끄러운 일인가?

사실상 그들은 서로에게 무척이나 할 말이 많았다. 그들이 진지하게 대화를 했었더라면 교회를 위해서 더 큰 유익이 되었을 것이다. 우리는 지금도 이 두 사람으로부터 많은 것을 배울 수 있다. 그러나 그들이 서로의 견해를 교환하면서 각자의 변증학을 더욱 발전시켰더라면 우리는 지금보다 더 많은 것을 배울 수 있었을 것이다.

제6장
쉐퍼에 대한 평가와 비판들

쉐퍼의 변증학에 대한 비판을 중심으로 · 성인경

"쉐퍼의 전도 방법은 약간이라도 과장이 있거나 틀릴까봐
완벽한 수준을 위해 애쓰는 사려 깊은 학자들의 그것과는 전혀 달랐다.
그것은 마치 사진술과 같은 정확도보다는
'풍자 만화가(Catoonist)'의 힘있고 단순한 스케치 같은 양식으로서,
심판이 있다는 것을 반복하여 충분히 납득시키기 위한 그로테스크한
그림에 나오는 천사의 나팔과 같았다"(J.Packer).

쉐퍼의 변증학에 대한 평가와 비판은 다양하다. 극단적으로는 쉐퍼의 변증학을 두고 '그것도 변증학이냐'는 비관론이 있는가 하면, 20세기에 '탁월한 변증학이다'라는 극찬도 있다. 그러나 대체로 그에 대한 평가는 크게 둘로 나뉜다. 부정적인 평가와 긍정적 평가가 그것이다. 공정한 판단을 위해 여러 가지 평가와 비판을 살펴보겠다.

쉐퍼에 대한 평가

먼저 부정적인 평가에 대해 대표적인 세 사람의 일반적인 견해를 살펴보겠다. 현재까지의 부정적 평가는 변증학자 피노크(Clark H. Pinnock)와 기독교 철학자 홈스(Arthur F. Holmes), 루제거(Ronald Ruegsegger)로부터 제기되고 있다.

쉐퍼를 평범한 변증가로 전락시키는 것이다

변증학자인 피노크는 쉐퍼를 냉소적으로 평가하는 대표적인 인물이다. 그는 현대 신학의 문제에 있어서 쉐퍼를 통찰력 있는 해석자로 인정하면서도, "그러나 그는 최종적인 권위라기보다는 하나의 디딤돌(a stepping stone)에 불과하다고 단정한다."[1] 하물며 그는 쉐퍼를 "변증학적 꼬리로 신학적 개를 뒤흔드는 방법"[2]을 가진 사람이었다고 비꼬기까지 한다.

---

1) Ronald Ruegsegger(ed), *Reflections on Francis Schaeffer*(Academie Books, 1986), p.192.
2) Ibid., p.190.

즉, 쉐퍼를 신학자도 아니면서 신학의 한 지류에 불과한 변증학으로 신학 전체의 구조에 도전하는 사람으로 규정한 것이다. 그는 변증학이 갖는 위험성이라고 할 수 있는, 변증학의 지식적인 필요조건은 필히 신학적인 명령을 요구하는 데 이바지한다는 관념을 쉐퍼에게 직접적으로 적용했던 것이다. 그의 부정적인 평가는 그의 다음과 같은 말에서 비판적으로 지적되고 있다. "신자로서 쉐퍼는 그리스도를 의뢰한다. 그러나 사상가로서의 쉐퍼는 합리적인 방법론과 명제, 그리고 성경의 무오성에 정신이 팔려 있다."[3]

쉐퍼가 철학의 학문성을 저하시켰다는 비난도 있다

쉐퍼가 '학자로 취급될 위험'이 있다고 노골적으로 비난함으로써 쉐퍼의 변증학적 공헌을 과소 평가하려는 이들이 그들이다.[4] 홈스 같은 기독교 철학 교수는 그의 철학 교실에서 쉐퍼에게 호의적인 학생들에게까지도 '어떻게 하면 철학을 하지 않는가'를 보여 주는 하나의 사례(事例)로 쉐퍼를 들므로 그를 조롱하듯 취급하기도 한다.[5]

그는 실제로 쉐퍼의 칸트와 키에르케고르에 대한 비판을 주관과 객관에 대한 이해 부족이라고, 기본적인 철학 지식의 부족이라고 몰아붙였다. 특히 그는 쉐퍼가 이해의 능력으로서의 이성과 보편

---

3) Ibid., p.191.
4) cf. *NEWSWEEK*(1982. 11. 8). 아더 홈스와 함께 미국 휘튼 대학의 역사학 교수인 마크 놀(Mark Noll)은 *NEWSWEEK*지 기자와의 인터뷰에서, 복음주의적인 역사학자들은 쉐퍼의 단순화된 미국의 과거 기독교 역사에 대한 신화를 심히 귀찮아하고 있다고 했다.
5) Ibid.

적으로 참된 전제들을 입증하는 능력으로서의 이성을 구분하는 데 실패했다고 말한다. 그리고 쉐퍼가 이성으로 돌아가자는 것은 마치 계몽주의적인 합리주의의 메아리를 성경적인 통찰의 회복이라고 하려는 듯하다고 주장했다.[6]

전문성의 결여라는 평가도 있다

루제거(Ronald W. Ruegsegger)는 쉐퍼의 변증학이 출발하고 있는 시대 인식의 뿌리를 비판한다. 즉 그는 쉐퍼가 '헤겔 이후로 진리가 상실되고 종합(Synthesis)이라는 개념이 상대주의와 함께 지배하게 되었다'는 논리에 대해 철학사적인 비판을 통하여 쉐퍼의 철학적 무지를 폭로하겠다는 것이다. 그는 '헤겔은 성질상 생각은 변증법적이라고 믿는 절대적인 이상주의자(an absolute idealist)이다'라는 쉐퍼의 지적은 인정한다.

그러나 루제거는 헤겔 이전에도 진리가 상대적이라는 개념이 있었으며, 칸트도 '실재 자체는 생각의 산물'이라는 절대적 이상주의가 사라지지 않았다고 주장한다. 철학적으로는 금세기 초에 무어(Moore)와 러셀이 철학을 다시 실재론자의 방향으로 바꾸어 놓았다. 그리하여 '지식은 인식자에게 상대적이다'는 칸트의 주장은 실재론과 양립하게 되었다.

그러므로 쉐퍼가 주장하는 인식론의 코페르니쿠스적 변화는 헤겔에서 출발할 수 없다고 주장한다. 그는 철학 못지 않게 과학적으로 아인슈타인(Einstein)의 상대성 원리와 하이젠베르크

---

6) Arthur F. Holmes, *All Truth Is God's Truth*(Eerdmans, 1977), p.47.

(Heisenberg)의 불확실성의 원리(Uncertainty Principle), 혹은 사회적으로는 타 문화에 대한 서구 문화의 노출, 독재 체재의 실패 등이 헤겔의 변증법보다 상대주의를 확립하는 데 더 공헌했다고 주장한다.[7]

이상과는 대조적으로 쉐퍼의 변증학적인 공헌에 대해 긍정적인 평가를 아끼지 않는 신학자들도 많다. 그에 대한 종합적인 평가와 아울러 방법론적인 평가, 그리고 역사적인 평가 등은 쉐퍼 연구에 대한 꺼져가는 소망을 다시 불러일으키기에 충분하다.

먼저 패커의 종합적인 평가를 들어 보자.

패커는 일곱 가지 점에서 쉐퍼의 변증학적인 공헌을 높이 평가한다.

1) 그는 교수 전달하는 방식에 있어서 특별한 재능을 발휘하여 전통적인 사상들을 새로운 방식으로 표현하였다. 예를 들어, 계시를 '참 진리(true truth)'로, 인간 존재를 '인간다움(mannishness)'으로 표현하는 것 등이다.

2) 그는 풍성한 감정과 더불어 문학과 예술에서 표현되는 현대의 세속 세계에 자세히 귀를 기울이고 그들과 대화하였다. 이것은 대부분의 복음주의자들이 등한시했던 그들의 하위 문화에 대한 문제였다.

3) 그는 오늘날의 세속주의자들이 당연하게 받아들인 사실들에 대하여 비록 개괄적이기는 하지만 사상사적 기원을 집중적으로 추구하였다. 그것은 신학교 밖에서 거의 모든 복음주의자들이 제대

---

7) *Reflections on Francis Schaeffer*, pp.115~118. cf. 홍치모, 「프랜시스 쉐퍼의 사상」, 《신학지남》, 1984. p.81.

로 처리하지 못했던 과제였다.
  4) 그는 역사의 연속적인 진행 과정에 대한 예리한 감각을 소유하고 미래학자와 같은 기민한 분석을 제공했다.
  5) 그는 죄인인 인간에 대하여 그들의 비천함과 더러움보다는 오히려 존엄성과 비극을 감지하였으며, 그들에게 집중적이며 일관성 있는 관심을 가졌다.
  6) 그는 정통주의적 열정을 사랑의 삶으로 다른 이들에게 전했으며, 진리 수호를 위해 최전선에서 분투하는 자들의 지나치게 단조로운 비애에 대해서는 비판을 했다.
  7) 그는 하나님의 주권으로 창조된 실재의 전체성과 함께, 그리스도인의 삶이란 그에 상응할 수 있는 또 하나의 포괄적인 실재이어야 함을 강조했다.8)

  그 다음에 방법론적인 평가로서 변증학자 루이스는 그가 틀에 박힌 한 가지 변증학적 방법론에 매이지 않았다는 것이 강점이라고 평가한다. 그는 쉐퍼가 신앙, 혹은 궁극적인 전제들(ultimate presuppositions)까지도 정당함을 증명하려는 기본적인 질문에 직면했는데, 조직화로 인해 경직된 전제주의자들은 이런 문제를 절대로 제기하지 않는다는 측면에서 그의 그러한 변증학적 자세를 높이 평가하고 있다.
  그는 쉐퍼의 변증학의 공헌은 비조직적이면서도 실제적인 변증학의 개척이라고 보고 있는 것이다. "만약 쉐퍼가 밴틸식의 전제를

---

8) Foreword : No Little Person, *Reflections on Francis Schaeffer*, p.7. cf. 성인경 편, 『혼돈시대 속의 확실성을 찾아서』(일지각, 1996), pp. 221~222.

가졌다고 한다면 변증학의 근본적인 질문인, '기독교가 과연 맞는가 틀리는가, 혹은 진리인가 아닌가와 같은 심각한 질문을 던질 수 있었을지 의심된다. 바람직하게도 쉐퍼는 조직적인 체계를 만드는 것에 대한 주저함을 떨쳐 버린다. 그는 능숙하게 신앙을 전달하면서도 그의 모든 출판물과 녹음된 강연의 내용에 관계되는 완벽한 체계를 이론화하는 시간을 찾는다."9)

마지막으로 역사적인 평가로서, 쉐퍼는 복음주의의 위기를 위해 싸웠다고 할 수 있다. 특히 헤럴드 브라운 같은 신학자는 쉐퍼를 초대 교회의 아타나시오스(Athanasius)에 비유하기도 한다.

"쉐퍼는 대단한 학문적 작업을 한 헤르만 도예베르트나 부루스 (F. F. Bruce), 카르 헨리(Carl F.H. Henry)와 같은 우리 시대의 최고의 신학자로는 기억되지 않을 것이다. 그러나 쉐퍼의 '반 세속(contra mundum)'의 자세가 없이는 그러한 학자들의 최선의 작업들이 1945년 이후의 복음주의가 직면했던 타협과 수용의 시험을 통과하기에는 불충분했을 것이다. 그것은 마치 주후 313년 이후에 기독교가 직면했던 위기를 아타나시오스가 싸웠던 것과 같다.10)

로널드 네쉬도 쉐퍼가 강조하는 바에 대해 긍정적으로 평가하는데, 그 이유는 복음주의의 최대의 취약점이라 할 수 있는 지성을

---

9) cf. *Reflections on Francis Schaeffer*, p. 77. G. R. Lewis, *Testing Christianity's Truth—Claims*, p.300.

10) *Francis A. Schaeffer : Portraits of The Man & His Work*, p.15. 아타나시오스는 알렉산드리아 교회의 집사로서 니케아 회의에 참석하여 아리우스파 학설 Arianism)을 반박했으며, 후에 알렉산드리아 교부로서 46년간 섬기며 아리우스파와 싸웠다. cf. *New Dictionary of Theology*(IVP), pp.52~53.

무시하거나 경멸하는 경향에 반하여 쉐퍼는 기독교 신앙은 철학을 무시하지 않는다고 말했기 때문이다. 그는 특히 쉐퍼가 기독교는 '이성과 본질적인 관련'이 있다(an intrinsic connection with reason)고 주장한 데 대해 찬사를 보낸다.[11]

쉐퍼의 변증학에 대한 일반적인 비판

여기에서는 쉐퍼의 변증학에 대한 여러 학자들의 비판 내용을 살펴보고, 그러한 비판에 대한 쉐퍼나 쉐퍼를 대신한 학자들의 답변을 살펴보겠다. 이러한 작업 과정에서 논의가 좀 더 필요한 쉐퍼의 독특한 변증학적 방법론은 후에 심층적인 분석을 시도하겠다. 여기에서도 논쟁점을 분명히 파악하기 위해 일반적인 비판에서 특수적인 비판으로 나아가겠다.

쉐퍼는 변증학자인가?

한 사람에 대한 후세의 비판은 언제나 여러 가지 의견으로 나뉜다. 쉐퍼에 대한 비판도 마찬가지이다. 그에 대한 일반적인 비판은 크게 세 가지로 나눌 수 있다. 여기서는 그 핵심적인 논의를 간단히 소개하고 그것이 정당한지를 묻고자 한다.

가장 흔한 비판은 그의 학문성과 단순성에 관련된 문제이다. 비판의 핵심은 쉐퍼가 전문적인 변증학자가 아니라는 것이다.

---

11) Ibid., pp.67, 69. 그는 '기독교 신앙은 논리나 철학, 혹은 과학과 불화하지 않는다'고 말하고 있다.

그것은 그가 문제를 너무 단순화시킨다는 방법론과 연관되어 있는 문제이기도 하다. 즉, 쉐퍼가 인간의 사상, 역사, 문화 등을 너무 단순하게 취급한 것은 그가 비전문적인 변증가라는 증거라고 비판하는 것이다.

다시 말하면 그가 변증학에 있어서 비전문가, 즉 일반론자(generalist)라는 지적이다. 이 비판을 제일 먼저 다루어야 하는 이유는 이에 대한 논란이 제일 많기 때문이다. 앞에서 쉐퍼의 변증학적 공헌을 잘 지적한 변증학자 고든 루이스는 쉐퍼의 변증학의 취약점을 네 가지로 지적하고 그것은 그의 전문성의 결여에서 기인했다고 추측했다.

그 네 가지는 다음과 같다. "1) 핵심적인 용어인 '전제(presupposition)', '필요성(necessity)'과 같은 단어가 그의 방법론에서 기술적인 일관성이 없다. 2) 참고문헌을 제시하지 않고 있다. 3) 그는 몇 가지 가정들만을 검증하고서도 모든 가능한 가정들을 검증한 것처럼 생각했다. 4) 그는 자신의 기독교를 위한 진술에 대한 결론을 지나치게 과장했다."[12]

헤럴드 프란츠(Harold J. Franz)도 쉐퍼의 첫 저서가 나온 이듬해인 1969년에 벌써 쉐퍼의 변증학적 방법론이 변증학적으로 만족스럽지 못한 점이 있다고 지적했다. 그 이유로 그는 다음과 같은 것을 지적했다. 반정립(Antithesis)의 개념이 불명료하며, 기독교적인 유신론과 인본주의적인 유신론의 차이가 모호하다고 했다.[13]

---

12) Ronald W. Ruesegger(ed), *Reflections on Francis Schaeffer*(Academie Books, 1986), p.100.

13) Harold J. Franz, *Book Review on The God Who Is There*(Westminster Theological Journal, 1969.11).

그가 쉐퍼의 논의는 '불분명하고', '모호하다'고 본 것은 중요한 지적이다. 이러한 지적은 쉐퍼가 변증학자로서는 자질 부족이라고 보는 것이다.

신학적인 비판도 만만치 않다.

신학적인 비판은 변증학자 클라크 피노크에 의해 시도되었다. 그는 쉐퍼의 첫 저서인 『The God Is There』가 출판되었을 때부터 쉐퍼에 대한 포문을 열기 시작했다. 아마도 그는 쉐퍼의 변증학을 비판한 첫번째 사람이었을 것이다. 비록 간단하지만 그의 서평에 나타난 비평의 강도는 학문적 논쟁을 예견하기에 충분하다.

쉐퍼를 학문적인 변증학자의 대열에 끼워 넣을 수 없음을 이런 방식으로 암시한 것이다. "쉐퍼는 지성사(知性史)를 개괄적으로 다루었으며 문화적 발전 과정을 지나치게 단순화했다. 기독교를 변호하기 위해 합리주의자들의 변증 방법, 즉 기독교가 진리의 체계로 존재하는 것은 어떤 공리(axiom)나 어떤 절대(a set of certain absolutes)를 포함하는 것에 기초한다고 생각했다.

그 예는 쉐퍼가 성경의 무오성을 주장하는 데서 나타났다. 무오성(inerrancy)은 그의 신학의 분수령이며 기초이다. 그것은 마치 구원의 메시지의 수레바퀴가 중심 무대를 차지하고 메시지 자체는 한쪽으로 밀어낸 것과 같은 것이다. 즉 '구원을 위해 예수 그리스도를 믿겠습니까' 보다는 '무오성에 대해 어떤 견해를 갖고 있습니까' 하는 것이 더 중시되는 것과 같다… 이것이 쉐퍼로 하여금 성경 위치의 중요성에 대한 자만심을 일으켰다."[14]

---

14) Clark Pinnock, 'Breakthrough for evangelicals' [Book Review on (The God Who Is There)], *Christianity Today*(1969.1.3).

이상에서 살펴본 것은 쉐퍼가 인간 역사와 문화, 사상 등을 지나치게 단순화한다는 그의 변증학자로서의 자질에 대한 비판이다. 이에 대해 쉐퍼의 직접적인 답변을 듣기 전에 그를 변호하는 사람들의 답변을 먼저 들어보면 이렇다. 즉, 인간 역사, 문화, 사상에 대한 파노라마식 접근이나 지나친 단순화는 그의 변증학적 전략과 목적을 염두에 두지 않고는 설명하기 어려운 문제라는 것이다.

네쉬가 잘 지적해 준 것처럼, 쉐퍼의 여러 가지 문제와 제한성에도 불구하고 그러한 것들은 그의 기본적인 접근이나 그의 변증학적 전략을 무효화시킬 수 없다…. 그의 사역은 타당한 맥락 위에서 판단되어져야 한다.[15] 그 맥락이란 쉐퍼가 주로 대화를 나눈 청중이 철학이나 신학 교육을 받지 않은 젊은이들이었고, 쉐퍼는 그들만이 안고 있었던 특별한 문제에 접근하려고 노력했다는 점이다.

진 베이스도 그 점을 잘 지적했다. "쉐퍼는 확실히 작은 나무들을 놓치고 있다. 그러나 그가 그리는 숲의 지도는 기본적으로 믿을 만하다."[16]

이에 대해 콜린 브라운(Colin Brown)도 동의하기를, "그의 변증학은 생의 전 영역에 대한 통합적인 해답을 마련하기 때문에 그 과정에 있어서 섬세성이 결여되는 것을 피치 못할 일이다."[17] 브라운의 이러한 지적은 쉐퍼가 지식의 통일성과 종합적인 세계관에 대한 관심 때문이라는 인식에서 나온 말이다.

---

15) *Francis A. Schaeffer : Portraits*, p.54.
16) Ibid.
17) Colin Brown, *Philosophy & The Christian Faith*(IVP, 1968), p.263. : cf. 권혁봉, 『쉐퍼의 업적』(총신, 1984).

데니스(Lane T. Dennis)는 보다 적극적으로 쉐퍼를 변호하기를, 전문가는 한 분야의 개별성은 잘 보지만 지식의 통일성을 간과하기 쉬운 데 반해, 쉐퍼는 철학적인 전문가가 아닌 사람으로서 여러 가지 특수한 지식의 분야들에 대해 정확한 이해를 한 사람이라고 주장했다. 그는 또한 쉐퍼가 전문적인 변증학을 연구한 학문적인 의미에서의 학자(an academic scholar)는 아니더라도 대화와 책을 통하여 누구보다도 폭넓은 지식을 '배운 사람(a learned person)'으로서 학자라고 부를 수도 있다고 주장했다.[18]

패커도 쉐퍼를 변호하는 데 인색하지 않다. "그의 전도 방법은 약간이라도 과장이 있거나 틀릴까봐 완벽한 수준을 위해 애쓰는 사려 깊은 학자들의 그것과는 전혀 달랐다. 그것은 마치 사진술과 같은 정확도보다는 '풍자 만화가(Catoonist)'의 힘있고 단순한 스케치 같은 양식으로서, 심판이 있다는 것을 반복하여 충분히 납득시키기 위한 그로테스크한 그림에 나오는 천사의 나팔과 같았다. 학자들은 쉐퍼의 이러한 변증 방법을 비난했다. 그러나 그의 형식에 얽매이지 않는 풍자 스타일은 그가 하고자 했던 바를 이룩하기 위해서는 유효 적절한 것이었다."[19]

쉐퍼 스스로는 자기에 대한 비평을 크게 신경 쓰지 않았다. "나는 한 사람의 전도자이지 전문적이고 학문적인 철학자가 아니며 그것은 나의 소명이 아니다."[20]

쉐퍼는 자기를 낮추므로서 이 문제에 대한 논쟁을 끝내고 싶어한다. 쉐퍼는 학문적인 변증학자가 아니라 실천적인 변증학자이

---

18) *Francis A. Schaeffer : Portraits*, pp.102~103, 118~119.
19) 성인경 편, 『혼돈시대 속의 확실성을 찾아서』(일지각, 1996), p.224.
20) Francis A. Schaeffer, *Trilogy*(Crossway Book, 1990), p.186.

며, 동시에 그는 이론가가 아니라 전도자이다.

쉐퍼는 변증학적인 계보가 있는가?

이 비판은 쉐퍼가 과연 어떤 변증학적 계통에 속하느냐에 관계된 것이다. 변증학계에는 학문적 족보가 있으며, 모든 변증학적 이론들은 어느 한 족보에 속하게 마련이다. 그러므로 족보가 없는 변증학은 고아가 되기 쉽다. 여기에서 크게 세 가지 논의가 현재 진행되고 있다.

일반적으로 알려진 논쟁은 '쉐퍼가 전제주의자냐 아니냐' 하는 것이다.
그가 전제주의자와 그렇지 않은 자로부터 모두 비판을 받고 있기 때문이다. 잘 알려진 대로 쉐퍼는 웨스트민스터 신학교에서 전제주의적 변증학의 창시자인 밴틸 밑에서 변증학을 배운 바가 있다. 그러나 고든 루이스가 잘 지적한 대로, "쉐퍼가 밴틸 밑에서 공부했다는 빛 안에서, 그리고 그가 '전제'를 강조한다는 의미에서 쉐퍼가 전제주의자(presuppositionalist)로 보이는 것은 사실이다."[21]
그렇다고 해서 쉐퍼가 밴틸 밑에서 공부했다는 사실만으로는 쉐퍼가 전제주의자라는 증명은 하지 못한다. 학생의 특권이라는 것은 은사의 평생의 연구 업적을 전수받고 새로운 방법론을 얼마든지 도전할 수 있는 것이기 때문이다. 실제로 밴틸은 쉐퍼와 카넬(Edward J. Carnell)이 말하는 '전제'는 자기가 말하는 전제와는

---

21) *Reflections on Francis Schaeffer*, p. 90.

다르다는 것을 인정하고, 그 전제를 '가설(hypothesis)'이라고 규정했다.[22]

왜냐하면 밴틸이 말하는 전제는 어떠한 사고의 논리적 태도 이전의 하나의 기독교적 신앙의 필연성이며 모든 이론에 대한 기준을 말하는 것이다. 이러한 밴틸의 전제를 켈리(D.F.Kelly)는 정의하기를, "실재를 분별 있게 해석하기 위하여 추정하는 사고의 궁극적인 범주 혹은 인식의 틀"[23]이라고 했다. 예를 들어, 밴틸에 의하면 하나님의 존재도 증명되기보다는 전제되어야 하는 것이라는 것이다.

그러나 쉐퍼의 전제는 다음 단계로의 논리적 이행에 앞서 이미 가설되어 있는 신앙과 이론을 말한다. 이것은 의식적으로나 무의식적으로 인간이 거기에 끌려가서 추론하는 방법에 영향을 주는 세계관[24]이라고 할 수 있다. 밴틸은 전제를 추상적으로 설명하고 쉐퍼는 전제를 현실적으로 설명한다. 그리고 밴틸은 전제를 신앙으로 취급하고 쉐퍼는 전제를 증거로 사용한다. 그런 이유로 전제론적 변증학의 창시자인 자신의 은사로부터도 비판을 받는다.

여기서 새로운 해석이 등장하기 시작한다. 요컨대 비일관적인 전제주의자(inconsistent presuppositionalist)라는 호칭이다. 케네스 하퍼(Kenneth C. Harper)가 그 사람인데, "쉐퍼를 비일관

---

22) Cornelius Van Til, *The Apologetic Methodology of Francis Schaeffer*(Westminster Theological Seminary Syllabus), pp.1, 36, 52. ; 이 점에 있어서는 비록 약간의 차이가 있기는 하지만 Thomas Morris, Colin Brown, Ronald Ruegsegger도 한 목소리로 동의한다.

23) *New Dictionary of Theology*(IVP, 1991), p.704. ; D.F.Kelly는 미국의 미시시피주에 있는 Reformed Theological Seminary의 신학교수이다.

24) 쉐퍼가 의미하는 '전제' : GWIT : Appendix

적인 전제주의자라고 부르는 것이 쉐퍼에 대한 최선의 묘사이다. 왜냐하면 쉐퍼는 밴틸이 규정하는 구별을 수용하면서도 밴틸이 반대하는 공통 바탕(common ground)을 믿기 때문이다."[25] 그러나 이러한 애매 모호한 규정은 전제론자뿐만 아니라 그렇게 규정받는 쉐퍼에게도 명쾌한 것은 못된다.

어떤 변증학자들은 쉐퍼가 합리주의적 변증학을 지향한다고 한다.

고든 루이스는 쉐퍼의 변증학은 검증적인 변증학의 변형된 형태라고 단정한다. 그래서 그는 쉐퍼가 전제에 대한 강조를 하면서도 종종 검증적인 용어들을 결론적으로 사용하는 것에 대해 주의를 했고,[26] 쉐퍼가 검증 방법을 원칙대로 사용하기보다는 대중적인 목적을 위해 융통성 있게 사용하고 있다는 사실을 발견했다.

그래서 그는 보다 더 철저한 분석을 위해, 쉐퍼의 저서에 사용된 이러한 가능성들을 보다 변증학의 '다섯 가지 기본 요소'들을 검토함으로써 쉐퍼가 검증적인 방법을 사용했는지의 여부를 규명하고자 했다. 그의 결론은 쉐퍼의 변증적인 방법은 검증적 방법의 비기술적인 변형이라는 것이다.[27]

쉐퍼의 변증학적 분석에 있어서 루이스의 인정을 받고 있는 울프(David L. Wolfe)도 쉐퍼를 검정적인 비판적 방법과 동일 선상

---

25) *Reflections on Francis Schaeffer*, p.57.
26) 그 증거로 쉐퍼가 그의 *EFR*(Escape From Reason), p.82에서, "합리성은 검증과 토론에 공개된 기초 위에서 가능하다"라는 말을 쓰고 있고, *GWIT*의 마지막에 있는 용어집에서, "어떤 가설의 진리성과 허위성을 확증하기 위하여 요구되는 증명 작업"이란 설명을 하고 있다.
27) *Reflections on Francis Schaeffer*, pp.69~104.

에 있다고 말한다.[28] 루이스는 울프뿐만 아니라 전제주의자인 기한 (E.R.Geehan)까지도 동원해서 쉐퍼를 검증적 변증가 (Verificational apologist)로 규정한다. 검증적 변증의 대가(大家)는 카넬(Edward J. Carnell)인데, 카넬은 보다 기술적인 철학적 용어를 많이 사용한 반면에 쉐퍼는 보다 대중적인 용어로 표현했다는 것이다.[29]

또 다른 분석은 앞의 전제적 변증이나 합리적 변증과는 다른 증험론적이라는 견해를 내어놓는다. 그 중에 대표적인 사람은 레이몬드(Robert L. Reymond)이다. 그는 쉐퍼를 경험적인 변증가로 규정하면서, 전통적인 증험론적(evidential)인 범주 속에 집어넣는다. 거기에는 아퀴나스(Thomas Aquinas), 카넬(Edward J. Carnell), 버스웰(James O. Buswell), 워필드(B.B. Warfield), 몽고메리(Mongomery), 피노크(Clark Pinnock), 맥도웰(McDowell) 등도 포함시킨다.[30] 밴틸도 같은 입장이다.

밴틸은 쉐퍼에게 보낸 편지와 쉐퍼에 대해서 쓴 글에서, 쉐퍼의 변증학은 진정으로 개혁주의적인 변증학이라는 전제 하에서, 쉐퍼가 특히 인간관에서 '후기 카넬'과 같은 입장과 유사하다고 말한다. 그는 기독교와 '후기 칸트'의 인격 철학의 조화, 혹은 데카르트와 칸트의 종합, 그리고 아퀴나스와 버틀러의 '단정의 가능성 (possibility of predication)'의 전제와 유사하다는 등의 모호한 말로 쉐퍼를 설명하려고 애썼다. 그러나 그의 결론은 "나는 그렇다

---

28) Ibid., p.98.
29) *Reflections on Francis Schaeffer*, pp.93, 102
30) *Reflections on Francis Schaeffer*, pp.69, 91.

고 해서 단정적으로 말하는 것은 아니다"라고 했다.[31]

　이상에서 논의된 비판들은 쉐퍼를 기존의 변증학적 틀 속에 집어넣어 보려는 시도에서 나온 혼돈이라고 볼 수 있다. 그것이 전통적인 변증학이든 아니면 금세기에 발전된 전제적 변증학이든 기존의 변증학계의 기본적인 범주 속에서 쉐퍼의 변증학을 논한 것이다.
　그러나 쉐퍼 자신은 그러한 시도를 바람직하게 여기지 않았다. 그의 모리스의 비판에 대한 답변에서 그러한 암시가 보인다. "그는 나의 변증학에 대한 고찰을 하면서, (지금까지의 변증학과는) 상이한 변증학이라고 보지 않고, 기존의 변증학적 수레바퀴 중에 하나라고 생각하였다. 그러나 진리에 대한 새로운 관념이 전혀 '참 진리(true truth)'가 아니라고 판명된 시대를 위한 하나의 (새로운) 제시로 보지 않았다."[32]

　쉐퍼는 자신의 변증학이 기존의 변증학적 틀 속에 규정되는 것을 원치 않는다는 것을 분명히 한 셈이다. 쉐퍼는 자신의 변증학이 전통적인 변증학의 시대와는 다른 시대를 위한 변증학이라는 평가를 기대한 것이다. 사실 그는 처음부터 일단의 새로운 변증학을 시도하고 있었다는 것을 그의 첫 저서에서 노출시켰다. "변증학은 단지 학문적 문제도 아니고 새로운 형태의 스콜라주의도 아니다. 변증학은 오늘의 세대와 생생한 접촉을 가지면서 그들과 어깨를 서

---

31) Ibid., pp.35,50.
32) Francis A. Schaeffer, Unprinted paper on 'A Response to Mr. Morris', p.2. 괄호 안의 말은 필자가 삽입한 것임.

로 맞대고 철저하게 생각하고 실행에 옮겨져야 하는 것이다."[33]

그런 점에서 쉐퍼의 변증학적 계보는 그가 노년에 《Christianity Today》와의 인터뷰에서 밝혔듯이, 기존의 틀에 매이지 않는 매우 독창적인 것이다. 독창적이라고 말할 때, 이 말은 그가 기존의 전통적인 변증학자들의 학문적인 업적을 과소 평가하는 것과는 전혀 다르다. 그도 지나간 기독교 시대의 걸출한 변증학자들의 어깨 위에 서 있는 사람 중에 하나이다.

"나는 역사적 기독교의 전 배경, 특별히 종교개혁의 유산을 연구하려고 애썼다. 나는 개혁주의 입장을 선택했다. 메첸, 밴틸, 맥레이 교수가 나의 지성적 사고를 일깨운 것은 사실이다. 나의 사상을 극소화시키려는 사람들은 나를 하지와 워필드 등의 프린스톤 사상에만 연계시키려고 한다. 그러나 나는 그분들에게 감사하면서도 그들이 처했던 시대적인 문제가 우리가 처했던 문제와는 다르기 때문에 신학적 입장은 유사할지 모르지만 각자의 제시하는 방법은 필연적으로 달라야 한다고 생각한다."[34]

총신대학교의 박아론 교수는 변증학적 계보를 전제주의적 변증학과 합리주의적 변증학의 양대 산맥으로 구분한 바가 있다. 그의 계보에 의하면, 쉐퍼는 두 산맥의 중간에서 성경적인 변증학의 새로운 길을 모색하고 있다고 할 수 있다. 그러나 쉐퍼는 양 변증학 계로부터 어느 한 쪽 편이 아니라는 비판을 받고 있다. 밴틸은 쉐

---

33) Francis A. Schaeffer, *GWIT* (IVP, 1968), 홍치모 역, 『기독교와 현대사상』 (성광문화사, 1992), p.229.
34) *Chritianity Today*(1979.3.23).

퍼가 전제주의에 충실하지 않다고 지적하고 있으며, 루이스도 쉐퍼가 전제주의자라고 보기보다는 합리주의적이라고 한다. 울프와 기한도 루이스와 같은 입장이다. 레이몬드는 어느 한 쪽도 아닌 전통적 경험론적 변증학으로 규정했다.

계보를 간단히 요약하면 다음과 같다.[35]

합리주의적 변증학	전제주의적 변증학
카넬(E.J.Carnell)	밴틸(C.Van Til)
칼 헨리(C.F.H.Henry)	루시두니(R.J.Rushdoony)
클라크(G.Clark)	프레임(J.M.Frame)
렘(B.Ramm)	간하베(H.Conn)
쉐퍼(F.Schaeffer)	

앞에서 우리는 일반적인 비판과 거기에 대한 답변을 살펴보았다. 그러한 비판들은 어떤 면에서 논의의 타당성을 가지고 있으면서도 설득력이 뒤떨어진다는 것을 보았다. 특히 변증학자들 사이에서도 의견이 거의 통일되지 못하고 있다. 그것은 변증학의 독창성이나 다양성에 대한 문제라기보다는, 어떤 면에서는 학자가 아

---

35) 박아론 교수는 '변증학' 강의실에서, "나는 과거에는 밴틸니언(Van Tillian)이었으나 지금은 '반-카넬리언(Van-Carnellian)이다"라고 했다. cf. 호른(Charles M. Horne)은 전제주의적 변증학을 '계시적 변증학'이라고 부르며 여기에 밴틸, 루시두니, 벌카우어(G. C. Berkouwer), 도예베르트, 스피어(J. M. Spier)를 넣고, 합리주의적 변증학에는 부스웰(J. O. Buswell)을 추가한다(*Jerusalem & Athens*, edited by E.R.Geehan, p.379).

닌 전도자의 대중적인 인기에 대한 감정적인 비판일 수도 있는 것이다.

언제부터인가 기독교계에는 신학자들이 전도자들의 통찰력을 미처 따라가지 못하거나, 전도자들이 신학자들의 학문적 업적을 무시하는 경향이 생겼다. 서로가 협동하기보다는 견제하고 있기 때문이다. 신학자들은 전도자들의 실천적인 통찰력을 신학화하고, 전도자들은 신학자들의 업적을 목회와 전도의 현장에 적용하는 데 마음을 넓혀야 한다. 쉐퍼는 계보가 없는 변증학자가 아니라 기존의 계보를 뛰어넘은 변증가였다고 볼 수 있다.

쉐퍼의 변증학에 대한 특수한 비판

쉐퍼에 대한 비판의 펜을 든 사람은 많으나 아직 모리스와 밴틸만큼 예리한 비판을 가한 사람도 없기 때문에 여기에서는 그 두 사람의 비판을 주로 살펴보도록 하겠다. 그러나 모리스보다는 밴틸의 비판을 더 주의 깊게 살펴볼 것이다. 이들의 비판은 변증학의 방법론에 관한 비판이다.

토마스 모리스(Thomas Morris)의 비판

모리스는 쉐퍼의 변증학을 조직적으로 연구하고 비평한 첫번째 사람이다. 그가 1976년에 쓴 『Francis Schaeffer's Apologetics : A Critique』[36]는 이미 쉐퍼 연구의 고전이 되고 있

---

36) Thomas V. Morris, *Francis Schaeffer's Apologetics* : A Critique(Baker, 1976).

다. 특히 쉐퍼의 변증학을 전제적 변증학으로 규정한 것이라든가, 'Pre-evangelism(복음 전도에 앞선 전달)'[37]의 유용성에 대한 평가는 높이 평가할 만하다. 그러나 서문에서 홈스가 말했듯이, 그의 그러한 비평이 없어서도 안되지만 '마음에 드는 비평'이라고 극찬한 것은 지나친 감이 든다. 먼저 모리스의 비판을 들어보고 그 후에 쉐퍼의 대답을 들어보자. 모리스의 비판은 크게 두 가지로 요약될 수 있다. 쉐퍼가 개연성의 모델을 사용하며 일반적인 유신론 논증이지 기독교적인 논증이 아니라는 것과 쉐퍼의 전제는 가정이라는 것이다. 먼저 이 두 가지 비판의 내용이 무엇인지 살핀 다음에 쉐퍼의 대답과 일반 변증학계의 평가를 관찰하도록 하자.

쉐퍼가 '개연성의 모델(Model of probability)'을 사용한다는 것이다.

모리스의 결론부터 말한다면 다음과 같다. "나는 쉐퍼 박사의 논쟁의 전반적인 논쟁은 확증 혹은 개연성의 모델에 의해 묘사될 수 있는 것인데, 그것은 과학적인 가설 선택(scientific hypothesis selection)에서 작용하는 것과 같은 방법으로 작용한다고 생각한다… 그리고 그 개연성은 객관적인 증거보다는 그의 주관적인 반응들에 의해 결정된다고 본다."[38]

모리스가 의미하는 개연성이란 말의 초보적인 의미가 무엇인가? "모든 의미 있는 가정(假定, hypothesis)이란 참(true)이 아니면

---

[37] 이러한 멋진 표현을 쓴 사람은 이승훈 목사이다(이승훈, '라브리의 전도방법 연구', 라브리안내와 편지 제14호).
[38] Thomas V. Morris, *Francis Schaeffer's Apologetics*(Baker, 1976), pp.94~98.

거짓(false)이다. 우리가 가설을 개연적(probable)이란 의미로 말할 때는 어떤 가정이 참이라는 개연적이란 말이다. 이게 무슨 말인가 하면, 비록 우리가 확실하게 그것이 참이라는 것을 모른다고 하더라도 우리가 가지고 있는 증거들이 그것이 '참(true)'일 것이라는 것을 암시한다. 증거들이 가설의 진리를 암시하면, 우리는 증거들이 가설을 확증한다고 말한다."[39]

모리스는 쉐퍼가 개연성의 모델을 사용한다는 증거로 쉐퍼가 사용하는 용어와 그 방법을 다음과 같이 비판했다. "그의 독창적인 용어인 "명백한 필연성(apparent necessity)"이란 말은 쉐퍼가 의미하는 논쟁의 성격을 보여 주는 단어로서, 그가 제시한 유신론 논증의 결론은 연역적으로 논리적인 의미의 '필연성'에 도달하는 것이 아니다. 그 유신론 논증들은 기껏해야 무신론이나 자연주의와 비교되는 고도의 개연적인 것을 말한다. '명백한'이란 말도 논쟁의 타당성을 강화시키려는 은유이며 심리학적으로 수용한 것뿐이다.

쉐퍼는 단지 정통 기독교 삼위일체론자의 유신론의 가능성을 전시(showing)하는 쪽으로 움직인다. 왜냐하면 그 가능성을 전시하는 것은 그가 생각하지 않은 질문에 대답하는 것이 포함되기 때문이다. 예를 들어서, 그에게 반대하는 사람이나 회의론자들은 '악의 문제'에 대해 의문을 제기한다. 몇몇 기독교 철학자들은 이러한 문제들에 답하기 위해 기독교적 개념에 대한 논리적 가능성과 언어적 토론 가능성에 대한 뛰어난 변증을 하였다. 그러나 쉐퍼에게서는, 이러한 면은 전혀 보이지 않고 있다. 따라서 그는 정통 기독교 입장의 가능성을 보여 준 것이 아니라 그쪽 결론을 향해 옮겨간 것

---

39) Ibid., p.95.

에 불과하다."[40]

그의 주장을 따르면, 쉐퍼의 유신론적 논증에 있어서 인격성(personality)의 논쟁이나, 질서(order)의 논쟁은 결과적으로 '하나밖에 없는 유일한 대답'이 아니라 '하나의 가능한 대답'이라는 것이다. 모리스는 이러한 논증이 기독교적인 유신론 논증이 아니라 '고무공 논증'이라고 주장한다. "쉐퍼의 논증은 일반적인 유신론 논증이지 기독교적인 것이 아니다. 쉐퍼가 힌두교, 불교, 이슬람교와 같은 타 종교의 유신론 논증의 선상에서 기독교를 제시하는 것이다. 즉 쉐퍼가 기독교 진리는 하나님을 아는 데 충분하다고 말하는데 그렇다면 왜 로마서 1:18~20과 같은 곳에서 바울은 사람들이 진리를 막기 때문에 하나님을 알지 못한다는 말씀과 충돌되는 주장이 아닌가? 도대체 충분이란 것이 무엇인가?"[41]

"그의 형이상학적, 인식론적, 도덕론적 논쟁에서, 쉐퍼는 비기독교인들의 전제들과 정반대적인 방향으로 몰아간다. 그는 사람들에게 진정한 전제의 체계로서 정통 기독교의 정확한 위치로 반정립적으로 돌아오는 것을 직면하게 하고, 그리고는 믿게 되기를 무척이나 기대하는 듯이 보인다. 이런 의미에서 쉐퍼를, '고무공을 벽에다 던지고는 곧바로 손으로 다시 돌아오기를 기다리는 것'으로 묘사할 수 있다. 그러나 다른 고무공은 종종 다르게 튀어오른다."[42]

모리스는 결국 쉐퍼가 가능성 혹은 개연성의 법칙이라고 통칭되

---

40) Thomas V. Morris, *Francis A. Schaeffer's Apologetics : A Critique* (Baker, 1976), pp. 35~36.
41) Ibid., pp. 89, 90, 94, 115.
42) Ibid., p. 79.

는 전통적인 변증학자인 아퀴나스와 버틀러(Bishop Butler)에 의해 전승되어 오는 변증학의 방법을 사용하고 있다고 비판하는 것이다. 이 점에 있어서 밴틸도 동일한 비판을 하고 있는데, 모리스가 먼저라기보다는 오히려 밴틸의 비판을 모리스가 수용한 것이 아닌가 생각한다.

모리스는 또 쉐퍼의 전제가 가정이라고 비판한다.

"그는 쉐퍼의 '전제(presupposition)'를 아무런 선택이나 생각도 없이 받아들이는 '비논리적 가설(假說, hypothesis)'을 의미하는 것"이라고 해석하기도 했다.[43] 물론 그는 쉐퍼가 전제적 변증가라는 인식에는 변화가 없다. 그러나 쉐퍼가 사용한 '전제'라는 철학적으로 매우 기술적인 용어를 '가설'이라고 비판한 것은 문제가 되는 것이다.[44]

왜냐하면 쉐퍼에 있어서 '전제'란 말은 매우 중요한 용어이며 그의 변증학이 전제적 성격을 띠는 것은 바로 이 용어의 개념 위에 서 있기 때문이다.

아마도 모리스의 이러한 주장은 콜린 브라운으로부터 빌린 것일 것이다. 모리스보다 앞서 쉐퍼에 대한 평가를 내놓은 사람이 브라운인데, 그가 지적하기를 "쉐퍼는 그의 철학을 하나의 신앙 체계(a belief-system)로 제시하고 있다… 이것은 마치 과학에 있어서 일련의 '가정(hypothesis)'들과 비교될 수 있는 것이다. 가정은 처음에는 이해되지 않는 어떤 것을 설명하는 증명되지 않은 이론을 제시하는 것이다. 좋은 가정은 이미 관찰된 사실에 대한 의미를 가지

---

43) Ibid., p. 29.
44) Ibid., p. 19, 56.

고 다른 관찰된 사실들을 설명할 수 있는 것이다. 쉐퍼는 이중적인 주장을 하고 있다. 한편으로는 세속적인 철학은 아무것이나 수용하면서도 '합리주의적인 전제(rationalistic premise)'가 허락하는 바를 거절함으로써 전체로서의 인간, 세계, 역사, 개인적인 경험에 대한 의미를 갖는 데 실패했다는 것이고, 다른 한편으로는 성경에 의해 제시된 신앙 체계는 좋은 의미를 갖게 한다는 것이다."[45]

앞에서 모리스가 말했듯이 '가정'은 참이 아니면 거짓으로 개연적이란 것이다. 특히 그는 쉐퍼가 의미하는 '전제'는 아무런 선택이나 생각도 없이 수용하는 비논리적인 가정이란 의미로 사용하고 있다고 비판한다. 그의 이러한 주장은 많은 사람들에게 쉐퍼에 대한 오해를 낳는 원인을 제공한다.

모리스에 대한 대답

모리스에 대한 쉐퍼의 대답이 있는가?

그는 한마디로 이렇게 대답한다. "대답은 아주 간단하다. 내가 생각하기에 『모리스의 쉐퍼 비판서』는 기본적으로 프랜시스 쉐퍼(자신)의 변증학을 다룬다고 보지 않는다." 쉐퍼는 일찍이 자신에 대한 비판에 대해 일체의 공적인 반응을 보인 적이 없다. 그의 첫 번째 저서가 출판된 이래로 많은 사람들이 그의 변증학에 대한 의문과 비판을 쏟아부었으나 오랫동안 침묵의 원리로 일관했다.

그러나 그가 침묵을 깬 것은 토마스 모리스의 오석(誤釋)과 그 영향력 때문이었다. 그의 첫 저서가 나온 1967년 이후 21년이란

---

45) Colin Brown, op. cit., p.265.

세월이 지난 후이다. 그러나 그 반응도 라브리의 간사들과의 대화를 위한 비공개적 문서로 나온 것이다. 그는 두 가지로 모리스에 답변하고 있다.

모리스가 '개연성의 모델'을 오해했다고 지적한다.

쉐퍼는 모리스가 비판하는 '개연성의 모델'의 방법이 때로는 유익하다는 점을 간과했다는 말로 역공을 한다. 결론부터 말하면, 쉐퍼는 "모델이나 모범적 접근이 유익한 경우도 있는데, 만약 검증과 오류 요인이 주어질 경우가 있다면 그것이다"[46]라고 말한다. 이것이 모리스가 개연성의 모델을 일방적으로 비판하는 데 대한 쉐퍼의 반응이다.

즉, 전통적인 변증학자들이 그들의 시대에 사용했던 변증학적 방법을 진리관이 다른 오늘날의 시대에 그대로 사용할 수 없다. 그러나 만약 현대 사회에 살고 있으면서도 전통적인 인식론 위에서 살고 있는 사람에게는 그것이 더 유효할 수 있다. 단지 그 개연성을 검증할 수 있고 오류가 무엇인가를 알 수 있는 조건이 주어진다는 전제하에서 그렇다.

그러나 쉐퍼의 대답은 거기서 머물지 않는다. 만약 쉐퍼가 여기에 머문다면 모리스의 비판이 어느 정도 타당성이 있다는 결과가 생긴다. 그러나 쉐퍼는 대답하기를, "나는 그가 비판하는 것처럼, 대답을 주기 위해 '빈틈없이 결론을 도출하는' 철학적 방법보다는 성경적 계시로부터 대답하는 것을 잊지 않는다"[47]고 말함으로써, 그가 개연성의 모델을 그의 주된 변증학적 방법으로 전혀 채택하

---

46) Francis A. Schaeffer, Unprinted paper on Response to Mr. Morris, p.5.
47) Ibid., p.9.

고 있지 않다는 것을 분명히 했다.

모리스가 말하고 있듯이, "성경은 사람들을 유죄로 판결한다."[48] "왜냐하면 그들은 그리스도가 누구인지 충분한 증거를 가지고 있었기 때문이다. 그들은 그들의 경향(predisposition)에 의해 한 가지 모델을 받아들인 것이 아니다. 그들은 충분한 증거와 마주쳤고, 그 충분한 증거 앞에 절하지 않았기 때문에 유죄인 것이다. 만약 기독교를 거절했다면 그것은 기독교가 충분하지 않아서가 아니다."[49]

이것은 일반 종교의 유신론적 논증과는 다르지 않는가? 그리고 모리스 자신도 인정했듯이 쉐퍼는 '형식적인 논쟁' 하나로는 특별한 형태의 새로운 종교적 신앙을 가진 사람들에게 영향을 주기에 충분하지 못하다고 말한다.[50]

그리고 쉐퍼 자신은 한번도 모리스가 말하는 것처럼 '고무공' 같이 그의 변증학을 모든 인류들에게 기계적인 방법으로 사용할 수 있다고 의도하지도 않았다. 그것은 변증학이 아니라 일종의 마술이기 때문이다.[51] 모리스가 쉐퍼의 변증학을 고무공처럼 사용했다는 것은 오히려 자가당착(自家撞着)이다.

쉐퍼는 모리스가 전제를 오해했다고 대답한다.
쉐퍼의 전제가 '비논리적으로 받아들이는 가설'이라는 모리스의 비판에 대해서 그것은 오해라고 밝히고 있다. 오히려 고든 루이스

---

48) Thomas V. Morris, op. cit., p.265.
49) Ibid., pp.13~14.
50) Thomas V. Morris, op. cit., p.90.
51) Francis A. Schaeffer, op. cit., p.2.

가 자신의 입장을 바로 이해했다고 지적한다. 루이스는, "쉐퍼가 전제라는 말을 사용함에 있어서 그것은 기초를 말하는 것이며, 우리가 그것들을 '선택할 수 있다'는 것을 의미한다고 말했다."[52] 사실 모리스가 쉐퍼의 전제를 잘못 이해한 것은 그의 논리 전개에 결정적인 실수였다. 루이스는 모리스가 쉐퍼의 '전제'를 '가정'으로 잘못 해석한 것은 그가 콜린 브라운의 견해를 무비판적으로 받아들였기 때문이라고 말한다.[53]

결론적으로 쉐퍼는 모리스가 자기의 변증학을 곡해했다고 본다. 그래서 쉐퍼는 모리스의 책을 자기의 변증학에 관한 연구서라고 보기 어렵기 때문에, 책 이름이 다소 길기는 하지만 책의 내용을 제대로 전달하려고 한다면, '기독교적인 용어로 표현된 경향에 의해 선택되는 진리의 개연성의 모델관(The probability model concept of truth chosen by predispositions expressed in Christian terminology)'으로 바꾸어 줄 것을 그 책을 만든 출판사에 제안한다.

모리스는 철학자들이 기존 철학의 비판을 통해 자신의 새로운 철학을 개진했던 것처럼, 쉐퍼를 비판하므로 개연성의 모델을 이용한 새로운 변증학적 탐구를 시도했으나 둘 다 실패했다. 그러나 안타까운 것은 여전히 많은 사람들이 모리스의 실패와 오석(誤釋)을 쉐퍼 비판의 기준으로 사용하고 있다는 것이다. 그것은 초점이 맞지 않는 모리스의 안경을 끼고 쉐퍼를 쳐다보는 것이다.

---

52) Gordon Lewis, *Testing Christianity's Truth Claims*, p.298, cf. Francis A. Schaeffer, *Unprinted Paper on Response to Mr. Morris*, p.3.
53) *Reflections on Francis Schaeffer*, p.88, cf. Colin Brown, op.cit., p.265.

코넬리우스 밴틸(Cornelius Van Til)의 비판

생전에 밴틸(1895~1987)은 쉐퍼의 변증학을 여러 번 논의의 대상으로 삼았다. 여기에서 다루려고 하는 밴틸의 비판은 그의 변증학 강의 초록인 '프랜시스 쉐퍼의 변증학 방법론'[54]을 기초로 한 것이다. 거기에 나타난 밴틸의 쉐퍼에 대한 기본적인 인식은 아주 긍정적이다. "그의 모든 사역에서, 쉐퍼는 역사적 기독교의 위치에서 20세기의 인간을 향하여 외쳤다… 그의 변증학은 진정으로 개혁주의적인 변증학(a really Reformed Apologetic)이다."[55]

밴틸은 쉐퍼가 20세기라는 시대적 상황 속에 살고 있는 인간에게 복음을 전하려고 애썼으며, 그가 전한 복음은 역사적인 기독교 복음이었다고 인정한다. 그리고 그의 변증학은 개혁주의적이라고 말한다. 그러나 비판의 여지가 없었던 것도 아니다.

"그의 변증학은 성경적으로 충분하지 않는 변증학이다… 성경적 사고로 조직된 변증학이라고 말하기에는 부족함이 있다."[56]

밴틸의 비판을 먼저 살핀 후에 쉐퍼의 답변을 들어보도록 하자. 밴틸이 비판하는 쉐퍼의 '성경적 불충분성'은 크게 두 가지로

---

54) Cornelius Van Til, The Apologetic Methodology of Francis Schaeffer : 이 강의 초록(抄錄)에는 쉐퍼가 그의 첫 저서인 *The God Who Is There*의 기초가 된 미국 휘튼 대학에서 행한 일연의 강의에서부터(1967) 쉐퍼와 주고받은 편지, 그리고 학생들의 질문에 답변한 글 등에 수록되어 있다.

55) Cornelius Van Til, *Francis A. Schaeffer's Apologetic Methodology* (Westminster Theological Seminary Syllabus), pp.3,34,36,50.

56) Cornelius Van Til, *The Apologetic Methodology of Francis Schaeffer* (Westerminster Theological Seminary Syllabus), p.10,14,28,50.

요약될 수 있다.

그것은 쉐퍼가 불신자와의 접촉점이 있다고 보느냐 하는 것과, 그렇다면 그 접촉점을 인간의 자의식인 이성으로 보느냐 하는 것이다.

밴틸은 불신자와의 접촉점에 불만을 가진다.

쉐퍼의 변증학적 방법론에서 특히 불신자와의 접촉점에 대한 다음에 나오는 글을 문제시한다. "기독교 변증학은 별나라 저쪽에서부터 논의를 전개시키지 않는다. 변증학은 '인간과 인간에 관한 지식에서 출발한다…' 모든 인간은 실재의 세계와 자신의 비기독교적인 전제의 논리적 결론 사이에 그어져 있는 직선상의 어디엔가 있다."[57] 논의의 초점은 다름이 아니라, 자연인으로서의 인간에 대한 인식의 차이이다. 즉, 밴틸은 쉐퍼가 말하는 인간과 인간에 관한 지식이 불신자와의 접촉점으로서 불가능하다는 단호한 입장이다.

불신자가 믿기도 전인데 그의 지식으로 기독교의 진위 여부를 판단할 수 있다면, 특별 계시인 성경이 없이도 인간의 이성으로 하나님의 존재를 알 수 있다는 전제라는 이유 때문이다. "그 말이 의미하는 것은 불신자와의 접촉점으로서 '인간과 우주'를 인정한다는 것인데, 그것은 불신자에게 기독교 진리를 시험할 수 있는 객관성을 부여하는 것이다. 그것은 또한, 타락한 이후로 인간은 하나님께서 본래부터 주셨던 계시의 파편만 갖고 있다는 말이다. 그러므로 인간을 향한 하나님의 주장이 축소되며 그만큼 인간은 핑계할

---

57) Francis A. Schaeffer, *GWIT*(기독교와 현대사상), p.200.

지 모른다. 그렇다면 어떻게 인간이 계시의 파편으로부터 하나님이 그의 창조자임을 알 것을 기대할 수 있겠는가?"[58]

밴틸은 쉐퍼의 접촉점에 대한 인식을 인간의 이성에 관계된 문제로 본다. 그는 쉐퍼의 본질적인 문제가 이성을 사용하는 논리적 증명의 문제에 있다고 보고 그것을 검토한다. 여기서 밴틸은 쉐퍼가 어떤 문제를 증명할 때, 그것은 과학적 증명과, 철학적 증명, 그리고 종교적 증명이 같은 원칙을 따른다고 하며, 그 증명이 두 단계를 거친다고 하는 것에 의심을 한다.

쉐퍼는 증명의 성질로서, "a) 이론은 모순이 없고(non-contradictory), 문제가 되어 있는 그 현상에 답변을 주어야 한다. b) 우리는 우리의 이론대로 일관성 있게 살 수 있어야 한다. 예를 들어서 화학반응에 주어진 대답은 시험관 속에서 관찰한 것과 일치되어야 하고, 인간과 그의 '인간다움'에 관한 대답은 인간의 폭넓은 관심과 그의 행동에 대한 관찰과 부합되어야 한다고 주장한다.[59] 쉐퍼의 주장은 기독교가 진리라는 것을 증명할 수 있는 것은 그것이 사실과 부합하며, 논리와도 부합하기 때문에 비기독교인도 이성으로 이해할 수 있는 점이 있다는 것이다. 여기에 대해 밴틸은 쉐퍼에게 그것이 과연 가능한지를 묻는다. "당신이 마치 기독교인이 아닌 입장에서 비기독교인 친구에게, 그가 인간 자율성의 가정(假定) 위에서 어떠한 정당한 질문을 물을 수 있는 아무런 출발점이나 기준도 없는데, 그로 하여금 우주의 어떤 문제에 대해

---

58) Cornelius Van Til, Ibid., p.25.
59) Francis A. Schaeffer, *GWIT*, p. 121.

어떤 대답을 찾도록 허용한 것이 아닌가?"[60]

밴틸은 쉐퍼의 그런 주장은 네 가지 문제를 야기한다고 말한다. 즉 쉐퍼가 그의 친구에게, "a) 그의 순수 우연성의 가정(assumption of pure contingency) 위에서 아무런 사건도 다른 어떤 사건과도 구별되지 않는다는 것, b) 그의 가정 위에서 모순의 법칙은 사실성과 아무런 지성적인 관련이 없다는 것, c) 건방진 그의 자율적인 자기 지식으로 그가 추상적인 통일성의 정체성을 찾음과 동시에 순수 우연성의 늪 속으로 도망침으로써 추상적 통일성의 정체성을 찾아야 한다는 것, d) 그의 순수 합리주의와 그의 순수 비합리주의가 그를 공백 속으로 이끈다는 것"을 지적하지 않는 것이라고 한다.

밴틸은 이것을 누가복음 15장에 나오는 탕자 이야기로 쉐퍼의 변증학을 풍자한다. "탕자가 아버지의 집을 떠나 돈을 다 써버리고 돼지 밥통을 뒤지는 신세가 되었다. 그는 스스로 아버지의 집을 떠난 자기 주장의 존재인 것을 믿게 된다. 그러나 그는 그러한 양심적인 갈등을 발로 차버린다. 그런데 쉐퍼는 그에게 '아버지에게로 돌아가라'고 말하지 않고, 그 친구가 살고 있는 돼지 밥통 가까이 가서, 그 친구와 함께 그 속에서 '과연 아버지가 존재하는가를 묻고 있다."[61]

이상의 밴틸의 지적, 즉 돼지 밥통 가까이 가서 그 친구에게 '과연 아버지가 존재하는가를 묻는다'는 것은, 쉐퍼가 그 친구의 신지

---

60) Ibid., pp. 25~26.
61) Ibid., p. 26. 밴틸은 하지(C. Hodge)의 접촉점에 대한 신학적 입장도 쉐퍼와 같다고 풍자한다[Cornelius Van Til, *Apologetics*(P&R, 1982), p. 49].

식에 의한 믿음보다는 그 친구의 자의식을 지나치게 고려하기 때문에 저질러지는 어리석은 변증학이라고 비판하는 것이다.

밴틸은 쉐퍼가 이성을 접촉점으로 삼는 전통적인 합리적 변증가라고 비판한다.

성경이 절대적인 권위라고 인정하고 선포하면서도 합리적인 인간이 기독교가 진리인지 아닌지를 판단할 수 있다고 말하는 '계시 의존적이면서도 합리주의적인 변증학'이라는 비판이다. 밴틸의 눈에는 쉐퍼가 칼빈적이기보다는 데카르트적으로 보인 것이다. 데카르트(Descartes)는 'cogito ergo sum(나는 생각한다. 그러므로 나는 존재한다)'을 외친 합리주의적 사색가이다. 그리고 칼빈(J. Calvin)은 '신앙에 의해 밝혀진 이성(ratio fide illustrata)'을 주장한 계시 의존적 사색가이다.

밴틸은 쉐퍼를 "데카르트와 칼빈의 종합(a synthesis between Descartes and Calvin)"[62]이라고 꼬집었다. 뿐만 아니라 그는 쉐퍼에게 보낸 편지에서, 쉐퍼를 아퀴나스의 변증학과도 연결시켰다. "나의 기본적인 불만은 당신 자신이 전통적인 변증학에 헌신하는 것 같은 인상입니다. 만약 우리가 오늘날 절대성의 '가능성'을 허락한다면 우리도 같은 맥락의 선상에 있게 됩니다. 전통적인 변증학은 자연인은 자기가 실재를 정확하게 해석할 수 있다는 가정을 전적으로 정당화합니다. 토마스 아퀴나스는 다음과 같은 자연인의 가정(the assumption of the natural man)을 도전하지

---

[62] Ibid., p.9. 밴틸은 계시 의존적이면서도 합리주의적인 쉐퍼의 이러한 점이 특히 후기 카넬(Edward J. Carnell)을 닮았다고 비판한다.

않았습니다. a) 자연인 자신의 자율성으로서의 가상의 자기 실존과 자기 지식, b) 자연인의 주위 '사건들'의 순수 우연성, c) 논리의 법칙이 하나님의 계획과는 무관하게 독립적으로 작용한다."[63]

여기에서 밴틸이 말하는 '전통적인 변증학'은 무엇인가? 그것은 로마 가톨릭 교회의 신학을 말하는데, 이를테면 불신자는 단지 '본래적인 의(original righteousness)'를 잃어버린 자에 불과한 존재로 보기 때문에, 인간이 타락했음에도 불구하고 특별한 경우를 제외하고는 지성과 의지의 능력이 바르게 작용한다고 믿는 것이다. 이러한 이유로 그들은 불신자와의 접촉점을 '지식의 공통점(common area of knowledge)'에서 찾는다.

그 공통점은 바로 이성을 말하는 것이며, 그 이성을 최종적인 근거로 삼는다. 이 점에 있어서는 아퀴나스뿐만 아니라 버틀러도 마찬가지인데, 그도 이성의 이성적인 사용에 의해 자연인이 자연의 원인과 구조를 바르게 해석할 수 있다고 보았다. 그러므로 그들은(아퀴나스, 버틀러) 인간의 이성이 하나님의 이성과는 상관없이 어느 정도 계시의 신뢰성과 증거를 판단할 수 있다고 생각했으며, 바로 이 점을 불신자와의 접촉점으로 생각한 것이다. 밴틸도 인간이성이 계시를 수용하고 판단하는 '도구'라는 것은 인정하나, 칼빈이 말한 하나님께서 인간에게 심어 놓으신 '신지식(divine seed)'만이 유일한 접촉점이라는 것이다.

그는 신지식 이외의 어떤 것도 접촉점으로 받아들이기를 원치 않았다. "이성 그 자체로서는 기독교의 계시를 판단할 수 있는 위

---

63) Ibid., p.22.

치에 있다고 스스로 주제넘게 가정할 뿐이지, 그렇다고 해서 바른 판단을 내리는 것은 결코 아니다. 왜냐하면 인간 이성은 진리로서의 기독교 계시를 언제나 부적당하며 믿을 수 없다고 단정하기 때문이다. 불신자는 불의로 진리를 '부수어 버리는 도끼(an axe to grind)'를 품고 있다. 그러므로 불신자와의 유일한 접촉점은 인간이 하나님의 형상자(形象者)라는 것이며, 그가 신지식을 갖고 있다는 점이다.[64]

밴틸의 비판을 요약하면, 하나님의 신지식에 의한 신앙을 전제하지 않은 인간의 이성은 접촉점으로서 부적격하다는 것이다. 그가 쉐퍼를 접촉점의 문제에 있어서 아퀴나스와 버틀러와 동일 선상에 놓는 점은 바로 이 부적격성(不適格性)을 성경적으로 충분히 고려하지 않았다고 하는 데 있다. 밴틸은 쉐퍼뿐만 아니라 칼빈주의 신학자로 알려진 하지(C. Hodge)를 위시하여, 카이퍼, 워필드도 마찬가지라고 비판한다.[65] 솔직히 밴틸의 마음에 흡족하게 드는

---

64) Cornelius Van Til, *Apologetics*, P&R, 1982, pp.48~58 : 밴틸은 칼빈주의적인 입장에서의 접촉점은 인간이 하나님의 형상대로 창조되었다는 것인데 그 내용은 다음과 같다. 1) 인간의 자의식은 자율적이거나 자족적이 아니라 하나님의 신의식에 의존적이며 파생적이다. 2) 인간은 하나님을 알 수 있는 신지식의 능력만 있는 것이 아니라 하나님을 아는 지식을 실제로 소유하고 있으나 그것을 고의적으로 막는다.

65) Ibid., : 밴틸은 하지의 이성관(理性觀)을, 1) 이성은 계시를 수용하는 도구로서 필수적이다. 2) 이성은 계시의 가신성을 판단한다. 3) 이성은 계시의 증거를 판단한다고 요약한 후, 이러한 견해는 그가 이성에게 계시를 판단할 수 있는 권위를 부여한 것으로서 이것은 이성의 타락성을 충분히 고려하지 않은 것이라고 지적했다(cf. 밴틸의 *A Christian Theory of knowledge*, p.246). 차영배 교수도 하지(C. Hodge)와 박형룡에게 동일한 비판을 한 바 있다. 특히 그는 박형룡 박사에 대해, "그는 계시 의존적 신앙과 신학을 했음에는 의심할 여지가 없다. 그러나 그는 Bavinck-Berkhof의 신학노선보다는 Hodge-Warfield의 합리주의적 칼빈주의 신학원리를 철저한 비판 없이 받아들였다"며, 그런 의미에서 박형룡 박사는 '의지는 항상 실천적인 지성의 최후 결정을 뒤따른다'고 주

신학자나 제자가 과연 한 사람이라도 있을까라는 생각이 든다. 그러나 그의 편지에 흐르는 기본적인 인상은 성경적인 변증학 수립을 위한 건설적인 비판이며, 제자에 대한 지극한 사랑에서 나온 것임을 알 수 있다.

밴틸에 대한 대답

밴틸에 대한 쉐퍼의 대답을 찾는 것은 결코 쉬운 일이 아니다. 그는 밴틸이 이전의 전통적인 변증학에서, 특히 하지(C. Hodge & A.A. Hodge)에게도 없던 전제적 변증학을 제시한 점에 대해서는 대단한 찬사를 아끼지 않는다. "밴틸이 변증학에서 전제를 강조한 것은 확실히 20세기 정신에 대응하기 위한 탁월한 발상이며 그것은 하나님으로부터 온 것이다. 그리고 칼 바르트의 신학적 전제의 취약점을 지적한 것은 타당한 비판이었다.[66]

쉐퍼가 그의 변증학에서 전제적 방법론을 사용했다면 그것은 그의 은사인 밴틸의 직접적인 영향이다. 쉐퍼는 여러 번 그의 은사의 부름으로 웨스트민스터 신학교에서 변증학을 강의했으며, 그때마다 좋은 반응을 받았다. 밴틸의 비평에 대한 쉐퍼의 대답은 라브리 강연, 인터뷰 등에서 몇 차례 언급한 것 이외에는 문서로 된 것을 찾지 못했다. 그러나 다행히 제한된 자료밖에 없음에도 불구하고 밴틸에 대한 인식의 일단을 찾아볼 수 있는 증거는 충분히 있다.

장한 사람인 "Camero(1580~1625, 스코틀랜드 출신의 개혁신학자)의 지성개입설과 비슷하다"고 말했다(≪신학지남≫, 통권 201호, pp.46~59).

[66] Study Notes on *Apologetics*, pp.24~25(L' Abri Cassettes No.73, 391). 여기서 인용하는 노트는 쉐퍼의 강연 테이프를 듣고 받아 적은 개인공부노트를 말함.

먼저 쉐퍼는 접촉점의 문제에 있어서 밴틸과 동의할 수 없다는 것을 솔직하게 밝히고 있다. 그가 밴틸에게 동의하지 못한 요점(要點)은 "불신자가 기독교적인 전제를 수용하기 전에는 복음을 전할 수 없다는 점이다.[67] 밴틸의 변증학의 취약점은 불신자가 기독교적인 전제를 받아들이기까지는 대화가 불가능하다고 보는 것이다. 그는 불신자들이 자신들의 전제에 논리적이라고 보았기 때문이다.

만약 밴틸이 불신자가 일관적이라고 생각했다면 그것은 비극적인 실수를 범한 것이다. 불신자는 일관적이기도 하지만 비일관적이다. 기독교인도 비일관적이라는 점에는 불신자와 마찬가지이다. 이것은 우리 기독교인들도 주의해야 되는 것인데 회심한 후에 우리가 믿는 기독교적 관점을 일관되게 지키지 못한다는 것이다. 만약 불신자가 자기 논리에 일관적이기 때문에 접촉점이 없다고 한다면 그 이론은 우리의 일상적인 경험과 너무나 모순되는 것이다."[68]

쉐퍼는 밴틸이 불신자는 기독교의 진리를 받아들이기 전에는 대화를 나눌 수 없다고 보는 데 반해, 쉐퍼는 가능하다고 보는 것이

---

67) 밴틸은 그의 생각을 다음과 같이 말한 바 있다. "칼빈주의자는 자연인들과 더불어 이야기할 때 그들이 기쁘게 받아들일 어떤 생각을 찾아내어 그것들을 시발점으로 삼는 직접적 접점의 방식을 취할 수 없다. 칼빈주의자는 자연인의 사고방식 전체에 대해 반대하기 때문에 그 자연인이 말하는 여러 가지 구체적 신조들은 모두가 자연인의 기본적 가정에서 솟아나는 것이기 때문이다… 개혁주의 변증가는 아예 그의 대적을 만나는 처음 순간에 장갑을 벗어 던져 결투를 신청하고 생사가 걸린 결투에 필사적으로 도전해 들어간다. 그는 운전하는 차 속에 잠잠히 앉아서 한동안 그가 운전하는 대로 따라간 다음에 그제야 넌지시 이쪽으로 갈 것이 아니라 다른 방향으로 가야 할 것 아니냐는 식으로 이야기하지 않는다." cf. 밴틸, 『변증학(The Defense of the Faith)』, 신국원 역, 기독교문사, pp.145~146.

68) Ibid., p.14,16,24.

다. 쉐퍼가 이것을 주장하는 이유는 인간이 이성의 사용에 있어서 논리적인 일관성이 없는 존재라는 이유에서이다. 그는 불신자가 그의 비기독교적인 전제에 대해서 논리적으로 모순을 범하지 않는 존재라면, 밴틸의 말대로, 전도의 실마리가 존재하지 않는다고 본다. 그러나 현실적으로 이 땅 위에 살고 있는 사람이라면 그가 누구이든지 비기독교적인 전제에 따라 논리적으로 일관되게 살 수 있는 사람은 아무도 없다. 사람은 자기의 주관적 전제가 엄연한 객관적인 실재 앞에서 논리적인 모순을 범하기 때문이다.

쉐퍼는 자신의 주장을 바울의 변증에서 설명한다. 실제로 바울은 성경이 없는 사람들에게는 특별한 방법으로 전도하기도 했다. 예를 들어 루스드라(행 14:15~17)와, 아테네에서(행 17:16~32)의 전도는 대표적인 것으로 동일한 원리가 로마서 1:18~2:16에 제시되어 있다고 믿는다. 그들은 비록 성경의 특별 계시는 없었으나 자연 세계(universe)와 인간다움(mannishness)이라는 자연 계시를 갖고 있었다. 그들은 비록 부분적인 진리였지만 진리를 알았으며, 그 진리는 하나님의 신성과 능력을 보여 주기에 충분한 진리였다. 그러나 그것을 억압했으며 그 결과로 도덕적인 부패에 빠졌다. 그들이 갖고 있던 지식의 합리적인 결론을 따르지 않았기 때문이다."[69]

밴틸은 전제에 공통점이 없다고 포기하고 아예 대화의 문을 닫아 버렸으나 쉐퍼는 그 비공통점을 매개로 대화의 문을 열려고 했던 것이다. 쉐퍼가 '돼지 밥통' 가까이에 있는 친구에게 접촉하는

---

69) Francis A. Schaeffer, *Death in the City*(IVP, 1970), pp.95~96. cf. Lectures on Romans 1~8.

이유는 그 친구에게 아버지가 계시다는 것을 먼저 깨우쳐 주어야 할 필요가 있기 때문이다. 아버지의 존재 자체를 부인하는 자에게 아버지께 돌아가라고 말하는 것은 어불성설(語不成說)이다.

왜 전제주의자가 직접적인 접촉점을 포기해야 하는가? 왜 처음부터 무모하게 장갑을 벗어던져 결투를 신청하고 생사를 거는가? 그러한 포기와 결투의 결과는 무엇인가? 왜 설득은 하지 않고 선포부터 하려고 하는가? 그것이 한 영혼을 하나님과 영원히 멀어지게 한다면 누가 책임지겠는가? 복음주의 교회의 위기는 변증학에 있으며, 전도에 있어서의 '반지성주의(Anti-intellectualism)'이다.

그리고 쉐퍼는 밴틸과는 다르게 이성을 비일관적으로 보았다. '이성의 비일관성(非一貫性, inconsistency)!', 이것은 쉐퍼가 20세기 인간을 만나는 접촉점이다. 쉐퍼는 인간의 비일관성이 '일반은총의 결과'라고 믿기까지 한다. 그리고 20세기는 신앙이 '이성에서 도피'하여 덮어놓고 믿는 '비약'으로 통하기 때문에, 지식이 신앙에 선행한다는 주장이 필요하며, 지식에 기초한 신앙이 참 믿음이라는 것을 강조할 필요가 있다.

쉐퍼가 돼지 밥통 가까이에 있는 친구에게 전도할 수 있다면 그것은 그가 비일관적 인간이기 때문이다. 그가 그의 전제의 모순과 허구를 깨닫고 변화를 가져올 수 있다는 기대 때문이다. 비기독교인이 자기의 비기독교적인 전제에 일관적이지 못하다는 그것 때문에 전도의 접촉점이 생긴다.

"만약 그들이 그들의 전제에 일관적이라면 접촉점이란 있을 수 없다. 그와 그들의 우주는 기독교와 전혀 다르기 때문에 완전히 접촉점 밖에 있을 것이기 때문이다. 이것이 사실이라면 밴틸의 말대로 기독교적인 전제를 받아들이기 전에는 대화가 안된다. 그러나 나는 언제나 접촉점을 찾는다. 왜냐하면 아무도 자기 전제에 일관되게 논리적이지 않기 때문이다."[70] 쉐퍼에 의하면 이 점이 밴틸과의 결정적인 차이이며, 밴틸이 "이론적으로는 그것을 의도하지 않았겠지만 실제에 있어서는 불신자를 접근하는 데 도움이 되지 못한 변증학이 되고만 주된 이유라고 말한다.[71] 결국 이것은 귀납적인 증거들을 불신자와의 접촉점으로서 사용하는 여부에 관계된 차이이다. 밴틸은 불가(不可)하다고 보았고 버스웰(O.Buswell)은 가(可)하다고 보았다.

쉐퍼는 두 사람 사이의 좁은 길을 찾았던 것이다. 그것이 인간의 지적 '비일관성'이라는 객관적인 증거를 전제로 사용하는 것이다. 결국 이것이 버스웰과 밴틸의 차이이며, 밴틸과 쉐퍼의 차이이다. 밴틸은 카이퍼를 따랐던 것이고, 쉐퍼는 이 점에 있어서 하지를 따랐던 것이다. 루이스는 밴틸보다는 쉐퍼를 지지하겠다고 나섰다.

그리고 쉐퍼는 이 점에 있어서 밴틸이 바르트와 동일 선상에 있다고 보았다. 비록 밴틸이 바르트의 전제와는 확연한 차이를 갖고 있었고, 또한 바르트를 철저하게 비판했다고 하더라도 변증학적 실제에 있어서는 바르트와 같은 입장에 서는 결과를 낳았다는 것이다. 그 이유는 "바르트도 불신자를 만났을 때, 밴틸과 마찬가지로, '하나님의 은혜가 당신을 두드릴 때까지 우리는 단지 당신에게 증거할 뿐입니다'고 하기 때문이다."

---

70) Ibid., pp.12~14.
71) Ibid., p.25. 쉐퍼는 이런 점에서 밴틸과 동일한 취약점을 도예베르트(Herman Dooyeweerd)의 철학에서도 볼 수 있다고 지적했다. 그들은 기독교 신앙을 변호하고 기독교 세계관을 기독교인들에게 설명하는 데는 아주 유익하지만 불신자 전도 앞에서는 멈추고 만다.

즉 불신자가 하나님의 은혜로 돼지 밥통에서 제발로 걸어나오기까지 밖에서 관조하겠다는 것이다. 불신자가 기독교인의 전제를 수용할 때까지는 대화를 중단할 수밖에 없다는 점에는 밴틸도 바르트와 동일하다는 것이다.[72]

여기에서 밴틸이 신학적 근본주의를 변호하기 위해 아군을 적으로 만드는 전략적 우를 범한 것이 아닌지 묻고 싶다. 호른(Charles M. Horne)은 밴틸의 지나친 신학적 편협성을 조심스럽게 지적한 적이 있다. "밴틸은 신자와 불신자 사이의 지식의 공통점의 문제로 하지를 진정한 개혁주의 신학에서 알미니안 변증학으로 떨어뜨리는 비판을 했다. 그는 카넬을 향한 화살에서도 동일한 비판을 가했던 것이다."[73] 밴틸이 하지와 카넬에게 느낀 불편함도 알고 보면 이 접촉점의 문제였다. 그러나 도예베르트(H. Dooyeweerd)마저도 이 점에 대해 "네덜란드 기독교 철학계에서는 아직 출발점의 필요성이 정식 토론으로 제기되지도 않고 있는" 상황이라고 조심스러움을 표시하기도 한 문제이기도 했다.[74] 그리고 밴틸의 제자인 프레임은 인간의 비합리성을 지적한 것은 쉐퍼의 중요한 착안이라고 하며, 쉐퍼의 전매 특허 사례인 '케이지(John Cage)의 비일관성'을 자주 인용한다.[75] 인간의 비일관성을 변증학의 중요한 고리로 사용한 것은 쉐퍼의 공헌이다.

어떤 변증학은 소극적인 교리 변호에만 급급하고 적극적인 복음 전달에는 실패하는 것이 확실하다. 그것은 '편협한 근본주의자

---

72) Study Notes on Apologetics, p.25.
73) E.R.Geehan(ed), *Jerusalem and Athens*, (P&R, 1971), pp.371~374.
74) *Jerusalem & Athens*, p.76.
75) J. Frame, op. cit., p.362.

(narrow fundamentalist)'나 '초 칼빈주의자(hyper-Calvinist)'의 공통점이다. 불행하게도 불신자들은 이런 변증학자들의 학자적인 자존심에 때문에 기독교와의 대화마저도 제한당하고 있다.

쉐퍼는 언론으로부터 "근본주의의 사도(Guru of Fundamentalist)"[76]라는 비판을 받았다. 그러나 접촉점의 문제로 그의 칼빈주의적 개혁신학이 공격을 받는 데 대해서는 양보를 보이지 않는다. "나보다 더 성경에 있는 하나님의 계시가 없이는 진리, 도덕, 인식론에 관계된 최종적인 답변을 가질 수 없다는 것을 강조하는 사람은 아무도 없다."[77]

---

76) *NEWSWEEK*, 1982.11.8
77) Francis A. Schaeffer, *Trilogy*, p.185

부록 1

쉐퍼 연구를 위한 자료 및 도서목록

김북경. 「영적인 오두막 라브리」. 빛과소금. 1985.6.
박아론. 『왜 우리는 기독교를 믿는가?(기독교 변증학)』. 세종문화사, 1977.
홍치모. 「프랜시스 쉐퍼의 사상」, 《신학지남》. 1984.
이승장. 「내가 만난 프랜시스 쉐퍼」, 《빛과소금》. 1985.6.
하민기. 「프랜시스 쉐퍼 연구」. 고신대학신학대학원, 1987.
성인경. 「쉐퍼의 변증학 연구」. 한국라브리선교회. 1992.
『혼돈 시대 속의 확실성을 찾아서』. 일지각, 1991.
송원섭. 「프랜시스 쉐퍼의 생애와 사상 연구」. 침례신학대학신학대학원, 1986.
이정곤. 「프랜시스 쉐퍼의 변증방법 연구」. 장로회신학대학신학대학원, 1989.
Schaeffer. F. *The Complete Works of F.A.Schaeffer*(Vol,1-5). Crossway Books, 1982.
Morris. T. *Francis A. Schaeffer's Apologetics:A Critique*. Baker, 1976.
Ruesgegger, R. edited. *Reflections on Francis Schaeffer*. Academie, 1986.
Lewis, G. "Schaeffer's Apologetic Method."

Pinnock, C. "Schaeffer on Modern Theology."

Ruegsegger, R. "Schaeffer on Philosophy"(쉐퍼와 철학, 김정현역).

Dennis, L. edited. *Francis A. Schaeffer : Portraites of the man and his work.* Crossway Books, 1986.

Van Til, C. *Apologetic methoology of Francis A. Schaeffer.* Westminster Theological Seminary Syllabus Apologetics, P&R, 1976.

Schaeffer. E. *L'Abri.* Crossway Books, 1992. *The Tepestry.* Word, 1981.

Frame, J. *The Doctrine of the knowledge of God.* P&R, 1987.

Geehan E. edited. *Jerusalem and Athens.* P&R, 1971.

Dyrness, W. *Christian Apologetics in a World Community*(현대를 위한 기독교 변증). 한국기독학생회, 1988.

Brown, C. *Philosophy & The Christian Faith.* IVP, 1968.

Carnell, E. *An Introduction To Christian Apologetics.* Eerdmans, 1981.

Woodward, K. "Guru of Fundamentalism", *Newsweek.* 1982.11.8.

Pinnock, C. "Breakthrough for Evangelism(book review on The God Who Is There)" *Christianity Today.* 1969.1.3.

Whitehead, J. "A Chellenge to Confront the World(film review on Reclaiming the World, by F.A.S)", *Christianity Today.* 1982. 2.5.

Franz, H. "book review on The God Who Is There" *Westminster Theological Journal.* 1969.11.

Reid, W. "book review on How Should We Then Live?" by F.A.S, *Westminster Theological Journal.* 1978.3.

Delahoyde, M. "Are Christians Headed for Disaster?", *Moody.*

1984. 7.

Board, S. "An Evangelical Thinker Who Left His Mark" *Christianity Today*. 1984. 6. 15

Grounds, V. "A friend of many years remembers F.Schaeffer", *Christianity Today*. 1984. 6. 15.

Brown, H. "Kierkegaard's leaf or Schaeffer's Step", *Christianity Today*. 1984. 12. 14.

Henry, C. "Mission in the Mountains", *Christianity Today*. 1964. 7. 3.

Yancey, P. "F.Schaeffer:A Prophet for our time?", *Christianity Today*. 1979. 3. 23. "Schaeffer on Schaeffer 1". 1979. 3. 23.

부록 2

프랜시스 쉐퍼 연구소

　미국에 있는 커버넌트 신학교는 1989년에 '프랜시스 쉐퍼 연구소'를 설립하고 제람 바즈 교수(Prof. Jerram Barrs)를 소장으로 임명함으로 쉐퍼 박사의 사상과 사역을 본격적으로 연구하고 가르치기 시작했다.

　쉐퍼 연구소의 설립 목적은 20세기 말의 문화를 기독교적인 입장에서 이해하고 그 문화 속에 살고 있는 사람들에게 기독교 진리를 전달하는 데 탁월한 노력을 기울였던 쉐퍼의 복음전도 철학과 방법을 연구하고 그것을 목회를 준비하고 있는 신학생들에게 성경적으로는 정통이며 문화적으로는 예민한 복음전도자가 되도록 가르치는 것이다.

　이 연구소는 프랜시스 쉐퍼 재단이나 국제 라브리와는 형식적으로는 독립된 단체이지만 서로 협력적인 관계에 있다.

　쉐퍼 연구소의 기본 활동 계획은 쉐퍼의 사상과 사역을 '기독교와 현대 문화'를 중심 주제로 연구하며 이것을 목회학 석사과정(3년)에 있는 학생들과 연수과정(1년)에 있는 학생들에게 다른 신학 과목과 더불어 이수하도록 한 것이다. 그 밖에도 여러 선택과목이 개설되어 있다.

뿐만 아니라 본 연구소는 라브리 자료실을 운영하여 라브리의 카세트, 영화, 책 등을 대출해 주며 그 밖에도 라브리 간사들을 초청하여 수양회나 특별 강연회를 개최하기도 한다.

또한 라브리의 간사로 일한 바 있는 커버넌트 신학교의 리처드 윈터(Dr. Richard Winter) 박사로부터 의학 윤리, 상담학 등을 배울 수 있다.

쉐퍼 연구소의 책임을 맡은 제람 바즈 교수는 영국 맨체스터 대학교에서 영문학을 공부하던 중에 예수님을 영접하고, 졸업 후에 스위스 라브리의 쉐퍼 박사 밑에서 1년간 공부한 후 현재 교수로 재직하고 있는 커버넌트 신학교에서 신학을 공부하고 영국 라브리에서 18년간 간사로 일했다. 라브리에서 수많은 사람을 주님 앞으로 인도하고 상담했던 그는 다음과 같은 고백을 하고 있다. "제 개인적인 무거운 짐이라면 하나님의 말씀을 그 내용을 바꾸지 않고서도 세상 사람들이 그것을 듣고 이해할 수 있는 방법으로 전달하는 것입니다."

주소 : FRANCIS A. SCHAEFFER INSTITUTE
       COVENANT THEOLOGICAL SEMINARY, 12330 CONWAY ROAD,
       ST. LOUIS, MISSOURI 63141, U.S.A.